Dik Linthout

Frau Antje und Herr Mustermann

SCHIERMONNIKOOG
AMELAND
TERSCHELLING
VLIELAND
TEXEL
WADDENZEE
GRONINGEN
Groningen
Eems
Leeuwarden
FRIESLAND
Assen
DRENTHE
IJSSEL-
MEER
NORD-
HOLLAND
FLEVO-
LAND
NORDSEE
Zaanstad
Lelystad
Zwolle
OVERIJSSEL
Haarlem
Noordzee
kanaal
Amsterdam
Almere
Amsterdam-Rijn-
IJssel
Enschede
Apeldoorn
Leiden
Amersfoort
Den Haag
ZUID-
HOLLAND
Zoetermeer
Utrecht
UTRECHT
GELDER-
LAND
Arnhem
Nieuwe
Waterweg
Rotterdam
Lek
kanaal
Nederrijn
VOORNE
PUTTEN
GOEREE
HOEKSE
WAARD
Dordrecht
Waal
Nijmegen
OVER-
FLAKKEE
Maas
SCHOUWEN
DUIVE-
LAND
DEUTSCHLAND
ZEELAND
Ooster-
schelde
's-Hertogenbosch
NORD-
BRABANT
THOLEN
Schelde-
Rijn-
kanaal
Breda
Tilburg
WALCHEREN
Middelburg
ZUID-
BEVELAND
Rhein
Essen
Duisburg
Eindhoven
Wester-schelde
ZEEUWS-
VLAANDEREN
LIMBURG
Antwerpen
Düsseldorf
Gent
Schelde
BELGIEN
Maas
Maastricht
Köln
Brussel/Bruxelles
Aachen

Dik Linthout

Frau Antje und Herr Mustermann

Niederlande für Deutsche

Aus dem Niederländischen von Gerd Busse

Ch. Links Verlag, Berlin

Das Buch erschien unter dem Titel »Onbekende buren« (Unbekannte Nachbarn) im Jahr 2000 im Amsterdamer Atlas-Verlag. Es wurde für die deutsche Ausgabe überarbeitet, aktualisiert und ergänzt. Die deutsche Ausgabe entstand mit freundlicher Unterstützung des Landes Nordrhein-Westfalen und des Nederlands Literair Produktie- en Vertalingsfonds.

Die Deutsche Nationalbibliothek verzeichnet diese
Publikation in der Deutschen Nationalbibliografie;
detaillierte bibliografische Daten sind im Internet über
http://dnb.d-nb.de abrufbar.

6., durchgesehene Auflage, Mai 2010

Schönhauser Allee 36, 10435 Berlin, Tel.: (030) 44 02 32-0
www.christoph-links-verlag.de; mail@christoph-links-verlag.de
Umschlaggestaltung: KahaneDesign, Berlin,
unter Verwendung eines Fotos von der Elf-Städte-Tour, 2009
(Ton Koene/Lineair/Das Fotoarchiv)
Satz: Ulrike Zimmer, Berlin
Lithos: LVD GmbH, Berlin
Druck und Bindung: Druckerei F. Pustet, Regensburg

ISBN 978-3-86153-485-3

Inhalt

Historische Entwicklungen in den Niederlanden und Deutschland

Die Sprache

Basisdaten Niederlande *

Ländername: Königreich der Niederlande (Koninkrijk der Nederlanden), neben dem europäischen Kernland die Niederländischen Antillen (Curaçao, Bonaire, Sint Maarten, Eustatius, Saba) und Aruba

Fläche: 41 528 km², davon 18,41 % Wasser

Einwohner: 16,6 Mio. = 488 je km² (zum Vergleich: Nordrhein-Westfalen: 18 Mio. Einwohner = 526 je km²), davon 3,3 Mio. Ausländer (262 964 aus EU-Mitgliedstaaten, 65 927 Deutsche); Bevölkerungszuwachs: 0,1 %

Verwaltungsstruktur: 12 Provinzen, 467 Gemeinden

Hauptstadt: Amsterdam (747 093 Einwohner)

Regierungssitz: 's Gravenhage (Den Haag)

Regierungsform: Parlamentarische Monarchie

Staatsoberhaupt: (seit 1980) Königin Beatrix, Prinzessin von Oranje-Nassau

Parlament: Generalstaaten, Zweikammerparlament:
Erste Kammer mit 75 Sitzen,
Zweite Kammer (entspricht Bundestag) mit 150 Sitzen

Nationalfeiertag: 30. April (Koninginnedag)

Währung: Euro

Amtssprache(n): Niederländisch und Friesisch (Provinz Fryslân)

Religionen: 28 % römisch-katholisch, 19 % protestantisch, 5,5 % muslimisch, 4 % andere; 44 % ohne Konfession; jüdische Gemeinschaft: 41 000–45 000 Personen

Kind je Frau: 1,66 (2006) (Deutschland: 1,33)

Lebenserwartung: 77,7 Jahre (Deutschland: 77,2 Jahre)

Wirtschaftswachstum (Prognose für 2010):
0,3 % (Deutschland: 1,2 %)

Exportgüter: Erdölprodukte, Computer, Erdgas, Blumen

Importgüter: Autos, Medizinprodukte, Getreide

Inflationsrate: 2 % (Januar 2008)

Bruttoinlandsprodukt (Prognose für 2010): 581,8 Mrd. Euro (2006) (Deutschland: 2448,2 Mrd. Euro)

Arbeitslosigkeit (Prognose für 2010): 6,5 % (Deutschland: 8,0 %)

* Soweit nicht anders angegeben, beziehen sich alle Angaben auf 2009.
(Quellen: Eurostat, Centraal Bureau voor de Statistiek, Centraal Planbureau, Auswärtiges Amt der Bundesrepublik, Bundesagentur für Arbeit, Institut für Wachstumsstudien)

Deutschlandbilder

Die deutsche Sandburg ist keine Grube, sondern ein Deich

Typisch deutsch finden es Niederländer, wenn deutsche Touristen am Strand Löcher ausheben – eine Beschäftigung, die ihnen von den Bewohnern nahezu all ihrer Nachbarländer negativ angekreidet wird. Man assoziiert es mit Besatzung und Territorialtrieb: die deutsche Grube wird von Niederländern hin und wieder auch als »Mini-Atlantikwall« bezeichnet. Die Erklärung hierfür ist jedoch eine andere und hat mit der Erfindung des Strandkorbs zu tun. Der erste Strandkorb wurde im Jahre 1877 vom kaiserlichen Hoftischler Wilhelm Bartelmann für einen Rheumapatienten entworfen und stand in Warnemünde, einem Badeort an der Ostsee. Der neue Strandkorb ließ sich relativ leicht transportieren und stellte somit eine deutliche Verbesserung im Vergleich zu den bis dahin üblichen Badekabinen dar: schwere Ungetüme auf Rädern, die von Pferden zu ihrem Stellplatz nahe am Meer oder sogar im Wasser geschleppt werden mußten. Um den Strandkorb gegen Wasser und Wind zu schützen, warf der deutsche Badegast eine Art Strandbefestigung rund um seinen Korb auf. Er grub sein Loch also nicht aus einem angeborenen, zwanghaften Trieb heraus, sondern schuf eine äußerst funktionale Strand- oder Sandburg.

Die Deutschen sind ihrer Tradition treu geblieben und graben bis heute Löcher für ihre Strandkörbe und Liegestühle, die sie für die Dauer ihres Urlaubs mieten. So wirken in der Hochsaison manche deutsche Strände aus der Luft wie eine farbenfrohe Mondlandschaft. Doch die Strandbesucher selbst sehen nur jede Menge Sandburgen und sorgen mit Fähnchen, Muscheln und anderen, am Strand gefundenen Verzierungen dafür, daß sie ihren Strandkorb wiederfinden, wenn sie aus dem Wasser kommen. An den norddeutschen Stränden stehen ungefähr 70 000 solcher Körbe, wobei der Nordseetyp eckig und grob aussieht, während der Ostseetyp Rundungen aufweist.

Karikatur von Heiko Sakurai aus dem Jahr 1998 zum Thema »Die Deutschen und ihre Kuhlen«.

Auf der deutschen Nordseeinsel Langeoog führte der Massentourismus bereits zu strengen Vorschriften für den Bau von Strandburgen: Sie dürfen eine Höhe von 50 Zentimetern und einen Durchmesser von fünf Metern nicht überschreiten. Auf der Nordseeinsel Sylt und im Ostseebad Sierksdorf dürfen überhaupt keine Strandburgen mehr gebaut werden, da dadurch zuviel Sand ins Meer gespült zu werden droht und so ein Mangel an diesem wichtigen Rohstoff der Tourismusindustrie entstehen könnte.

Der deutsche Kunsthistoriker Harald Kimpel deutet den Hang der Deutschen zum Bau von Strandburgen folgendermaßen: Man kann auf Abstand bleiben und, genau wie zu Hause, über den Zaun hinweg ein Schwätzchen halten. Gleichzeitig läßt sich die Langeweile damit vertreiben und selbst im Urlaub noch dem eigenen Arbeitsethos huldigen. Wind, Wellen und eifersüchtige Nachbarn sorgen dafür, daß man niemals fertig wird, denn ständig ist man mit Reparatur- und Ausbauarbeiten beschäftigt.

Eigentlich hätte die Strandburg, da sie die Funktion eines Deiches erfüllt, eine typisch niederländische Erfindung sein können. Doch die Niederländer sind sparsam und würden sich hüten, für die Dauer ihres gesamten Urlaubs einen Strandkorb zu mieten. Denn es könnte ja regnen, und dann hätte man all das viele

Geld umsonst ausgegeben. Deshalb werden die niederländischen Strände auch nicht durch Krater verunstaltet, sondern durch unzählige, entweder selbst mitgebrachte oder in einem Anfall von Verschwendungssucht gemietete, riesige Sonnenschirme. Außerdem würden Niederländer an ihren eigenen Stränden niemals ein Loch graben, um sich anschließend hineinzusetzen, da die Gefahr, dann von ihren Landsleuten für Deutsche gehalten zu werden, viel zu groß wäre.

Im Sommer 2000 kam ein 18jähriger Deutscher ums Leben, als er am Strand des seeländischen Dorfes Oostkapelle beim Ausheben einer Grube unter dem Sand verschüttet wurde. Für niederländische Zeitungen war dies ein Aufmacher für ihre Titelseiten. Doch hier war ein Mißverständnis mit im Spiel: Niederländer denken bei der Wortkombination »Deutscher«, »Strand« und »Grube« sofort an eine Strandburg. Tatsächlich hatte der junge Mann jedoch versucht, einen Schacht auszuheben, d. h. ein möglichst tiefes Loch zu graben, um seinen Namen im »Guiness-Buch der Rekorde« verewigt zu sehen.

Moffen, Krauts, Boches, Piefkes

Bereits vor dem Aufstand gegen die Spanier im 16. Jahrhundert zogen die Niederlande aufgrund ihres wirtschaftlichen Wohlstands zahllose Fremde an. Im sogenannten *Gouden Eeuw,* dem »Goldenen Jahrhundert«, übte die in der Republik der Vereinigten Niederlande geltende Glaubens- und Gewissensfreiheit eine zusätzliche Anziehungskraft aus. Mitte des 17. Jahrhunderts bestand die Hälfte der Bevölkerung Amsterdams aus Ausländern, und mehr als die Hälfte der Ehen in der Stadt wurde zwischen Partnern geschlossen, die nicht in Amsterdam geboren waren. In der Republik herrschte großer Mangel an Arbeitskräften, und die Löhne lagen höher als sonstwo in Europa (ein Arbeiter in Amsterdam verdiente im Jahre 1650 dreimal soviel wie sein Kollege in Köln). Aufgrund der katastrophalen Folgen des Dreißigjährigen Kriegs und des wirtschaftlichen Niedergangs im 17. und 18. Jahrhundert suchten viele Deutsche Arbeit in den benachbarten Niederlanden. Sie fanden sie auf den Schiffswerften, im Walfischfang, in der Binnenschiffahrt, in der Landwirtschaft, im Heer und nicht zuletzt bei der VOC, der Vereinigten Ostindischen Compagnie – eines der weltweit größten, international operierenden Handelsunternehmen seiner Zeit, das bis zu seiner Auflösung 1806 etwa eine Million Menschen beschäftigt hatte, von denen ungefähr die Hälfte deutschsprachig war. Die Historikerin Marlou Schrover hat ausgerechnet, daß in der zweiten Hälfte des 19. Jahrhunderts 60 Prozent der außerhalb der Niederlande geborenen Ausländer deutscher Abstammung waren.

Die Niederländer haben sich den deutschen Hungerleidern jenseits der Grenze stets überlegen gefühlt. Damit war es jedoch vorbei, als sich Deutschland 1871 zum Kaiserreich vereinigte. Der Spottname *mof* für einen Deutschen datiert aus dem 16. Jahrhundert und kommt vom niederdeutschen Wort »Muffe«, das soviel wie »Griesgram« bedeutet. Auch in der Gegend um Basel, in der nördlichen Schweiz, werden die Deutschen als »Möffe« bezeichnet. *Moffelen* (hochdeutsch: »muffeln«) bedeutete im Mittelniederländischen auch »meckern«, »knurren«, »brummen« oder »unverständlich reden«. *Moffen* galten als plump, ungehobelt, steif und ungelenk. In der am Meer gelegenen Provinz Holland wurde der Begriff *mof* anfänglich auf Arbeitsvolk angewendet, das östlich der Ijssel wohnte. Die Bewohner dieser Gegend – Gelderländer und Overijsselaarer – waren an ihrer Sprache zu erkennen, einer Spielart des Niederdeutschen, die stark mit dem in Norddeutschland gesprochenen Nordniederdeutsch verwandt war. Nach dem Zusammenschluß zur Republik im 17. Jahrhundert ging der Begriff *mof* auch dort allmählich auf die Nichteinheimischen, auf Westfalen sowie andere Deutsche, über.

Daß die Deutschen kein sonderlich hohes Ansehen genossen, zeigt sich auch an den zahllosen »Moffenschwänken«, die zu jener Zeit entstanden und meist in Amsterdam spielen, sowie an Bezeichnungen wie *turfmoffen* für Deutsche, die als Torfstecher in Drenthe arbeiteten. Doch man verband hin und wieder auch andere Assoziationen mit den Mitbürgern aus dem Nachbarland. Viele deutsche Einwanderer arbeiteten als Bäcker, und man sagte über ihr Brot: *»'t Lekkerst roggebrood wat je eet is gekneed met moffenzweet«* (Das leckerste Roggenbrot, das man ißt, wurde geknetet mit Moffenschweiß). In den Memoiren des deutschen Schriftstellers August Heinrich Hoffmann von Fallersleben heißt es, daß sein niederländischer Kollege Willem Bilderdijk zu ihm gesagt habe: »Auch wenn du ein *mof* bist, bist du doch ein netter Kerl.« Deutsche werden in den Niederlanden noch immer als *moffen* bezeichnet. Ein Deutscher, der sein Auto falsch parkt oder sonstwie negativ auffällt, wird gern als *rotmof*, also als »Scheißdeutscher«, beschimpft.

Über die Jahrhunderte hinweg hat es in den Niederlanden noch weitere herabsetzende Bezeichnungen für Deutsche gegeben. Die deutschen Erntearbeiter, die vom 17. bis weit ins 19. Jahrhundert hinein zur Ernte in die Niederlande zogen, hießen *hannekemaaiers*. Ein *hannes* (vom deutschen *Johannes*) ist im Niederländischen noch immer ein Tolpatsch oder Trottel. Deutsche wurden in dieser Zeit auch als *knoet* (rücksichtsloser Flegel) oder *poep* (vielleicht von »Bube«, im Sinne von »Schurke«) bezeichnet. Man hielt sie für unkultiviert und fand, daß sie stanken.

Auch in anderen Ländern kennt man herabsetzende Bezeichnungen für Deutsche. Im angelsächsischen Sprachraum: *Jerries* (*jerry* = Nachttopf, deutscher Armeehelm), *Krauts* und *Huns*. Als Kaiser Wilhelm II. im Jahre 1900 seine Truppen nach China schickte, um im Boxerkrieg zu kämpfen, hielt er eine Rede, in der er sagte: »Pardon wird nicht gegeben; Gefangene nicht gemacht. [...]. Wie vor tausend Jahren die Hunnen unter ihrem König Etzel [Attila] sich einen Namen gemacht, [...] so möge der Name Deutschland in China in einer solchen Weise bestätigt werden, daß niemals wieder ein Chinese es wagt, etwa einen Deutschen auch nur scheel anzusehen.« Diese »Hunnenrede« trug den Deutschen den Spottnamen *The Huns* ein. In Frankreich heißen Deutsche *Boches* (von *caboche* = Kopf, Birne), *Fritz, Fridolin* und *frisé* (Kohl), in Österreich *Piefkes* (Großmaul, spießiger Kleinbürger). Piefke ist ein vor allem in Ostdeutschland häufig vorkommender Nachname; seine Verwendung als Spitzname für die Deutschen soll dem Journalisten Norbert Mappes-Niediek zufolge auf den preußischen Militärmusikdirektor und Marschkomponisten Gottfried Piefke zurückgehen, der einmal anläßlich eines Besuchs in Wien auf die Frage nach seiner Adresse geantwortet haben soll: »Mein Guter, schreiben Sie ganz einfach: Piefke, Europa! Das kommt an.«

In Süddeutschland, d.h. in Bayern und Baden-Württemberg, benutzt man den Begriff *Saupreis* für Preußen und Norddeutsche allgemein, und zwar in etwa so, wie heute die Niederländer den *mof* für die Deutschen verwenden.

Als das Rheinland im Jahre 1814 von Preußen geschluckt wurde, nannte man die katholischen Rheinländer spöttisch

»Beutepreußen«. Seitdem spricht man in der angrenzenden niederländischen Provinz Limburg, in Belgien und in Luxemburg auch über die *Prusen*, wenn es um die Bewohner des deutschen Grenzgebiets geht. Im Polnischen lautet das Wort für »Deutscher« *Niemiec*. Es leitet sich vom russischen *njemoj* her, was soviel wie »nicht redend, stumm« bzw. »unkundig« bedeutet.

Die Angst vor den Deutschen

Im Jahre 1864 eroberte Preußen mit Unterstützung Österreichs die nördlich gelegenen dänischen Herzogtümer Schleswig und Holstein, womit die Landfläche Dänemarks mehr oder weniger halbiert worden war. Und als Preußen 1866 den Krieg gegen Österreich gewann, befürchteten die Niederländer, deren König – als Herzog von Luxemburg und Limburg – Mitglied des Deutschen Bundes war, das Schicksal einer Teilannexion erleiden zu müssen. Die Angst vor Preußen war jedoch älteren Datums. Im Jahre 1787 hatte Friedrich Wilhelm II., König von Preußen, 18 000 preußische Soldaten in die Republik entsandt, um dort die Herrschaft seines Schwagers, des Statthalters Wilhelms V., wiederherzustellen. Zur Erinnerung an diesen glorreichen Sieg in einem unblutigen kleinen Wochenendkrieg mit den Niederländern und der friedensstiftenden Funktion Preußens wurde vier Jahre später, im Jahre 1791, das Brandenburger Tor in Berlin gebaut – finanziert übrigens aus den Strafzahlungen, die die Niederlande an Preußen zu leisten hatten. Die Furcht der Niederländer vor Deutschland wurde noch größer, als der preußische König nach dem Sieg über Frankreich im Jahre 1871 in Paris zum Oberhaupt des neuen deutschen Kaiserreichs gekrönt wurde.

In Deutschland waren zuvor bereits Stimmen lautgeworden, die die Niederlande als eine Art verlorenes Stammesgebiet betrachteten, das es sich wieder einzuverleiben gelte – was den niederländischen Staatsmann Thorbecke im Briefwechsel mit einem deutschen Historiker zu dem Ausspruch veranlaßte, es handele sich um »ein Volk, das noch auf dem Land arbeitete, als die Niederländische Republik im *Gouden Eeuw* bereits eine ökonomische, kulturelle und politische Kraft entfaltete, die in der ganzen Welt sowohl Mißgunst als auch Bewunderung weckte«.

Das niederländische Königshaus war zu jener Zeit antipreußisch eingestellt, was auch nahe lag, da der Adel Französisch sprach und den Blick nach Frankreich richtete. Außerdem stammte die erste Frau König Wilhelms III., Sophia, aus Württemberg in Süddeutschland. Dieser Staat war 1866 von den Preußen besiegt worden, und man haßte alles, was preußisch war. Daß das niederländische Volk dagegen antifranzösisch eingestellt war, hatte einerseits mit der Besatzung durch die Franzosen während der napoleonischen Zeit sowie andererseits mit der historisch gewachsenen Erbfeindschaft zu tun, die sich tief in die niederländische Sprache gegraben hat. *Koffie verkeerd* ist noch heute die Bezeichnung für den in Frankreich getrunkenen Milchkaffee mit viel Milch und wenig Kaffee; *iets met de Franse slag* doen, also wörtlich übersetzt: »etwas mit dem französischen Schlag tun«, bedeutet soviel wie »Pfuschkram abliefern«; die »französische Krankheit« ist die Syphilis. Noch Anfang 2000 sagte die liberale Politikerin Annemarie Jorritsma, daß »Frankreich ein schönes Land [sei], wenn dort nur keine Franzosen leben würden«.

Für die Kaufleute verlor der Handel mit den Hansestädten und dem Ostseeraum im Laufe der Zeit an Bedeutung; man orientierte sich mehr und mehr auf das England der industriellen Revolution und den Überseehandel mit den Kolonien. Als jedoch die industrielle Revolution auch in Deutschland mit voller Macht einsetzte, wurden die Niederlande in ihrem Kielwasser mitgezogen. In Deutschland konnte keine neue Mine eröffnet und kein Stahlwerk gebaut werden, ohne daß im Rotterdamer Hafen nicht gleichzeitig ein zusätzlicher Kai angelegt wurde. Außerdem kam es im Verlauf des 19. Jahrhunderts zu einer Art kultureller Dominanz Deutschlands in den Niederlanden. So wie heutzutage die amerikanische Kultur nahezu alle Lebensbereiche durchdringt, standen bis 1940 Handel, Wissenschaft, Technik, Sprache, Kultur, Musik, Literatur und Philosophie stark unter deutschem Einfluß. Der Italiener Edmondo de Amicis schrieb nach seinem Hollandbesuch 1873: »Dennoch sind die Sympathien verteilt. Die eleganten Klassen fühlen mehr für Frankreich, die gelehrten für Deutschland und der Kaufmannsstand für England. Die Sympathie für Frankreich hat sich jedoch seit der Pariser Commune etwas abgekühlt, und gegenüber Deutschland ist in letzter Zeit eine gewisse Abneigung entstanden, die einerseits durch die Furcht genährt wird, daß seine Eroberungsgelüste sich gegen die

Niederlande richten könnten, andererseits jedoch durch die gemeinsamen Interessen gegenüber dem klerikalen Katholizismus einen Dämpfer erfährt.«

Die kleinen Leute unter den Protestanten waren in der Tat mehr oder weniger prodeutsch. Sie betrachteten den Sieg der Preußen über die Österreicher 1866 und über die Franzosen im Jahre 1871 als einen Triumph des Protestantismus über den Katholizismus, als Fingerzeig Gottes. Doch als die Engländer, im übrigen ein protestantisches Brudervolk, in den Jahren 1877 und 1899 die Buren in Südafrika ihrer Freiheit beraubten, wuchs in protestantischen Kreisen die antienglische Haltung. Und diese Haltung änderte sich auch im Ersten Weltkrieg nicht, als die niederländische Küste von der britischen Marine blockiert wurde, um den Schmuggel von Waren nach Deutschland – an dem die Niederlande viel verdienten – zu verhindern. Nach dem Krieg hatten die Niederlande großes Interesse an einem möglichst raschen wirtschaftlichen Wiederaufbau Deutschlands; andererseits hatte die gigantische Inflation dort auch seine Vorteile für die Niederlande. Der niederländische Gulden war stabil, und für relativ wenig Geld ließ sich in Deutschland buchstäblich alles kaufen.

Die Niederlande sahen sich nach der deutschen Reichsgründung im Jahre 1871 einer beispiellos selbstbewußt auftretenden Macht an ihrer Ostgrenze gegenüber, einer Macht, die eine Phase rasanter industrieller und politischer Expansion durchmachte. Die Niederländer verwendeten auch weiterhin den Begriff *mof* für Deutsch, doch jetzt nicht mehr aus dem früheren Gefühl der Überlegenheit heraus. Durch die Kriege von 1866 und 1870/71 hatte das Deutschlandbild in ganz Europa einen neuen Akzent bekommen. Deutsche galten nicht länger als plumpe, grobschlächtige und unkultivierte, wenn auch tapfere und gemütliche Biertrinker; jetzt, da preußische Staat die Grundlage des deutschen Kaiserreichs bildete, wurde dessen aggressiv-militaristische Seite auf dessen Untertanen übertragen und entsprechend betont.

Alte preußische Charaktermerkmale wie blinde Autoritätsgläubigkeit, Disziplin und Kadavergehorsam – die Deutschen als Speichellecker und Jasager – gewannen im damaligen Deutschlandbild die Oberhand. Der portugiesische Schriftsteller Ramalho Ortigão, der 1883 die Niederlande besuchte, schrieb dazu:

»Doch ich denke mit Genugtuung an den großen Unterschied, der innerhalb ein und derselben germanischen Rasse den holländischen vom preußischen Städter unterscheidet. In Deutschland habe ich wiederholt einer Zurschaustellung von Servilität und hierarchischem Hochmut beigewohnt, die in Europa vielleicht einzig in ihrer Art ist: zwei Individuen desselben Alters und offensichtlich derselben Bildung, die auf der Straße stehen und miteinander reden, während der eine seine Zigarre im Mund und seinen Hut auf dem Kopf behält, und der andere ihm stramm in der Haltung antwortet, mit dem Hut in der Hand und der Zigarre hinter dem Rücken verborgen. Die demokratische Respektlosigkeit des ›Amsterdamer Pöbels‹ ist mir eine Labsal nach der Wut, die ich in Koblenz und Frankfurt hatte aufsteigen fühlen, als ich der Regimenter strammer Kerle ansichtig wurde, über die ihr Landsmann Heinrich Heine einmal gesagt hat, daß jeder Rekrut bereit sei, den Stock, mit dem er verprügelt worden sei, zu verschlucken.«

Der antideutsche Reflex nach 1945

Die Deutschlandbilder der verschiedenen Generationen Niederländer unterscheiden sich stark voneinander. Die Älteren unter ihnen, d. h. solche, die zwischen 1915 und 1930 geboren wurden, haben die Besatzung und den Krieg als junge Erwachsene erlebt, die etwas jüngeren Alten, d. h. die Jahrgänge zwischen 1930 und 1945, als Kinder. In den Jahren zwischen 1945 und 1960 kam es in den Niederlanden zu einer enormen Geburtenwelle, die zur Herausbildung der sogenannten Babyboom-Generation führte.

Niederländische Kinder, die Mitte der 50er Jahre die Schulen bevölkerten – die sogenannten Kriegskinder –, wuchsen mit Gedenkritualen und den Erzählungen ihrer Eltern, Nachbarn und Lehrer auf, die den Krieg als junge Erwachsene erlebt hatten. Ihr Denken über Deutschland und die Deutschen wurde durch die Geschehnisse des Zweiten Weltkriegs geprägt. Nora Oomen-Capteyn faßt das Gefühl dieser Generation über Deutsche in den folgenden Worten zusammen: »Wir kannten Deutsche aus Hörspielen, Filmen, Erzählungen und aus den Kinderbüchern. Sie hatten einen düsteren Blick [...], sie trugen stets einen Helm, schrien fortwährend, ihre tägliche Arbeit bestand im Marschieren, und aus dem geringsten Anlaß schossen sie unschuldige Bürger nieder. Dies bereitete ihnen ein sadistisches Vergnügen.

Sie beschlagnahmten Fahrräder, ließen sich einquartieren. Doch weil sie solche Bürokraten waren, konnten sie vom Widerstand leicht in die Irre geführt werden.«

Nach 1945 lautete das Motto: »Hüte dich vor den Deutschen!«, und niederländische Kinder wurden im Geiste eines »Auf daß wir niemals vergessen« erzogen – ebenso wie übrigens während des Achtzigjährigen Krieges, als Willem Baudartius gegen Ende des zwölfjährigen Waffenstillstands 1621 über die spanischen Unterdrücker schrieb, die Mütter sollten ihren Kindern »täglich einschärfen, was ihren Vorfahren geschehen ist und was sie selbst noch von diesen grausamen Wölfen und Tyrannen zu erwarten haben, wenn sie sich nicht vorsehen!« Der Zweite Weltkrieg und die Besatzung wurden das verbindende Element und bildeten das Referenzmuster für die Beurteilung *der* Deutschen. Dies galt für fast alle Niederländer, nicht nur für die Senioren und die Babyboomer, sondern auch noch für einen beträchtlichen Teil der zwischen 1960 und 1975 geborenen »Generation X«. Der Chefredakteur der »NRC Next«, Hans Nijenhuis (1962), schreibt: »Selbst wenn wir es bezahlen könnten, würden wir keinen Mercedes kaufen. Dutzende von Kinderbüchern habe ich verschlungen, in denen Deutsche Grausamkeiten begingen. Ich trug 1974 als Zwölfjähriger meinen eigenen Krieg mit ihnen aus. (Er dauerte nur anderthalb Stunden, und wir verloren 2 zu 1). Als Student hatte ich einen Freund, der 1973 mit seinen Eltern aus Chile in die Niederlande gekommen war. Er hatte sich so sehr an sein neues Vaterland angepaßt, daß er sich weigerte, über deutsche Autobahnen zu fahren.«

Anfang der 1960er Jahre wurde, unter dem Einfluß der Werke Lou de Jongs und Jacques Pressers sowie des Eichmann-Prozesses, der Zweite Weltkrieg wiederentdeckt. In diesen Jahren kamen die Angehörigen der inzwischen erwachsen gewordenen Babyboom-Generation zu dem Schluß, daß es zu den Kriegserinnerungen der Elterngeneration doch das eine oder andere anzumerken gäbe und begannen zu protestieren. Sie demaskierten die hehren Wahrheiten ihrer Eltern und ließen zugleich den Ballon des *Verzets*-Mythos, wonach ein Großteil der Niederländer im Widerstand gegen die deutschen Besatzer gestanden hatte, platzen. Sie wiesen auf das Versagen der Kriegsgeneration hin und kreierten zugleich einen neuen Mythos: sie würden anstelle ihrer Eltern anders gehandelt haben, und stellvertretend für diese nah-

Karikatur Kaiser Wilhelms II. von Albert Hahn, veröffentlicht am 2. 3. 1907 in »De Notenkraker« (Der Nußknacker).

men sie nachträglich den antifaschistischen Widerstand auf. Der antideutsche Reflex war bis Mitte der 90er Jahre des 20. Jahrhunderts auch deutlich in den Medien spürbar, die Deutschland gern aus dem eingeengten Blickwinkel des (wiederauflebenden) Nationalsozialismus betrachteten.

Die Nachkriegsgeneration beurteilte ihre deutschen Generationsgenossen daraufhin, was Deutsche im Krieg angerichtet hatten, und die Erinnerung an den Zweiten Weltkrieg spielte auf allerhand Gebieten eine entscheidende Rolle. Das Lied von Reinhard Mey, »Gute Nacht, Freunde. Es ist Zeit für mich zu geh'n«, erklingt bereits seit 1976 an jedem Werktag zweimal abends als Erkennungsmelodie des Radioprogramms *Met het oog op morgen* (Mit dem Blick auf morgen). Doch die Redaktion der Nachrichtensendung läßt Mey am Abend der *Dodenherdenking* am 4. Mai (Gedenktag für die Toten des Zweiten Weltkriegs) und dem *Bevrijdingsdag* am 5. Mai (Befreiungstag von der deutschen Besatzung) schweigen, da sie es nicht für ein Zeichen guten Geschmacks hält, einen deutschen Text hören zu lassen. Niederländische Schriftsteller und Publizisten der ersten und zweiten Nachkriegsgeneration beteiligten sich nach Kräften an der Meinungsbildung. Viele von Ihnen äußern vor allem ästhetische Einwände gegen Deutsche: sie haben, in ihren Augen, kein Taktgefühl, sind dick, fett und aufgebläht.

Walter van de Kooi schreibt 1987 in »De Groene Amsterdammer« über einen Mann, der in Frankreich in seiner Badehose eine Kirche besichtigt. Er empfindet dies als Ausdruck schlechten Geschmacks: »Zum Glück: draußen erweist sich der Mann als deutscher Tourist.«
Rik Zaal stöhnt in der Reiserubrik der »Volkskrant« vom 18. Januar 1989 über eine Busladung deutscher Touristen in Spanien: »Was ist das bloß, daß mir beim Sehen und Hören deutscher Touristen immer drei Fragen durch den Kopf schießen: Warum seid ihr in Gottesnamen hier, ist es hier wirklich so schlimm und alles bei euch zu Hause viel besser? Schon als ich als kleiner Junge auf einem italienischen Campingplatz war, mied ich, so gut es eben ging, das kleine deutsche Ekelpaket, das mich in einem viel zu guten Deutsch und mit einer viel zu großen Brille auf seinem viel zu dicken Kopf mit Geschichten über ›zu Hause‹ dies und ›zu Hause‹ das, und daß ›zu Hause‹ sowieso alles besser sei, langweilte.«
Der selbst auch nicht gerade schlanke Theodor Holman hat es ebenfalls nicht so mit deutschen Urlaubern. Unter dem Pseudonym »Opheffer« schreibt er am 4. März 1987 in seiner Kolumne in »De Groene Amsterdammer«: »Wenn ich den fetten Deutschen aus der Dusche kommen sehe, springe ich in den Flur, aber seine fette Frau ist schneller. Die deutsche Familie siegt an allen Fronten.«
Marjan Berk schreibt 1999 in »Wereldverhalen« über einen enorm dicken Deutschen, der neben ihr im Flugzeug von Frankfurt nach Kenia sitzt.

Des weiteren läßt sich regelmäßig eine Haltung moralischer Überlegenheit und hinterhereilenden Widerstands entdecken.

So schrieb Jan Blokker am 6. Mai 1989 in »de Volkskrant«: »Die Fahrt durch Deutschland, darüber braucht man mir nichts zu erzählen. Wieder und wieder, und fast blindlings, bin ich von Arnheim über Frankfurt, das Nürnberger Kreuz und München nach Salzburg gerast, wie auf einem Fließband. Jetzt will ich endlich einmal von der Autobahn runter.« Blokker offenbart sich damit als Anhänger der bis in die 1980er Jahre gängigen österreichischen Opfertheorie, wonach Deutschland die alleinige Verantwortung für den Zweiten Weltkrieg, auch in den Niederlanden, trug. Es gibt eine bekannte Anekdote, wonach es den Österrei-

chern gelungen ist, aus Mozart (seine Eltern stammen aus Augsburg) und (dem zwar in Wien verstorbenen, aber in Bonn geborenen) Beethoven Österreicher sowie aus Hitler einen Deutschen zu machen. Den Österreichern zufolge konnten sie selbst überhaupt kein Tätervolk sein, da sie 1938, dem Jahr des »Anschlusses«, das erste *Opfer* des nationalsozialistischen Expansionstriebs gewesen seien. Ihr Land sei bis 1945 besetztes Gebiet gewesen und mehrfach bombardiert worden. In der ersten Ausgabe des »Staatsgesetzblatts für die Republik Österreich« heißt es, daß sie zu einem sinnlosen Eroberungskrieg gezwungen worden seien. Das Land wies jede Verantwortung dafür von sich, was österreichische Nationalsozialisten, Beamte, Soldaten und SS-Angehörige in anderen Ländern unter der deutschen Fahne angerichtet hatten. Erst nachdem 1986 die Beteiligung des ehemaligen UNO-Generalsekretärs und seinerzeitigen Präsidenten Kurt Waldheim an Erschießungen jugoslawischer Partisanen zur Diskussion gestellt wurde, akzeptierte man in den Niederlanden, daß die vermeintlich »falschen«, d.h. mit dem Nationalsozialismus in Zusammenhang stehenden Autobahnen sich ähnlich »falsch« in Österreich fortsetzen.
Auf der 5. Deutsch-Niederländischen Konferenz in Amsterdam im Jahre 2000 enthüllte Jacques Wallage, Bürgermeister von Groningen und ehemaliger Staatssekretär im Bildungsministerium, daß er als kleiner Junge noch gegen Autos mit einem deutschen Nummernschild getreten habe. »Das sollst du nicht machen, er kann auch einem guten Deutschen gehören«, habe ihn sein Vater ermahnt. »Aber die Wahrscheinlichkeit ist gering«, hätte seine Mutter darauf erwidert.
Im Jahre 2000 stellte ein Mitglied einer lokalen Amsterdamer Partei fest, daß aus Kapazitätsgründen deutsche Straßenbahnen im öffentlichen Nahverkehr der Stadt eingesetzt würden. Er empfand das deutsche Wappen vorne an der Bahn und die deutschen Texte im Innern der Waggons als unangebracht, da es noch immer Überlebende des Zweiten Weltkriegs gäbe, die Erinnerungen an Straßenbahnen mit deutschem Wappen hätten, die Amsterdamer Bürger abgeführt hätten.
Ein Radiospot der Stadt Amsterdam vom Juni 2000, in dem auf »spielerische« Weise erzählt wird, daß der IJ-Tunnel gesperrt ist, nutzte antideutsche Sentiments aus: Ein deutscher Tourist fragt, wie er fahren muß, um zum Keukenhof zu kommen, jetzt, wo der Tunnel zu sei. Die Antwort lautete: »Die A10, Abfahrt Beverwijk, Richtung Leeuwarden und dann immer geradeaus.« Jeder Niederländer weiß, daß dies die entgegengesetzte Richtung ist, und das ist auch der Witz. Erst nach Protesten wurde der Spot aus dem Programm genommen.

Zur Zeit findet ein Generationenwechsel statt. Für die »Generation Next« (1975–1990) ist der Zweite Weltkrieg bereits Geschichte und spielt in ihrem Denken eine immer geringere Rolle. Die Globalisierung, die Realität der Europäischen Union, die Einführung des Euro und die selbstverständlichen Kontakte im eigenen Wohn- und Arbeitsumfeld zu Ausländern aus allen Teilen der Welt haben das deutsche Feindbild bei ihnen in Vergessenheit geraten lassen. Dennoch beschreibt die 13jährige Schülerin Rebecca Maart in ihrer Kolumne »Aus dem Schulleben« in *de Volkskrant* vom 31. Mai 2003 ihre Unsicherheit und Zweifel über die Möglichkeiten eines positiven Blicks auf Deutschland. Sie fährt mit ihren Eltern auf dem Weg in die Ferien nach Schweden ein Stück durch Deutschland und stellt fest: »Zu meiner großen Überraschung waren die Wälder und Hügel ziemlich schön, aber ich wußte nicht genau, ob man als Niederländerin deutsche Bäume überhaupt schön finden darf.« Eine antideutsche Sozialisierung ist heutzutage nicht mehr schick, doch bis in die 80er Jahre hinein ließ sich ihr offenbar kaum entkommen.

Ich selbst bin Jahrgang 1943, und das »Auf daß wir nie vergessen« wurde uns bereits in unserer frühesten Jugend eingebleut. Im Jahre 1956 beschloß Direktor Horstmeier vom Mathematisch-Naturwissenschaftlichen Gymnasium an der Keizersgracht in Amsterdam, etwas gegen die wuchernde antideutsche Einstellung seiner Schüler zu tun. Er hatte einen konkreten Grund dafür. Ein Jahr zuvor war aus Mangel an niederländischen Deutschlehrern ein Germanist aus Deutschland eingestellt worden. Er sprach Niederländisch mit einem breiten deutschen Akzent, und weil er *kiep* statt *kip* (Huhn) sagte, hatten seine Klassen oft selbst etwas von einem Hühnerhof; ständig wurde er durch Krähen und Gegacker zur Weißglut getrieben. Der arme Mann war *der* Deutsche, der verhaßte ehemalige Besatzer, und seine Schüler ließen es ihn deutlich spüren, nicht nur durch Krakeelen, sondern auch durch Desinteresse und minimale Leistungsbereitschaft. (Übrigens war seine Rache süß: Sie bestand in der gemeinschaftlichen Lektüre des »Schimmelreiters« von Theodor Storm – in gotischer Schrift.) Der Direktor meinte daher, es sei höchste Zeit, seine niederländischen Schüler mit dem neuen Deutschland in Kontakt zu bringen. Er organisierte in den Sommerferien eine zweiwöchige Reise in das Land des östlichen Nachbarn und fuhr selbst ebenfalls mit. Dreißig Schüler der zweiten, dritten und vierten Jahrgangsstufe meldeten sich an. Ich war einer von ihnen.

Wir waren in einer fröhlichen, aufgekratzten Stimmung. Für die meisten von uns war es der erste Auslandsbesuch. Als wir im Grenzbahnhof Emmerich in den deutschen Zug umsteigen mußten, wartete dort eine Dampflok auf uns. Unsere moralische Überlegenheit wurde noch durch das Bewußtsein verstärkt, daß wir auch in technologischer Hinsicht vorn lagen, denn wir fuhren mit einer Diesellok ein. Kaum im Abteil, entdeckten wir, daß das deutsche Bahnpersonal »SS-Mützen« trug – im Volksmund auch »Hurra-Kappen«, »Protz-Mützen« oder »Taubenanflugbretter« genannt –, und unsere antideutsche Stimmung fand endlich ihr Ventil. Wir kannten die »Hurra-Kappen« aus den populären Kriegsfilmen und von den Fotos über den Zweiten Weltkrieg und die Besatzung der Niederlande. Elf Jahre nach dem Ende des Krieges liefen auf diesem Bahnhof nun nicht nur die Bahnhofsvorsteher, sondern auch die Rangierer und Gepäckträger damit herum! Wie konnten sie es nur wagen, sich dieses Symbol allen Übels auf den Kopf zu setzen! Es gab nur eine mögliche Reaktion: aus den Fenstern hängend, streckten wir spontan eine Hand in die Luft und skandierten ein höhnisch-triumphierendes »Heil Hitler« in Richtung der verblüfften Mützenträger. Unser Direktor brachte uns entsetzt zum Schweigen. Er wolle so etwas nie wieder hören, und er erklärte uns, daß das »Taubenanflugbrett« keine spezifisch militärische Kopfbedeckung sei, sondern eine der vielen traditionellen Mützenformen bei deutschen Beschäftigten im öffentlichen Dienst. (Die heutige Mütze des Zugpersonals der Deutschen Bahn ist übrigens eine Art implodierter »Protz-Mütze«, eine ungewöhnlich flache Kopfbedeckung mit einem sehr kleinen Schirm.)

Die Bekanntschaft mit dem neuen Deutschland erstreckte sich nicht nur auf die Bevölkerung (viele Kriegsversehrte), sondern auch und vor allem auf die für niederländische Jugendliche völlig exotischen geschmacklichen Eindrücke: hartes, körniges, saures Brot, vollkommen »normal« aussehende Wurst mit einem unbekannten, widerwärtigen Geschmack – Knoblauch, wie einige zu wissen glaubten und auf die winzigen grünen Sprenkel in der Wurst zeigten. Wir warfen unsere Wurststullen weg und balgten uns um die Käsebrote. Der Jugendherbergsvater verstand die ganze Aufregung nicht, doch nach zwei Tagen des »Hungerns«

bekamen wir eine andere Sorte Brot und Wurst ohne Knoblauch, denn die gab es auch. Die Ferien verliefen im übrigen reibungslos, wir hatten herrlichstes Sommerwetter, wanderten viel, besuchten alte Städte und Burgen, tranken köstlichen Naturapfelsaft und entdeckten ansonsten wenig, was unsere Vorurteile bestätigen konnte.

Clingendael: der antideutsche Reflex in der Diskussion (1993)

Als das Niederländische Institut für Internationale Beziehungen Clingendael in Zusammenarbeit mit dem Fachbereich Politikwissenschaft der Rijksuniversiteit Leiden im Jahre 1993 den Bericht »Bekend en onbemind« (Bekannt und unbeliebt) von Lútzen B. Jansen veröffentlichte, geriet der antideutsche Reflex der Niederländer plötzlich in den Mittelpunkt des öffentlichen Interesses. Die Befragung von 15- bis 19jährige Schüler hatte nämlich ergeben, daß diese Altersgruppe Deutschland gegenüber äußerst negativ eingestellt war. Eine große Mehrheit von ihnen betrachtete Deutsche als dominant und arrogant, und fast die Hälfte sah in Deutschland eine kriegslüsterne Nation, die die Vorherrschaft in der Welt anstrebe.

Die Fragestellung und die Durchführung der Studie wurden von einer Reihe niederländischer Wissenschaftler und Kommentatoren kritisiert. Viele meinten, daß es ohnehin Unsinn sei, Schüler nach ihren Meinungen zu fragen, und daß diese keine Relevanz für die niederländische Gesellschaft als Ganzer habe. Andere wiesen darauf hin, daß die Untersuchung zu einem Zeitpunkt stattfinde, an dem die niederländische Gesellschaft heftig auf die Brandanschläge auf Wohnheime und Häuser von Asylanten und anderen Ausländern reagiere. Nach einem Brandanschlag in Solingen, bei dem fünf Türken ums Leben gekommen waren, startete der Popsender »Radio 3« eine spontane Aktion: Hörer konnten gegen solcherart bestialische Vorfälle in Deutschland durch vorgedruckte Postkarten mit der Aufschrift *»Ik ben woedend«* (Ich bin wütend) protestieren, die sie beim Sender bestellen konnten. Die Redaktion versprach, dafür zu sorgen, daß sie bei der Bundesregierung in Bonn landeten. Die Postkartenaktion wurde ein grandioser Erfolg, mehr als anderthalb Millionen

Hörer reagierten und zeigten für den Preis einer 70-Cent-Briefmarke mit dem Finger auf die rassistischen Deutschen.

Die Clingendael-Studie wurde durch andere Untersuchungen aus den Jahren 1994 und 1995, die bei erwachsenen Niederländern ein sehr viel positiveres Deutschlandbild feststellten, Lügen gestraft. In der Studie »Burengerucht« (Häusliche Ruhestörung), die Ende 1995 im Auftrag der Tageszeitung »de Volkskrant« vom Forschungsinstitut NIPO durchgeführt wurde, rangierten die Deutschen in der Gunst der befragten Niederländer ab 18 Jahren etwas höher als die Franzosen. Bei der Frage, zu welchem Staat die Niederlande zu diesem Zeitpunkt die besten Beziehungen unterhalten, lag Deutschland mit 48 Prozent weit vor allen anderen Ländern. Bei den Assoziationen zu Frankreich zeigte sich, daß man nicht nur an Baguette und Wein dachte, sondern auffallend oft auch an Atombomben und Nukleartests. Wahrscheinlich waren die aktuellen atomaren Versuche auf dem Muroroa-Atoll im Jahre 1995 ebenso prägend für das Frankreichbild der erwachsenen Niederländer wie die Serie der Brandanschläge für das Deutschlandbild der Schüler im Jahre 1993. Ein bemerkenswertes Ergebnis der Studie war, daß niederländische Frauen den Deutschen gegenüber eine deutlich ablehnendere Haltung zeigten als ihre männlichen Landsleute, die wiederum einen tieferen Groll den Franzosen gegenüber hegten. Kritiker, die bei der Veröffentlichung der Zahlen aus der ersten Clingendael-Studie auf den Einfluß der aktuellen Ereignisse in Deutschland hingewiesen hatten, wurden durch die »Volkskrant«/NIPO-Befragung und die neue Clingendael-Untersuchung »Burenverdriet« (etwa: Nachbarschaftskummer) von H. Dekker aus dem Jahre 1997 bestätigt. Denn in diesem Jahr war es Frankreich, das 26 Prozent der befragten Schüler zufolge die Welt beherrschen wolle (Deutschland erhielt 18 Prozent).

In Deutschland gibt es immer noch eine gesteigerte Empfindlichkeit hinsichtlich dessen, was man in anderen Ländern über Deutschland denkt. Die »Ich bin wütend«-Aktion und die Clingendael-Studie wurden rasch von den deutschen Medien aufgegriffen, miteinander verknüpft und zum Symbol der Aversion *des* Niederländers gegen Deutschland stilisiert.

Die Clingendael-Untersuchungen zur Meinung niederländischer Jugendlicher über Deutschland und die Deutschen wurde in den Jahren 1995 und 1997 zwar wiederholt, doch angesichts der scharfen Kritik an der Methode und der unerwünschten Effekte in Deutschland dann in der Folge stillschweigend gestoppt. Obwohl die Autoren des Clingendael-Berichts eingestanden, daß tagesaktuelle Ereignisse die Ergebnisse beeinflußten, beharrten sie zugleich darauf, daß es sich in der Einstellung zu Deutschland, anders als bei anderen Ländern, um tiefverwurzelte, negative Gefühle handele. Die Ursache hierfür sahen sie im Zweiten Weltkrieg, den jährlichen Gedenkfeiern, der einseitigen Ausrichtung des Geschichtsunterrichts an niederländischen Schulen auf die deutsche Geschichte zwischen 1933 und 1945, der exzessiven Beschäftigung mit dem Zweiten Weltkrieg sowie in der negativen Meinung vieler Erwachsener über Deutsche.

Und in der Tat war es bis in die 90er Jahre hinein in allen gesellschaftlichen Gruppen üblich, sich sogar im Beisein von Deutschen antideutscher Stereotype zu bedienen. Deutsche waren überall *moffen*, gleichviel, ob im Fußballstadion oder im Konzertsaal. Auf politische Korrektheit brauchte man bei Deutschland und den Deutschen nicht zu achten. Türkenwitze wurden in der Mittel- und Oberschicht nicht erzählt, aber auf *Moffen*-Witzen und dem Wort *mof* ruhte kein Tabu. Im Wochenblatt »Haagse Post« vom 15. Januar 1986 nannte der ehemalige sozialdemokratische Verteidigungsminister Henk Vredeling Prinz Bernhard »einen typischen Moffen«. Man reagierte allgemein mit Schmunzeln auf Ausrufe wie *rotmoffen* (Scheißdeutsche), *»Eerst mijn fiets terug«* (»Gib mir erst mein Fahrrad zurück«) und »Immer geradeaus«. Es war volkstümlich, man fühlte sich gut dabei, und jede höhnische Bemerkung an die Adresse der Deutschen war von Erfolg gekrönt.

Dennoch: die Niederländer gerierten sich antideutscher als sie eigentlich waren. So gab es zu Beginn der 70er Jahre verhältnismäßig wenig Protest gegen die Gründung des Goethe-Instituts in Amsterdam. Dem historischen Soziologen Jan Rupp zufolge ließ sich dies mit der Tatsache erklären, daß die universitären Kreise und die intellektuelle Avantgarde davon ausgingen, daß das Goethe-Institut, zusammen mit dem französischen Maison Descartes, ein akademisches Gegengewicht zu den amerikanischen Einflüssen bilden könne. Und als das deutsche Institut für Demoskopie Allensbach 1989 das Deutschlandbild in sechs europäischen Ländern untersuchte, antworteten 56 Prozent der befragten Niederländer, daß sie Deutsche durchaus nett fänden.

Die Frage aber, ob ihre Freunde und Nachbarn ebenso darüber dächten, wollten nur 30 Prozent mit »Ja« beantworten. Wer sich in den Niederlanden zu diesem Zeitpunkt öffentlich positiv über Deutsche äußerte, machte sich scheinbar nicht sonderlich beliebt. Dieser antideutsche Reflex war vor allem einer für die Öffentlichkeit, hinter dem sich die Sorge verbarg, man könne sonst denken, daß man Deutsche vielleicht für ganz normale Menschen halte. Für den damaligen Botschafter der Bundesrepublik Deutschland in Den Haag, Otto von der Gablenz, war dies eine perfekte Illustration der beiden Deutschlandbilder, die offenbar in der niederländischen Öffentlichkeit lebten: »Einerseits gibt es das Deutschlandbild der persönlichen Erfahrung, gewonnen beispielsweise während einer Geschäftsreise nach München, und andererseits herrscht eine Ablehnung des ›historischen‹ Deutschen vor. Es ist widersprüchlich.«

Gegen die Clingendael-Studie läßt sich also einiges einwenden, doch sie hat deutlich als Katalysator fungiert. Die niederländische Regierung reagierte rasch und besonnen auf die Aufregung rund um die Studie. Es wurden Gelder für ein mehrjähriges Programm bereitgestellt, um den Kenntnisstand über Deutschland zu verbessern. In Amsterdam, Nimwegen und Utrecht wurden 1995 außerdem drei Deutschland-Institute gegründet, die sich ausschließlich dieser Aufgabe widmen sollten. Dieser neue Ansatz in der Bearbeitung des antideutschen Reflexes war sehr erfolgreich, und obwohl die Institute in Utrecht und Nimwegen inzwischen wieder geschlossen worden sind – letzteres mangels Interesse bei niederländischen Studenten an Deutschland und der deutschen Sprache –, blüht und gedeiht immerhin das DIA, das Duitsland Instituut Amsterdam. Das wichtigste Ziel dieses Instituts besteht darin, das Interesse an sowie das Wissen über das moderne Deutschland bei einem breiten Publikum zu fördern. Und das ist ihm ausgezeichnet gelungen.

In der niederländischen Politik und im Bildungswesen hat man sich als Reaktion auf die Clingendael-Studie auf den Inhalt der eigenen Gedenkrituale besonnen. De Publizist Nico Scheepmaker nannte diese Rituale in einer Kolumne vom 7. Mai 1981 in der Tageszeitung »Het Parool« »die jährliche Haßkampagne, die Anfang Mai über uns hereinzubrechen pflegt«. In weiten Kreisen derer, die sich mit den Gedenkfeierlichkeiten zum 4. Mai *(Dodenherdenking)* beschäftigen, läßt sich seither ein Wandel im

Denken über Deutschland und die Deutschen feststellen. Das »Clingendael«-Institut hat empfohlen, den 4. Mai in Zukunft gemeinsam mit den Deutschen zu begehen. Obwohl das Nationale Komitee zur Vorbereitung des 4. und 5. Mai dem vorläufig noch kein Gehör geschenkt hat, werden landesweit auf lokaler Ebene Deutsche zu den Gedenkfeierlichkeiten eingeladen, so etwa in Nimwegen beim Gedenken an die Operation *Market Garden*, der mißlungenen Schlacht um Arnheim im Jahre 1944, und im limburgischen Venray sagte der Bürgermeister: »Man kann doch nicht 364 Tage im Jahr mit den Deutschen zusammenarbeiten und ihnen an diesem einen Tag nicht freundlich begegnen.«

Die Normalisierung des Deutschlandsbildes und die Intensivierung der niederländisch-deutschen Kulturbeziehungen können zum Teil auch dem wachsenden Interesse am Nachkriegsdeutschland der 90er Jahre zugeschrieben werden. Bis dahin kam Deutschland in niederländischen Schulbüchern ausschließlich mit dem Dritten Reich, dem Zweiten Weltkrieg und dem Holocaust vor. Erst im Jahre 1999 wurde das Thema »Deutschland nach 1945« erstmals Gegenstand der Abschlußprüfungen in Geschichte für Schüler der Mittel- und Oberstufe. Die Zahl institutionalisierter deutsch-niederländischer Austausche und Begegnungen (beispielsweise von Parlamentariern und Journalisten) nahm zu, und die seriösen Medien in den Niederlanden faßten sich an die eigene Nase, nahmen die Form ihrer Berichterstattung über Deutschland kritisch unter die Lupe und zeigten, daß sie in der Lage waren, den üblichen locker antideutschen Unterton zu vermeiden. Auch unter niederländischen Intellektuellen gehört es nicht mehr zum guten Ton, sich öffentlich als antideutsch zu outen, und geschmacklose Witze über Deutsche etwa im Fernsehen werden vom Publikum nicht mehr so ohne weiteres mit einem vollmundigen Lachen empfangen. Lediglich Sportreporter, die sich die Fußballfans nicht zum Feind machen dürfen, geben sich noch immer altmodisch antideutsch und pflegen weiterhin ihre Vorurteile. Ältere Sportjournalisten wie Mart Smeets und Kees Jansma lieben es nach wie vor, und auch ihr Ziehsohn Jan-Joost van Gangelen bezeichnete noch 2006 den deutschen Bundestrainer Jürgen Klinsmann als »sympathischen Deutschen, insofern das bei einem Deutschen überhaupt möglich ist«.

Wissenschaftler weisen darauf hin, daß in den Niederlanden bereits nach der Unterzeichnung des Schengener Abkommens im Jahre 1985 durch die Beneluxstaaten, Frankreich und die Bundesrepublik – es ging dabei um die Abschaffung der Personengrenzkontrollen – eine veränderte Haltung Deutschland gegenüber festzustellen war. Dieser Mentalitätswandel hat sich nach der Annahme des Maastrichter Vertrags und der Gründung der Europäischen Union im Jahre 1992 weiter verstärkt. Die Ergebnisse der Clingendael-Studie paßten in keiner Weise zu den festgestellten Entwicklungen. Eine gemeinsame Untersuchung der Universitäten Groningen und Oldenburg aus dem Jahre 2000 mit dem Titel »Niederlande und Deutschland. Einander kennen und verstehen« und unter Leitung von Jan Vis und Gebhard Moldenhauer ergab, daß Deutsche auf der Sympathieskala der Niederländer einen guten mittleren Platz einnehmen und die Franzosen, Italiener, Spanier und Russen hinter sich gelassen haben. Aus einer Meinungsumfrage, die das Forschungsinstitut EMNID im Jahre 2004 im Auftrag des Bundespresseamtes in elf Ländern Europas, Afrikas und Amerikas durchführte, geht hervor, daß Niederländer die positivste Einstellung zu den Deutschen haben. Nahezu die Hälfte der Niederländer findet die Deutschen »sympathisch« bis »sehr sympathisch«; außerdem gelten sie ihnen als »fleißig«, »fußballverrückt« und »gastfreundlich«.

Das positive Wissen ist also inzwischen vorhanden, und die positiven Gefühle bilden sich allmählich heraus. Dies belegen auch die Ergebnisse einer Untersuchung der »Volkskrant«, die in einer Sonderausgabe im Sommer 2005 unter dem Titel »Deutschland ist okay« veröffentlicht wurden. Gut und gerne 88 Prozent der Niederländer gaben zu erkennen, ein positives Bild von den Deutschen zu haben. Anfang 2006 machten sich die Teilnehmer einer Podiumsdiskussion in Amsterdam anläßlich des Erscheinens eines Buchs von Koos van Weringh über das Deutschlandbild in der niederländischen Karikatur sogar schon, wenn auch nicht ganz ernstgemeint, Sorgen über den prodeutschen Reflex, der nun in den Niederlanden sein Haupt erhebe.

Diese positivere Einstellung liegt mehr oder weniger auf der Hand, denn Deutschland ist der bei weitem wichtigste Handelspartner der Niederlande. Und da Deutsch für das Gros niederländischer Betriebe eine wichtige Handelssprache ist, gibt es eine Vielzahl persönlicher Kontakte über die Grenze. Auch hat

Deutschland für Niederländer als Urlaubsland aufgeholt und Frankreich als populärstes Reiseziel hinter sich gelassen. Der Drachenfels bei Königswinter im Siebengebirge am Rhein wird von der örtlichen Bevölkerung bereits spöttisch als »höchster Berg der Niederlande« bezeichnet, da er mit seinen 324 Metern etwa anderthalb Meter höher ist als der Vaalserberg im äußersten südlichen Zipfel der Niederlande. Niederländer stellen die größte Touristengruppe in Deutschland, insbesondere auf dem Gebiet der ehemaligen DDR. Wie groß die deutsche Wirtschaft ist und wie viele Euros wir aus Deutschland mit nach Hause bringen bzw. Deutsche bei uns ausgeben, zeigt sich auch daran, daß 40 Prozent aller Euro-Scheine, die in den Niederlanden im Umlauf sind, ursprünglich aus Deutschland stammen.

Als Deutschland nach dem Krieg für viele Niederländer als Ferienziel tabu wurde, beschloß die niederländische Mittelschicht, es der frankophilen Elite des Landes gleichzutun und fortan ebenfalls nach Frankreich zu fahren. Im Sauerland, der Eifel und im Schwarzwald sah man nur noch ältere, einsprachige Niederländer. Deutschland gewann das etwas trottelige Image eines Landes, in dem sich nicht viel mehr unternehmen läßt als billigen süßen Weißwein aus Flaschen mit Schraubverschluß oder Bier aus Literkrügen zu trinken, und in dem der kulinarische Höhepunkt aus Bratwurst oder Schnitzel »mit Beilagen« besteht. Jetzt aber ist der Ferienaufenthalt in Deutschland wieder erlaubt, und die Zahl niederländischer Touristen wächst jedes Jahr um fünf Prozent. Die Rücksitzjugend der 70er und 80er Jahre sitzt jetzt selbst am Steuer und darf entscheiden, wo es hingeht. Endlich keine unlesbaren Speisekarten und unbegreifbaren Kellner mehr, sondern eine ausgezeichnete, abwechslungsreiche Küche, bezahlbare Preise, viel Natur und verlockende, supercoole Städte wie Berlin, Köln, Hamburg oder München. Außerdem beginnt man zu entdecken, daß man, auch wenn man kaum Deutsch spricht, in Deutschland relativ gut zurechtkommt. Deutsch ist für Niederländer schließlich keine wirkliche Fremdsprache: die Hälfte ist genau wie Niederländisch, und wer sich auf der Straße umsieht, kann bereits viel lesen und verstehen.

Kleiner-Nachbar-Komplex

Mentalitätsunterschiede zwischen Menschen haben vor allem mit dem städtischen oder ländlichen Hintergrund, dem Ausbildungsniveau, der Arbeits- und Lebenserfahrung, dem familiären Erziehungsmuster sowie mit Herkunft und Religion zu tun. Für das eigene Land werden Unterschiede auf Basis der regionalen Herkunft akzeptiert, doch in bezug auf andere Länder glaubt man, daß dort überall dieselbe Art Belgier, Franzosen und Spanier leben, und auch unsere Nachbarn im Osten allesamt auf die gleiche Art deutsch sind. Daß die Bewohner des Freistaats Bayern durchaus mehr Affinität mit den Österreichern und die Saarländer mit den Elsässern haben könnten, wird nicht wahrgenommen. Ebensowenig zieht man die Möglichkeit in Betracht, daß die regionalen Unterschiede in einem großen Land stärker ausgeprägt sein könnten als in einem kleinen wie den Niederlanden. Nordrhein-Westfalen etwa grenzt von Gronau (Enschede) bis Aachen (Vaals) an die Niederlande und im äußersten Süden an das belgische Malmedy. Dieses Bundesland ist von seiner Fläche her ca. 20 Prozent kleiner als die Niederlande, hat jedoch 10 Prozent mehr Einwohner. Die Münsterländer und Westfalen haben viel Ähnlichkeit mit unseren Landsleuten aus Twente (die Region um Enschede) und dem Achterhoek im Gelderland, die Rheinländer mit ihrer Karnevalskultur ähneln den Limburgern (mit ihrer Hauptstadt Maastricht) und die Protestanten aus dem Lipper Land in Ostwestfalen genießen in Deutschland denselben Ruf der Sparsamkeit und des Geizes wie die Niederländer. Wenn die Differenzen in diesem einen Bundesland bereits so ausgeprägt sind, darf man annehmen, daß die Mentalitätsunterschiede in allen 16 Bundesländern zusammengenommen das niederländische Vorstellungsvermögen völlig sprengen.

Niederländer benutzen eine Sprache, die im Englischen und Amerikanischen *Dutch* heißt. Doch nicht nur das Niederländische und das Deutsche ähneln sich, auch die Niederländer selbst weisen starke Ähnlichkeiten mit den Deutschen auf. Mehr noch: sie ähneln den Deutschen mehr als die Deutschen sich selbst. Niederländer sind noch größer, noch blonder und haben noch häufiger blaue Augen als die Deutschen – Außenstehende erkennen keinen Unterschied zwischen den beiden Völkern. Die Amerikaner verwenden den Begriff *squarehead* (Quadratschädel) sowohl für Skandinavier als auch für Deutsche und Niederländer, und die Engländer sehen keinen Unterschied zwischen dem niederländischen und dem deutschen Humor – dies, obwohl doch jeder weiß, daß die Deutschen keinerlei Gefühl für Humor haben, während die Niederländer zu den humorvollsten Völkern der Welt gehören, oder doch zumindest gleich viel Humor haben wie die Engländer. Denn wie heißt das dünnste Buch der Welt? Richtig: »Tausend Jahre deutscher Humor«.

Similarity breeds liking (Ähnlichkeit erzeugt Sympathie) lautet der englische Ausdruck des Verwandtschaftskonzepts, und – es muß gesagt werden – Deutsche betrachten Niederländer im allgemeinen auch als ein sehr sympathisches Völkchen und betonen diese Verwandtschaft. Auch Engländer erkennen diese Verwandtschaft, halten den Niederländern jedoch zugute, daß nicht sie es waren, die den Zweiten Weltkrieg begonnen haben, wie der Ausspruch *The Dutch are just like Germans, but they needn't be sorry for it* (Niederländer sind wie Deutsche, aber sie müssen sich dafür nicht entschuldigen) belegt.

Doch nichts ist für einen Niederländer schlimmer als die Erfahrung, für einen Deutschen gehalten zu werden. Im Kontakt zu Ausländern zeigen sie das starke Bedürfnis, vor allem die Unterschiede zu den Deutschen zu betonen, und die betrachten sie oft als sehr viel tiefgreifender und fundamentaler als sie es in Wirklichkeit sind. Wenn sie im Ausland sind, stellen sie deshalb als erstes klar, daß sie keine Deutschen sind. Die Deutschen, als das größere Volk, haben dafür durchaus Verständnis – »Was sich liebt, das neckt sich«, sagen sie. Es ist ein bekanntes Phänomen bei Bewohnern kleiner Länder, daß sie sich vehement gegen einen größeren Nachbarn mit einer verwandten Sprache absetzen wollen. Die Niederlande sind militärisch wie wirtschaftlich von Deutschland abhängig, leiden am Trauma des Zweiten Weltkriegs und haben ein Bedürfnis nach Distanz denen gegenüber, denen sie am meisten ähneln. Sie verstärken ihre Identität durch die Schaffung einer Gegenidentität.

Für die jetzige Generation junger Niederländer ist der Zweite Weltkrieg ein Stück Geschichte, das eine immer geringere Rolle in ihrem Denken spielt. Deshalb werden sie nun zu Opfern des Calimero-Effekts, des Kleiner-Nachbar-Komplexes bzw. *little-man*-Syndroms, dem ritualisierten Freudschen »Narzißmus der kleinen Unterschiede«. In »Das Unbehagen in der Kultur« beschreibt Freud das Phänomen, daß gerade Völker, die aneinander angrenzen und darüber hinaus noch miteinander verwandt sind, sich gegenseitig bekämpfen und verspotten. Das gilt für Spanier und Portugiesen, Engländer und Schotten, Schweden und Norweger, Dänen und Finnen, Deutsche und Österreicher, Schweizer und Österreicher, Franzosen und Wallonen, Niederländer und Flamen – und eben auch für Deutsche und Niederländer.

Es läuft darauf hinaus, daß die Bewohner eines kleinen Landes wie die Niederlande über allerhand Eigenschaften, die sie bei sich selbst als wenig positiv betrachten, den Mantel der Liebe breiten. In der Folge projizieren sie diese Eigenschaften auf die Bewohner des größeren Landes. Deutsche sind all das, was Niederländer nicht sein wollen, verfügen also über ein großes Spektrum an negativen Eigenschaften. Immer wieder weisen Niederländer darauf hin, daß Deutsche laut, arrogant, besserwisserisch und humorlos sind. Auffällig ist dabei die Übereinstimmung mit dem Bild, das die Belgier von den Niederländern haben. In ihren Augen sind die Niederländer geizige, arrogante Besserwisser, lautstarke, ungehobelte Rechthaber und humorlose Angeber. Und exakt dieselben Eigenschaften schreiben beispielsweise auch die Schotten, Iren und Waliser den Engländern zu sowie die Norweger, Dänen und Finnen den Schweden. Es ist stets das kleine, schwache Volk, das seine eigenen negativen Eigenschaften leugnet und diese auf das große Volk projiziert. Das große Volk weiß meist nicht genau, was es mit diesen starken »Anti«-Gefühlen tun soll; meist wird amüsiert darauf reagiert. Schottische und irische Komiker werden in England fast zu Tode geknuffelt, wenn sie einmal wieder etwas herrlich Gemeines über die Engländer gesagt haben.

Daß es sich hierbei fast ausschließlich um Stereotype oder offenkundige Vorurteile handelt, zeigt sich auch daran, daß Niederländer diejenigen Deutschen, die sie als Nachbarn, Kollegen, Freunde oder Bekannte kennengelernt haben, oft als »nicht typisch deutsch« bezeichnen. »Ossis« behandeln »Wessis« in etwa auf dieselbe Weise. »Für einen Wessi bist du ziemlich nett« bekommen Westdeutsche von ihren ostdeutschen Landsleuten zu hören. Deutsche, die wir Niederländer nett finden, d.h. die dieselben stabilen positiven Eigenschaften zu haben scheinen wie wir selbst, belegen wir mit dem Prädikat »nicht typisch« – und halten das nicht nur für ein Kompliment, sondern für das höchste

Lob, das man einem Deutschen überhaupt spenden kann. Und weil die meisten Deutschen nicht wissen, daß sie das Volk sind, an dem Niederländer ihren Narzißmus der kleinen Unterschiede ausleben, reagieren sie leicht verwundert und manchmal sogar irritiert und schockiert auf diese positiv gemeinte Zuschreibung.

Deutsche in den Niederlanden

Deutsche Einwanderer haben sich über die Jahrhunderte hinweg relativ leicht in die niederländische Gesellschaft integriert. Sie kamen größtenteils als Wirtschaftsflüchtlinge – tröpfchenweise und nicht, wie etwa die 75 000 Hugenotten, die gegen Ende des 17. Jahrhunderts in einem großen Schub in die Niederlande strömten – und waren schlecht beleumundet: man fand sie grobschlächtig, geistig etwas schwerfällig und sagte ihnen nach, sie würden stinken und hätten eine fehlerhafte Aussprache. Dieses negative Bild trug sicher mit dazu bei, daß sie bestrebt waren, sich so rasch wie möglich zu assimilieren.

Nach 1945 war Deutschland tabu und eine Herkunft aus Deutschland stark stigmatisierend. Deutsche Frauen, die in dieser Phase in die Niederlande kamen, haben dies am eigenen Leib erfahren müssen. In Deutschland verloren sie durch ihre Heirat mit einem Niederländer ihre Nationalität, und weil sie aus einem feindlichen Land stammten, wurde ihnen die niederländische Staatsbürgerschaft vorenthalten. Bis 1951, als ein Gesetz verabschiedet wurde, das ihnen die Staatsbürgerschaft zuerkannte, mußten sie also mit dem Status als Staatenlose leben. Viele haben aufgrund der ablehnenden Haltung ihrer niederländischen Umgebung die Sprache niemals richtig beherrschen gelernt und einen schweren deutschen Akzent beibehalten. Außerhalb des Hauses sprachen sie so wenig Niederländisch wie möglich, um nicht als Deutsche erkannt zu werden, und zu Hause wurde mit dem Ehepartner und den Kindern meist nur Deutsch gesprochen.

Kinder aus niederländisch-deutschen Mischehen wurden wie der Nachwuchs ehemaliger Mitglieder der NSB, d.h. der Nationalsozialistischen Bewegung in den Niederlanden, behandelt. Sie bekamen die volle Verachtung der Nachbarschaft zu spüren und hielten ihre zweifelhafte Herkunft deshalb möglichst geheim. Jan Willem van Borselen schreibt über die Tochter einer solchen deutschen Mutter, die beim Metzger, anders als rein niederländische Kinder, keine Scheibe Wurst bekam und in der Schule nicht am zehnten Gedenktag der Befreiung teilnehmen durfte, denn das wäre eine Beleidigung für die niederländischen Kriegstoten gewesen. Statt dessen mußte sie zur Strafe den Satz schreiben: »Ich darf an dem Fest nicht teilnehmen, weil meine Mutter Deutsche ist.« Die deutschen Dienstmädchen aus der Zwischenkriegszeit, die mit Niederländern verheiratet waren, kannten solche Probleme in der Zeit vor dem Krieg nicht. Ihre Kinder brauchten die Mutter nicht zu verleugnen und wuchsen häufig zweisprachig auf. Die Schriftstellerin Doeschka Meijsing hat eine deutsche Mutter, die kurz vor dem Krieg in die Niederlande kam. Sie schreibt: »Obwohl meine Mutter fehlerfrei Niederländisch sprach und nur mit vaterländischen Redensarten etwas Probleme hatte, war ihr Akzent zu stark, um nicht sofort Widerstand hervorzurufen, sobald sie den Mund aufmachte.«

Nach dem Krieg war es bis in die 80er Jahre hinein für Deutsche, zumeist Frauen, nicht einfach, sich in den Niederlanden wirklich zu Hause zu fühlen; und dies war im Westen länger der Fall als im Osten des Landes. Im städtisch geprägten Westen steht man sehr viel stärker als im Norden, Osten und Süden der Niederlande mit dem Rücken zu Deutschland und ist stärker atlantisch oder angelsächsisch orientiert. Durch die Erinnerung an den Hungerwinter 1944/45, das Bombardement auf Rotterdam und die Deportation von – vor allem Amsterdamer – Juden ist der antideutsche Reflex hier länger wachgeblieben. Doch auch in anderen Teilen der Niederlande war eine deutsche Abstammung keine Empfehlung. Viele Deutsche, die sich in dieser Zeit in den Niederlanden niedergelassen haben, haben gelernt, in der Öffentlichkeit, aber auch im Kreise von Kollegen, Freunden und Bekannten mit Widerständen, negativen Reaktionen, gemeinen Bemerkungen und dummen Scherzen zu leben.

Der Untergang des antideutschen Reflexes

Der antideutsche Reflex mag in den Niederlanden seine besten Zeiten gehabt haben – für Deutsche, die keine Niederländer kennen, und für viele Deutsche, die schon länger in den Niederlanden leben oder dort gelebt haben, ist er noch springlebendig. Das

Gefühl, daß *die* Niederländer antideutsch sind, lebt bei ihnen fort und ist bei manchen von ihnen zu einer selbsterfüllenden Prophezeiung geworden. Diese Deutschen sind schnell beleidigt und reagieren überempfindlich auf Sticheleien und niederländische Äußerungen des Kleiner-Nachbar-Komplexes.

> Als die Journalistin Maaike Floor im Sommer 2003 einen Artikel über einen künstlichen Sandstrand im Neubauviertel Ijburg in Amsterdam schrieb, titelte die Tageszeitung »Het Parool«: »Keine Dünen, keine Wellen, keine Deutschen und keine Quallen«. Gegen diese politisch inkorrekte Schlagzeile protestierten deutsche und niederländische Leser der Zeitung gleichermaßen.
> Ein deutscher Professor für Kommunikationswissenschaften an der Universität Nimwegen nutzte Anfang der 90er Jahre die vermeintliche antideutsche Hetze gegen seine Familie als Argument, Nimwegen zu verlassen und ein paar Kilometer weiter ins benachbarte deutsche Kleve zu ziehen. Er und seine Frau wollten ihre beiden Kinder nicht länger den »antideutschen« Sticheleien ihres niederländischen Wohnumfelds aussetzen. Böse Zungen behaupteten jedoch, daß der eigentliche Grund für den Wegzug in den günstigeren steuerlichen Bedingungen im Nachbarland und dem Wunsch nach einer deutschen Schulausbildung für die Kinder gelegen hätte.

Der Fall erzeugte viel Aufsehen und hat sicher mit dazu beigetragen, daß man sich in den Niederlanden verstärkt mit der Haltung zu den Nachbarn im Osten auseinandergesetzt hat. Diese Aufarbeitung der eigenen Vergangenheit hat dazu geführt, daß seit etwa Mitte der 90er Jahre die Ereignisse während des Krieges im Verhältnis zu den Deutschen eine immer geringere Rolle spielte, und sich stattdessen der altbekannte Kleiner-Nachbar-Komplex wieder in den Vordergrund schiebt.

Würden sich die damals 15- bis 19jährigen Jugendlichen aus der Clingendael-Studie heute, im Jahre 2008, noch einmal die von ihnen 1993 ausgefüllten Multiple-Choice-Fragen betrachten, wären sie vermutlich erstaunt. Damals hatten die Forscher noch feststellen können, daß sie eigentlich stark antideutsch eingestellt waren, doch jetzt will diese »Generation Next« nichts mehr davon wissen. Für die jüngeren Generationen Niederländer ist das Europa ohne Grenzen gelebte Wirklichkeit und der Zweite Weltkrieg, mit allem Respekt, etwas für die Alten. Seit

1992 sind die innereuropäischen Grenzen in der EU weggefallen, und in den Niederlanden wie in Deutschland findet ein Generationenwechsel statt. Deutsche, die jetzt in die Niederlande kommen, werden kaum noch mit der verbitterten antideutschen Einstellung der Nachkriegszeit konfrontiert – im Gegenteil: der moralische Absolutismus der Babyboomer hat sich erledigt. Die Einstellungsmuster der jungen deutschen und niederländischen Generationen unterscheiden sich kaum noch voneinander; antideutsch zu sein, ist in ihrem Denken kein Thema mehr. Sie finden Deutschland *cool*, Städte wie Köln, München und Hamburg »echt fett«, Berlin »überhipp« und die Berliner Republik »sexy«. Niederländische Künstler sind in den 50er und 60er Jahren nach Paris und in den 70ern und 80ern nach London und New York gegangen, jetzt zieht es sie in großer Zahl nach Berlin – und dies nicht nur, weil die Ateliermieten dort noch bezahlbar sind. Berlin ist so populär, daß der Geschäftsführer eines Rohrabdichtungsbetriebs aus Bergeijk, der 2004 die Auszeichnung »Bester Chef des Jahres« erhielt, beschloß, das Preisgeld für ein All-inclusive-Wochenende mit der gesamten Belegschaft in der deutschen Hauptstadt zu verwenden.

Journalisten niederländischer Zeitungen, die bis in die 90er Jahre hinein nur schwer zum Antritt einer Stelle als Auslandskorrespondent in Deutschland zu bewegen waren, kämpfen jetzt um den Job in Berlin. So beschreibt Philippe Remarque, langjähriger Berichterstatter der »Volkskrant« in Berlin, in einem Artikel aus dem Jahre 2004 die damalige Anteilnahme seiner Freunde und Kollegen, als sie hörten, daß er nach Berlin umziehen müsse: »In Deutschland wohnen? Muß das denn sein? Dann mußt du ja zwischen lauter Deutschen leben? Hatten sie nichts Besseres für dich?« Und er muß zugeben, daß er nichts dagegen gehabt hätte, wenn er durch einen Zufall an seinem Umzug nach Deutschland gehindert worden wäre.

»Typisch deutsch« aus niederländischer Perspektive

Fragt man – auch hochgebildete – Niederländer nach ihren Assoziationen zu Deutschland, den Deutschen und der deutschen Sprache, erhält man oft eine lange Liste mit negativ besetzten Stereotypen, in denen der »Narzißmus der kleinen Unterschiede« zum Vorschein kommt. Die Vorurteile von Niederländern gegenüber Deutschen kommen sehr subtil in einem Foto zum Ausdruck, das am 17. Oktober 1995 auf der Titelseite der rechtsliberalen Tageszeitung »NRC Handelsblad« stand und den Besuch des damaligen Bundespräsidenten Roman Herzog in den Niederlanden illustriert. Herzog wurde auf dem Flughafen von Königin Beatrix empfangen, und der Pressefotograf schoß seinen Film voll. Die Bildredaktion des »NRC« wählte aus dem Material ein Foto aus; es zeigt einen nahezu erstarrten Bundespräsidenten und eine fröhlich beschwingte Königin. So sind die Niederländer, und so die Deutschen – dies scheint das Bild sagen zu wollen und bestätigt damit einerseits das Selbstbild der Niederländer und andererseits ihr Bild über die Deutschen.

Wer den anderen negative Eigenschaften unterstellt, besitzt diese Eigenschaften selbst natürlich nicht. Deutsche haben buchstäblich alles, was Niederländer ganz offensichtlich nicht haben (wollen), oder aber sie weisen es in einer extremen Form auf. Den Deutschen werden, als Echo auf die militaristische Vergangenheit, Eigenschaften wie Arroganz, Dominanz, Chauvinismus, Nationalismus, Obrigkeitshörigkeit, Jasagertum, Perfektionismus und übertriebenes Pflichtgefühl zugeschrieben. Der Kleiner-Nachbar-Komplex und die eigenen Erfahrungen im Urlaub äußern sich in Attributen für die Deutschen wie »wichtigtuerisch«, »laut«, »aufdringlich«, »dränglerisch«, »angeberisch«, »materialistisch«, »luxusorientiert« oder sogar »protzig«. Im Arbeits- und Geschäftsalltag werden sie als ehrgeizig, polemisch, formell, humorlos und so »gründlich« erlebt, daß ihnen Improvisation bereits als Versagen gilt. Des weiteren finden Niederländer, daß Deutsche auf modischem Gebiet ziemlich weit hinterherhinken.

Doch es gibt auch eine Reihe von Eigenschaften, die Niederländer an Deutschen mögen: daß man mit ihnen – als echte »Stimmungskanonen« – Feste feiern kann, daß sie gastfreundlich, gesellig und offen sind. Im Arbeitsleben schätzt man ihre Zuverlässigkeit, Disziplin, Nüchternheit und ihren Ordnungssinn, ihre Leistungsorientierung, Pünktlichkeit, Professionalität und Sachlichkeit. Auch registriert man – wenn auch zähneknirschend und mißgünstig – ihre Leistungen auf sportlichem Gebiet.

Niederländer haben ein Faible für die deutschen Mittelgebirge wie die Eifel, das Sauerland, den Harz oder den Schwarzwald, denn sie sind übersichtlich, lassen wenigstens hier und da noch

Das vom »NRC Handelblad« ausgewählte Foto von Roman Herzog während seines Besuches in den Niederlanden bei Königin Beatrix im Oktober 1995.

einen Horizont erkennen und sind gut zu erwandern. Doch auch die mecklenburgische Seenplatte in Mecklenburg-Vorpommern sowie die anderen ostdeutschen Bundesländer, die Fahrradrouten entlang der großen Flüsse wie der Donau, des Rheins, der Elbe, der Weser oder der Mosel, die leckere Küche mit Schweinshaxe und Eisbein, die Kaufhäuser und Supermärkte mit ihrem riesigen Sortiment an Waren, die vielen Biersorten und der Wein sowie die etwa dreitausend Weihnachtsmärkte, die es jährlich in Deutschland gibt, üben große Anziehungskraft auf niederländische Touristen aus. In der Adventszeit machen sich Niederländer mit ganzen Busladungen und in Sonderzügen auf, um im Grenzgebiet von Leer bis Aachen, aber auch in weiter entfernten Städten wie Bremen, Osnabrück, Münster, Dortmund, Düsseldorf und Köln einkaufen zu gehen und die vorweihnachtliche Atmosphäre auf sich wirken zu lassen.

»Typisch deutsch« aus deutscher Perspektive

Die Zuschreibung »typisch deutsch« hat jedoch nicht nur für Ausländer, sondern auch für Deutsche selbst einen negativen Beigeschmack. Im sechsbändigen, 1977 erschienenen *Großen Wörterbuch der deutschen Sprache* aus dem Duden-Verlag findet sich unter dem Eintrag »das Deutsche« als einziger Beispielsatz: »Er hat eine Abneigung gegen alles Deutsche«.

Deutsche haben aufgrund der Brüche in ihrer Geschichte, der späten Staatsbildung, der zwei verlorenen Weltkriege und, vor allem, des Dritten Reichs mit seinem Holocaust eine problematische Beziehung zu ihrer eigenen Nation entwickelt und reagieren auf das im Ausland zu spürende negative Deutschlandbild mit einer gewissen Zurückhaltung, wenn es um das Bekenntnis zur eigenen Nationalität geht. Die erste deutsche Nachkriegsgeneration zeichnete sich durch eine extrem kritische Haltung zum eigenen Volk aus, die gelegentlich sogar in eine Art Selbsthaß, eine totale Ablehnung der eigenen Identität sowie offene Feindschaft dem eigenen Land gegenüber umschlug, wobei immer wieder eine Gedichtzeile aus den »Nachtgedanken« von Heinrich Heine zitiert wurde: »Denk' ich an Deutschland in der Nacht, / Dann bin ich um den Schlaf gebracht.« Heine prangert in seinem Gedicht übrigens nicht die politischen Mißstände in seiner Heimat an, sondern beschreibt, von seinem Pariser Exil aus, sein Heimweh nach Deutschland und die Sehnsucht nach seiner Mutter.

Die schwerbelastete eigene nationale Identität ist für viele Deutsche ein Grund, nach einer europäischen »Ersatzidentität« zu suchen. Deutsche Intellektuelle aus der ersten Nachkriegsgeneration, die sogenannten »68er«, die 2002 auf einer Podiumsdiskussion in Amsterdam darauf angesprochen wurden, bestätigten diese Feststellung, indem sie sich selbst beispielsweise als »Hamburger, Sachse (da dort geboren), Europäer«, »Badenser, auf das Elsaß und Frankreich orientiert, Europäer« oder einfach nur als »Europäer« bezeichneten.

Deutsche haben die moralische Schuld am Holocaust als Ansporn aufgefaßt, sich vom eigenen Land zu distanzieren. Indem sie sich selbst mit Deutschland nicht zu identifizieren brauchte, ließ sich für die erste Nachkriegsgeneration auch die Schuldfrage negativ beantworten. Vielen Deutschen bereitet es Mühe, eine positive Haltung zu ihrem Land einzunehmen, und im Ausland ziehen sie es vor, nicht als Deutsche erkannt zu werden. Als der damalige Generalsekretär der CDU, Laurenz Meyer, im Jahre 2000 sagte, er sei stolz darauf, Deutscher zu sein, bezeichnete der grüne Umweltminister Trittin ihn als Skinhead und rückte ihn damit in die rechtsradikale Ecke. Und von dem internationalen Musical-Star Ute Lemper finden sich einem Interview im »NRC Handelsblad« aus demselben Jahr die Worte: »Es gibt viele Vorurteile gegen Deutsche, und zu Recht. Ich mag es auch nicht, mich zwischen Deutschen aufzuhalten; sobald ich ein Lufthansa-Flugzeug betrete, fühle ich mich unbehaglich.«

Als ich eines Abends und mit deutschen Freunden in einem gutbesuchten Biergarten in Deutschland saß und die gesellige Atmosphäre, die dort herrschte, als »typisch deutsch« charakterisierte, trat betretenes Schweigen ein. Daß ich den Ausdruck »typisch deutsch« in positivem Sinn gebrauchte, war für sie sehr ungewöhnlich und auch etwas gewagt. Viele Auslandsdeutsche scheinen dies ähnlich zu sehen, wenn sie zwar erzählen, woher sie kommen, dabei jedoch die Begriffe »deutsch« und »Deutschland« zu vermeiden suchen. Erst auf Nachfrage sind sie bereit zuzugeben, daß sie, außer aus einer Stadt, einer Region, einem Bundesland oder der ehemaligen DDR auch noch aus Deutschland stammen. »Ich bin Deutscher« kommt den älteren und mittleren Generationen Deutscher nicht so leicht und spontan über die Lippen. Sogar der Verband deutscher Schriftsteller vermeidet in der Abkürzung *VS* das *d* für »deutsch«. Bei einer Begegnung von Jugendlichen aus den Ostseestaaten stellte jede Delegation ein Fähnchen mit den Nationalfarben auf den Tisch – außer der deutschen, die dies zu nationalistisch fand. Wie tief dieses Gefühl in der deutschen Gesellschaft verankert ist, zeigt sich an einer Bemerkung der 1970 geborenen Schriftstellerin Judith Hermann, die in einem Interview im »NRC Handelsblad« vom Januar 2006 dasselbe sagt wie die oben zitierten Babyboomer: »Für mich, als Deutsche, ist das Wort ›national‹ per Definition ein gefährlicher Begriff. Ich würde dieses Wort niemals benutzen. Deshalb möchte ich auch nicht als deutsche Autorin bezeichnet werden. Nennen Sie mich lieber eine europäische oder, besser noch, eine Berliner Autorin.« Dennoch: seit der deutschen Einigung lassen sich Anzeichen eines Bewußtseinswandels erkennen, denn für viele Jugendliche sind die Begriffe »Deutscher« und »Deutschland« nicht mehr tabu.

Fragt man Deutsche, was ihnen zu »typisch deutsch« einfällt, lautet ihre Antwort – und zwar in dieser Reihenfolge: Industrie, Heimat, Leistung, Ordnung, Fortschritt, Sauberkeit, eine starke Wirtschaft, eine feste Stelle und Qualitätsprodukte. Disziplin, Ordnung, Gehorsam und Loyalität sind militärische Tugenden, die sich auch in friedlicheren Berufen und beruflichen Einstellungen verankern konnten, bewußt gefördert und zur zweiten Natur wurden. Höflichkeit, Fleiß, Energie, Aktivität, Präzision, Mut, Anpassungsvermögen, Genügsamkeit und Pünktlichkeit sind bürgerliche Tugenden, in denen sich nicht nur Deutsche, sondern auch Niederländer sehr gut wiedererkennen können. Eine Befragung der »Bild«-Zeitung aus dem Jahre 2004 ergab, daß 80 Prozent der Deutschen Fleiß, Ordnung und Disziplin noch immer für die wichtigsten deutschen Tugenden halten.

Deutsche Studenten erhielten auf dem Kennenlernabend eines internationalen Seminars in Wales den Auftrag, etwas »typisch deutsches« zu präsentieren. Sie beschlossen nach einer hitzigen Diskussion, »typisch deutsche« Dirndlröcke und Lederhosen anzuziehen, kleine Hüte mit Federn aufzusetzen und einen Schuhplattler aufzuführen. Denn »typisch deutsch« wird in der ganzen Welt inzwischen mit bayrischen Gebräuchen und Kleidertrachten gleichgesetzt.

Als die Wochenzeitung »Die Zeit« 2004 ihren Lesern die Frage stellte, was für sie typisch deutsch sei, erhielt sie die folgenden Antworten:

> eine unglaublich schöne Natur – Apotheke – Bioläden – selbstgebackene Torten – Abendbrot – Weinlokale – Hinterhöfe – Biergarten – Aldi – Mercedes und VW – Wein- und Bierfeste – Stammtische – Dosenpfand – Glühwein – Currywurst

sowie

> Händeschütteln – Kollektivschuld – ein ausgeprägtes Umweltbewußtsein – Disziplin – Freizeit nach der Arbeit – daß wir erst alles verbieten und dann eine Sondererlaubnis brauchen – Heimweh und die Sehnsucht nach fernen Ländern – Arbeitsmoral – Schwelgen in schlechten Nachrichten – ständig an die Verbrechen der Nazizeit erinnert werden – sich nicht gern als Deutscher outen – das Bedürfnis, durch das »Sie« Distanz zu wahren – reden und diskutieren – Autos, die vor dem Zebrastreifen anhalten – ständig

nach dem Sinn des Lebens fragen – Minderwertigkeitskomplexe – kritisches Denken – Zuverlässigkeit – daß ein halbvolles Glas stets halbleer ist – bei jedem Gedanken an das Deutschsein darüber nachdenken müssen, ob man überhaupt so deutsch sein darf.

»Typisch deutsch« klingt in deutschen Ohren nach einem Widerspruch in sich. Alle Deutschen, ob Wessis oder Ossis, haben eine starke regionale Identität entwickelt und stehen einer, mehr oder weniger als auferlegt erfahrenen, nationalen Identität skeptisch gegenüber. Deutsche umschiffen das Problem der Identifikation mit der politischen Nation und dem nationalen Staat meist durch ein auf die Region bezogenes »Heimatgefühl«. Um in den Niederlanden, ihrer »zweiten« oder »Wahlheimat«, nicht als Deutsche erkannt zu werden, lernen Deutsche so schnell wie möglich Niederländisch, oder sie reden Englisch. Denn Deutschland mag zwar aus einer großen Zahl von Bevölkerungsgruppen und Landsmannschaften bestehen, die sich in sozialhistorischer und mentalitätsgeschichtlicher Hinsicht stark voneinander unterscheiden: im Ausland sind und bleiben alle Deutschen – trotz ihrer lebendigen regionalen Identität und wo immer sie auch herkommen mögen – zunächst und vor allem Deutsche.

Niederlandebilder

Das Selbstbild der Niederländer

Deutsche, die noch nie in den Niederlanden gewesen sind und auch keine Niederländer kennen, haben meist eine sehr positive Meinung über das Land und seine Bewohner. Sie neigen dazu, die Niederländer als die besseren Deutschen, als Inkarnation des Guten zu betrachten. Niederländer scheinen in ihren Augen so zu sein, wie Deutsche gern sein möchten: tolerant, liberal, lokker, flexibel, weniger steif und formell, unkonventionell, freundlich, gesellig und mit Gefühl für Humor gesegnet. Das haben die Deutschen gut erkannt, denn so sehen Niederländer sich selbst auch gern, als *God's gift to this earth*. Tief in ihrem Herzen wissen die Niederländer natürlich, daß es sich hierbei um eine romantische Vorstellung der Deutschen handelt, um den auf den Niederländer projizierten »edlen Deutschen«. Dennoch hat es etwas Angenehmes, das eigene Selbstbild von deutscher Seite bestätigt zu bekommen.

Der britische Historiker Eric Hobsbawm behauptet, daß Völker mit einer großen kolonialen Vergangenheit äußerst positive Selbstbilder entwickeln. Die Niederlande mögen zwar heute ziemlich klein sein, doch das Land war einst eine Weltmacht mit riesigem Kolonialbesitz und ist immer noch stolz darauf, der Größte unter den Kleinen zu sein. Vor allem junge Niederländer geben sich selbst bei Befragungen die niedrigsten Werte bei den negativen Stereotypen und die höchsten bei den positiven, mit Spitzenwerten bei Eigenschaften wie Humor, Toleranz und Nüchternheit, die als nationale und, im Vergleich zu anderen Völkern, einzigartige Charaktermerkmale betrachtet werden. Illustrativ für dieses selbstzufriedene niederländische Selbstbild ist ein Sommerhit des Duos »Fluitsma en Van Tijn« aus den 90er Jahren, das durch einen Werbespot der Postbank bekannt wurde. Der Refrain lautet: »Fünfzehn Millionen Menschen / auf diesem Fleckchen Erde / schreibt man doch nichts vor, / die läßt man schön gewähren.« Unter Berufung auf Tugenden wie Duldsamkeit, Nüchternheit, sich mit seinen eigenen Angelegenheiten beschäftigen und für die eigene Meinung eintreten, Ablehnung jeglicher Gängelei, eine kritische Haltung gegenüber Autoritäten, Rücksicht auf die Schwächeren sowie Treue zum Königshaus wird in diesem Lied die moralische Überlegenheit der Niederländer beschworen. Und, da man schließlich kein Musterknabe ist, kommen darin auch noch ein paar verwerfliche Dinge wie Fahrraddiebstahl, Hundekot auf dem Bürgersteig und die Bewirtung von Gästen mit Käsebrötchen als Ersatz für das Mittagessen zur Sprache.

Das heutige Selbstbild kann vor allem deshalb so positiv sein, weil die Niederländer auf eine ziemlich selektive Weise mit ihrer Vergangenheit umgegangen sind. Der Sklavenhandel, die Kolonialzeit, die zurückgewiesenen Juden an der deutsch-niederländischen Grenze im Jahre 1938, die außergewöhnlich hohe Zahl niederländischer Juden, die in deutschen Konzentrationslagern umkamen, der Krieg in Niederländisch-Indien, dem heutigen Indonesien – das alles paßt nicht in das Selbstbild und ist für die breite Öffentlichkeit entweder historisches Niemandsland oder irrelevant, da zu lange her, oder durch Mythen verstellt. Mit den Schattenseiten der eigenen Vergangenheit konfrontiert, steckt man den Kopf lieber in den Sand, erhebt die Ausnahme zur Regel, läßt Peinlichkeiten in Untersuchungen sich gegenseitig ablösender Kommissionen versanden, organisiert nicht enden wollende gesellschaftliche Diskussionen und schiebt alles auf die lange Bank.

Die nach dem Krieg aufgekommene These von der Kollektivschuld des deutschen Volkes wurde 1946 von dem deutschen Philosophen Karl Jaspers in seinem Buch »Die Schuldfrage« verneint. Er differenzierte das Phänomen und machte unter anderem einen Unterschied zwischen politischer und moralischer Schuld. Dieser Unterschied ist auch für ein kalvinistisch denkendes Volk wie die Niederländer von eminenter Bedeutung. In der westlichen Welt wird nur die persönliche Schuld als echte Schuld aufgefaßt und vor allem solchen Argumenten Gewicht beigemessen, die das Wie und Warum unter den gegebenen Umständen erklären können. Deshalb ist die Wahrheitsfindung, die Beantwortung der Schuldfrage und die Suche nach dem oder den Schuldigen eine große Aufgabe. Viele Niederländer haben für sich selbst die persönliche, moralische Schuldfrage negativ beantwortet, doch für die Deutschen, gleich welcher Generation, reklamieren sie weiterhin eine »Kollektivschuld«.

Ende der 80er Jahre fiel der Eiserne Vorhang, der Kalte Krieg war vorbei, Deutschland wurde vereinigt, die Binnengrenzen der EU fielen weg, und im Zuge dieser Entwicklungen veränderte sich auch das Deutschlandbild – um zwar zum Positiven. Der Bürgermeister von Kerkrade, Thijs Wöltgens, schlug 1993 sogar ironisch den Anschluß der Niederlande als 17. Bundesland an die Bundesrepublik Deutschland vor. Denn das zusätzliche, einwohnerstärkste Bundesland Niederlande könnte auf diese Weise, über die Bundesregierung in Berlin, mehr Einfluß auf die EU ausüben. Der damalige Ministerpräsident Lubbers konterte daraufhin mit der Feststellung, daß die Niederlande zunächst und vor allem »nicht deutsch« seien. »Es wird immer so sein, daß Deutschland und die Niederlande einander ähneln, doch wir sind nicht ›ein deutsches Land‹, wir haben eine eigene Identität.« Damit wiederholte er, was der Staatsmann Thorbecke bereits 1837 mit Nachdruck behauptet hatte: »Wir sind Niederländer. Wir sind keine Deutschen. Nichtsdestotrotz erkennen wir die Verwandtschaft von Geist und Blut an und sind stolz darauf.«

Der Soziologe Bart van Heerikhuizen zitiert einige Vorkriegssoziologen und Historiker, die ein differenzierteres Bild des niederländischen »Volkscharakters« zeichnen. Der Niederländer wird darin als »sekundär reagierend« beschrieben und vor allem als »bedächtig«, eine Eigenschaft, die dem im 19. Jahrhundert lebenden Historiker Robert Fruin zufolge leicht in »Trägheit, Fadheit, Plumpheit und Starrsinnigkeit« entarten kann. Der niederländische Historiker Johan Huizinga betont den bürgerlichen Charakter der Niederländer: »Und wenn wir uns auf den Kopf stellen, wir Niederländer sind alle bürgerlich. [...] Die bürgerliche Gesellschaft erklärt die geringe Aufständischkeit der Volksklassen, und im allgemeinen die Glätte des nationalen Lebens, die sich nur leicht kräuselte unter dem Wind der großen geistigen Erschütterungen.« Der Soziologe Herman Vuijsje knüpft im Jahre 1997 daran an und listet in seinem Buch »Correct« Charakterzüge der Kriegsgeneration auf, die stark von dem heutigen Selbstbild abweichen: »Durch Individualismus und Eigensinn zeichneten sich die Niederländer jener Tage nicht gerade aus. Das Leben ist versäult, und für das obrigkeitstreue Land standen ganz andere Werte im Vordergrund: Gruppenzusammenhalt, Folgsamkeit, bürgerlicher Anstand, Konformismus, vielleicht auch eine gewisse Gutgläubigkeit und Naivität.« Hans Galjaard beschreibt in seiner Untersuchung aus dem Jahre 1981 Niederländer noch als Menschen, die ihre Freiheit lieben, sich gern zu Hause aufhalten, derb und direkt im Umgang sind, es sparsam lieben, jedoch bei besonderen Gelegenheiten freigebig sind. Ferner charakterisiert er sie als fleißig, unbeugsam, solide und von einem starken Bedürfnis getrieben, sich Geltung zu verschaffen und aus der anonymen Masse herauszutreten. Auch sieht er bei ihnen einen leichten Hang zum Trübsinn. Die in den Niederlanden lebenden Ausländer haben dagegen ein sehr viel weniger positives Bild von den Niederländern. Sie stammen im allgemeinen aus eher autoritären Gesellschaften mit niedrigen Schamschwellen, starken religiösen Gefühlen und familiären Bindungen und finden die Niederländer zügellos, selbstzufrieden, besserwisserisch, scheinheilig und heuchlerisch.

Zu Beginn der 90er Jahre wurden sogenannte »feste erasmische Werte« wie Toleranz, Nüchternheit, Freiheitsbewußtsein und allgemeine soziale Gleichheit wieder aufpoliert und als jahrhundertealte, typisch niederländische Eigenschaften angepriesen. Doch gerade, als sich diese Identität einzubürgern begann, bekam das Selbstbild der Niederländer einige unschöne Flecken. Im Verlauf des Bosnienkriegs wurden im Jahre 1995 in der UN-Schutzzone Srebrenica Tausende Moslems von bosnischen Serben umgebracht, während niederländische Blauhelme, die dort zum Schutz der örtlichen Bevölkerung stationiert waren, untätig zusehen mußten. 2002 fiel der populistische Politiker Pim Fortuyn dem Anschlag eines Tierrechtsaktivisten zum Opfer, und zwei Jahre später wurde der Filmregisseur Theo van Gogh von einem jungen, gutausgebildeten niederländischen Moslemfundamentalisten ermordet. Der Wegfall der europäischen Binnengrenzen, die Globalisierung und die Einführung des Euro verschärften die Suche nach einer neuen kollektiven Identität der Niederländer.

Inzwischen haben sich die Niederländer daran gewöhnt, mit parlamentarischen Untersuchungsausschüssen leben zu müssen, die Licht in die Betrügereien am Bau bringen sollen, mit einem schlecht funktionierenden Schienenverkehr, einem noch schlechteren Bildungs- und Gesundheitssystem, mafiaartigen, am helllichten Tag verübten Morden an Drogenbaronen, dem massiven Export von Ecstasy sowie dem unkontrollierbaren Import harter und weicher Drogen über die See- und Flughäfen. Die Niederlande haben sich zum amerikanisiertesten Land Europas entwikkelt, ein Land, in dem der Rummel Trumpf ist und in dem etwa die Totenfeier für den an seiner Maßlosigkeit zugrunde gegangenen, mittelmäßigen Schlagersänger André Hazes am Abend vor seiner Einäscherung im Fernsehen übertragen wird, zur besten Sendezeit und aus einem brechend vollen Fußballstadion, mit dem Sarg auf der Mittellinie. Die Niederlande sind nicht mehr das Land, in dem alles 50 Jahre später passiert, sondern das Land der Wahl für den Trendforscher. Für jüngere Generationen Niederländer ist das Selbstbild ihrer Eltern und Großeltern bereits kaum noch nachvollziehbar, ganz zu schweigen vom Selbstverständnis, das Soziologen und Historiker von den Vorkriegsgenerationen zeichnen. Und mit dem übertrieben positiven Selbstbild ist es seit dem Jahrtausendwechsel ohnehin vorbei.

Niederlandebilder bei Deutschen

In Deutschland zirkulieren die üblichen klassischen Stereotype über die Niederlande. Die »taz« brachte dazu im Frühjahr 2003 ein witzig gemeintes Beispiel, als sie auf der »Humor«-Seite den folgenden Pseudobericht abdruckte:

> »Die Polizei von Enschede warnte gestern vor einem gefährlichen Geisteskranken [...] der daran zu erkennen sei, daß er einen dikken Joint zwischen den Lippen hat, einen großen Käse vor sich her rollt und Passanten mit Tulpen schlägt oder mit Holzschuhen tritt. Außerdem trage er eine weiße Schürze mit kleinen blauen Windmühlen, in deren Tasche er Tomaten transportiere. Der Mann [...] verschleppe seine Opfer gerne auf Grachten, wo er ihnen stundenlang Lieder des sanften Rebellen Hermann van Veen vorsinge.«

Für junge deutsche Touristen sind die Niederlande bereits seit den 1960er Jahren ein Symbol der Freiheit. Sie kommen vor allem wegen des Kiffens und sind erstaunt, wenn sie feststellen müssen, daß die niederländische Jugend selbst kaum oder nur sehr mäßig dem Cannabis zuspricht. In ihren Augen ist in »Holland« alles erlaubt, alles ist dort unkonventionell, und das ganze Land ist eine Art erweitertes Amsterdam. Subkulturen, die sich in Deutschland ausschließlich in sogenannten »Szenen«, d.h. in isolierten Gruppen abseits der Öffentlichkeit organisieren, sind ihnen zufolge in den Niederlanden etwas so Normales, daß sie hinter jeder Kneipentür zu finden sind. »Leben und leben lassen« ist in ihren Augen das Motto der Niederländer, tun und lassen, was man will, solange man andere damit nicht belästigt. Die positive oder neutrale Einstellung von Deutschen zeigt sich auch am Fehlen echter Schimpfwörter für Niederländer und die Niederlande. Bezeichnen Niederländer Deutschland noch als »Moffrika«, kennen die Deutschen für die Niederlande außer »Holland« nur den Begriff »Goudaland«. Und für die Niederländer fallen ihnen höchstens Worte wie »Käsköppe«, »Grachtenkacker« oder »Scheißholländer« ein.

Im Zuge der *Provo*-Bewegung Mitte der 60er Jahre entdeckten die deutschen »68er« ein Land ohne Holzschuhe, Tulpen und Käse. Sie projizierten das unkonventionelle und nonkonformistische Amsterdam der *Provo*-Tage auf das ganze Land und mußten enttäuscht feststellen, daß sie nicht als ideologisch verwandte Generationsgenossen, sondern in erster Linie als Deutsche behandelt wurden und regelmäßig auf kühle Ablehnung stießen.

Auch Deutsche, die in der Zeit der Mordanschläge der Rote Armee Fraktion in Deutschland wegen ihrer linken Gesinnung oder aufgrund eines Berufsverbots als »Sympathisanten« betrachtet wurden und in die Niederlande auswichen, bekamen dieselbe Ablehnung zu spüren. So kritisch sie ihrem Land auch gegenüberstanden, in den Niederlanden galten sie als Deutsche, und das war bis tief in die 80er Jahre hinein sicherlich kein Vorteil. Die Deutschen lernten erst in den Niederlanden, ihr Land wieder ein wenig liebzugewinnen. Der ehemalige Bundeskanzler Helmut Schmidt hat einmal mit dem Finger auf die moralische Selbstgefälligkeit und Schuldlosigkeit der Niederländer gezeigt, als er feinsinnig bemerkte, daß es der Welt zweifellos besser ergangen wäre, wenn es 80 Millionen Niederländer und 15 Millionen Deutsche gegeben hätte.

Die niederländisch-deutsche Grenze – eine erotische Grenze

Am Goethe-Institut in Amsterdam werden seit der Gründung in den 60er Jahren auch Niederländischkurse für Deutschsprachige angeboten. Das ist sehr ungewöhnlich für diese Institution, denn die drei Hauptziele des Instituts sind laut Satzung »die Förderung der Kenntnis der deutschen Sprache im Ausland, die Pflege der internationalen kulturellen Zusammenarbeit und die Vermittlung eines umfassenden Deutschlandbildes durch Informationen über das kulturelle, gesellschaftliche und politische Leben«. Das Institut ist also eigentlich nicht für die Sprache des Gastlandes zuständig. Daß es all die Jahre Niederländischkurse angeboten hat, hängt vor allem mit der Verwandtschaft der beiden Sprachen zusammen. Man fand ein starkes Argument dafür, daß der Niederländischunterricht als Dienstleistung an deutschen Bürgern im Gastland eine gute Sache sei: Deutschsprachige können nämlich sehr viel schneller und besser Niederländisch lernen als Sprecher anderer Sprachen. Niederländisch ist für deutsche Muttersprachler eine verhältnismäßig einfach zu erlernende Sprache, nach zwei Wochen können sie sich bereits leidlich durchschlagen, nach ein paar Monaten verfügen sie sowohl aktiv als auch passiv über ein beachtliches sprachliches Niveau, und im Laufe der Zeit gehen sie so sehr in der niederländischen Gesellschaft auf, daß auch ihr Akzent kaum noch ihre Herkunft verrät.

Die Hälfte der Kursteilnehmer hat einen niederländischen Partner, und drei Viertel von ihnen sind Frauen. Dafür gibt es einen Grund: die niederländisch-deutsche Grenze ist eine der erotischsten in Europa. Nirgendwo wird zwischen den Bewohnern zweier Nachbarländer soviel geflirtet, geschmust, grenzüberschreitend zusammengelebt und geheiratet wie zwischen Niederländern und Deutschen. In den Niederlanden leben 50 Prozent mehr deutsche Frauen als deutsche Männer, und das ist statistisch gesehen äußerst ungewöhnlich – in Deutschland etwa leben 20 Prozent mehr Männer als Frauen mit einem niederländischen Paß. Männer gehen häufiger als Frauen der Karriere wegen über die Grenze, für Frauen ist auch die Liebe ein wichtiger Grund.

Deutsche stellen, noch vor den Türken und Marokkanern, die größte Gruppe Ausländer in den Niederlanden. Derzeit leben etwa 400000 von ihnen im Land, 290000 Kinder – bei denen mindestens ein Elternteil die deutsche Staatsbürgerschaft hat – und 110000 Erwachsene (66000 Frauen und 44000 Männer). Niederländische Männer scheinen auf deutsche Frauen eine besondere Anziehungskraft auszuüben, und umgekehrt. Und Frauen sind, anders als die Männer, eher bereit, für die Liebe ihre Karriere aufs Spiel zu setzen. Die gegenseitige Anziehungskraft hat vielleicht auch mit der dem niederländischen Kultursoziologen Geert Hofstede zufolge »femininen« Kultur der Niederlande zu tun, in der »weiche« Tugenden wie Bescheidenheit, Teamorientierung, Einfühlungsvermögen und Konfliktvermeidung einen hohen Stellenwert haben. Relativ gesehen arbeiten Niederländer häufiger in Teilzeit, kümmern sich mehr um die Betreuung ihrer Kinder, identifizieren sich weniger ausschließlich über ihre Arbeit und die eigene Karriere, gehen kollegialer miteinander um und beurteilen das Leben stärker nach der Qualität der menschlichen Kontakte. Deutschland ist im Vergleich maskuliner orientiert: die Männer- und die Frauenrollen sind stärker differenziert, und man legt mehr Wert auf Wohlstand, Status und gesellschaftliche Anerkennung.

Auffällig ist auch der hohe Anteil homosexueller deutscher Männer und Frauen in den Niederländischkursen am Goethe-Institut. Sie ziehen das schwulen- und lesbenfreundliche Klima in den Niederlanden – und insbesondere in Amsterdam, laut der »International Herald Tribune« die »liberale Hauptstadt Europas« – häufig einem Leben in Deutschland vor. Wo immer sich niederländische Männer und deutsche Frauen auch begegnen: die besondere Chemie zwischen ihnen funktioniert überall auf der Welt. Eine kleine Umfrage in meinem Freundes- und Bekanntenkreis hat ergeben, daß sich mehr als die Hälfte der deutsch-niederländischen Paare in einem Drittland kennengelernt hat.

Das Niederlandebild unter gebildeten Deutschen in den Niederlanden

Die Deutschen in den Kursen am Goethe-Institut sind keine Touristen. Sie lassen sich hier nieder und sind besser informiert, aber auch sie standen und stehen bei ihrer Ankunft im allgemeinen sehr positiv den Niederlanden gegenüber. Niederländer machen auf sie vor allem einen unkonventionellen und toleranten Eindruck. Sie finden Niederländer anfänglich außerdem selbstsicher, kollegial, humorvoll und entspannt, und sie rühmen ihre Sprachkenntnisse. Und die Niederländer können sich in dieser Positivliste der nationalen Charaktereigenschaften nur allzu gut erkennen. Als negative Assoziationen tauchen in den 80er Jahren oft die Eigenschaften »geizig« und »ungastlich« auf.

Geiz ist ein Stereotyp, das niemals fehlt, wenn Ausländer – und die Deutschen bilden hier keine Ausnahme – die Niederländer beschreiben. Über die Jahrhunderte hinweg ist Niederländern – wie übrigens auch den Schotten – Geiz und Raffgier nachgesagt worden. Ausländische Diplomaten und Besucher, die sich eine Reise nach Holland – für Ausländer noch stets das pars pro toto für die Niederlande – leisten konnten, kamen aus den umringenden absolutistischen Königreichen und Fürstentümern und waren reich und adelig. Sie verstanden die kahle, kalvinistische Genügsamkeit nicht und empörten sich darüber. In ihren an Prunk und Pracht gewöhnten Augen konnte es sich hier nur um falsche Bescheidenheit, Habgier und Knauserigkeit der holländischen Kaufleute handeln. Sie vergaßen dabei, daß die Kaufleute ihr Brot mit dem riskanten Überseehandel verdienten und Handels- und Bankgeschäfte sich nun einmal schlecht mit dem aristokratischen Lebensstil vertrugen. Sie als Adlige sammelten ihre Reichtümer aufgrund der mit ihren Titeln verbundenen Ämter und Pfründe sowie durch die Einkünfte aus Landgütern und Renten. Der alte Vorwurf hat aber die Zeiten überstanden:

Der Schweizer Albrecht von Haller (1708–1777), Anatomiestudent bei Boerhaave in Leiden, klagt über die schlechten Gasthöfe. »Kein Wunder, die Holländer bringen sogar ihr eigenes Essen mit in die Herberge und bestellen selten ein warmes Zimmer.«

Herzog de Baena, zwischen 1920 und 1968 dreimaliger spanischer Botschafter in den Niederlanden, hält die Religionsfreiheit dort für ebenso unbegrenzt wie den Materialismus, der durch Sparsamkeit, sogar Geiz, gekennzeichnet sei.

In einem deutschen »Merian«-Reiseführer aus den 60er Jahren über die Niederlande heißt es, daß Niederländer nicht schnell protestieren würden, wenn ihr Gegenüber ihnen anbietet, die Restaurantrechnung zu bezahlen.

Der in den Niederlanden lebende portugiesische Schriftsteller J. Rentes de Carvalho schreibt über den verzweifelten Blick des Kellners in einem Café in Cannes, der Niederländer bedient und sich über das Zahlen ohne Trinkgeld und Mahlzeiten ohne Nachtisch oder Wein wundert.

Das NL auf niederländischen Autos bedeutet für deutsche Gastwirte »Nur Limonade«.

Es sind die Niederländer, die von allen Europäern für Nahrungsmittel, Getränke und Zigaretten am wenigsten ausgeben. Und es wird wohl auch kein Zufall sein, daß die Niederländer mit 30 Prozent europaweit am häufigsten mit Zelt und Caravan in den Urlaub fahren – bei den Deutschen sind dies nur 10 Prozent. Das ist auch der Grund, weshalb immer ab dem Frühjahr speziell für Campingurlauber produzierte »Campingbutter« (Margarine in der Dose) in den Regalen niederländischer Supermärkte liegt.

In einer der üblichen »Spaß«-Thesen aus niederländischen Doktorarbeiten, die das »NRC Handelsblad« vom 19. September 2000 zitiert, hieß es: »Es ist typisch holländisch, eine Kanne Tee mit einem Tassenbeutel aufzugießen.«

Als der niederländische Kulturstaatssekretär im September 2000 verkündete, daß die Zuschüsse für Huize Doorn, den ehemaligen Palast des nach dem Ersten Weltkrieg ins niederländische Exil geflüchteten Kaisers Wilhelm II., gestrichen würden, da die Sammlung weder einzigartig sei noch etwas mit der niederländischen Geschichte zu tun habe, löste dies im In- und Ausland einen Proteststurm aus. Huize Doorn ist nämlich das einzige Museum in den Niederlanden, in dem die höfische Kultur des Hochadels zu Beginn des 20. Jahrhunderts gezeigt wird. In Deutschland glaubte man den eigentlichen Grund für den Stopp der Förderung – es ging um einen Betrag von 200 000 Euro pro Jahr – im sprichwörtlichen Geiz der Niederländer suchen zu müssen. Die Proteste hatten Erfolg: die Verwaltung und der Unterhalt der Sammlung liegen seither in der Zuständigkeit des Staats.

1980: Das positive Bild überwiegt

Den Kursteilnehmern am Goethe-Institut fiel auf, daß Niederländer nicht sehr gastfreundlich waren. Der Geiz der Niederländer äußerte sich etwa in der koekjestrommel, der Keksdose, aus der man aus kalvinistischer Genügsamkeit heraus nur ein einziges einsames Plätzchen serviert bekam. Das niederländische warme Abendmahl um 18 Uhr war unantastbar. Zu dieser geheiligten Stunde saß die ganze Familie zum ersten Mal gemeinsam am Tisch und besprach den Tag. Fremde hatten dort nichts zu suchen, und man gab öffentlich seiner Irritation über den unangekündigten Besuch zur Essenszeit Ausdruck. Wer das nicht wußte, konnte Niederländer nicht anders als geizig, unzugänglich und ungastlich finden. Die Reserviertheit bei Niederländern äußerte sich auch in den Gesprächen, die fast immer an der Oberfläche blieben und kaum einmal in die Tiefe gingen. Und schlichtweg schockierend war für die Deutschen jener Tage die Unbeschwertheit, mit der Niederländer Verkehrs- und andere Regeln zu ihren Gunsten interpretierten.

Doch das positive Bild überwog bei weitem. Sie fanden Niederländer »kinderfreundlicher« und im Umgang miteinander sehr viel entspannter als die Deutschen. Das äußerte sich in einer Reihe von Phänomenen, die sie in Deutschland in dieser Form nicht kannten: Niederländer fanden sich stets zu einem Plausch bereit, auch wenn sie in Eile waren, zeigten für alles, wenn auch oberflächliches, Interesse, lachten viel, fuhren pfeifend und singend auf dem Fahrrad durch die Stadt, waren auf den Straßen, in den Läden sowie in Bussen und Bahnen freundlich, knüpften leicht Gespräche mit Fremden an, grüßten alle Nachbarn wie überhaupt jeden, den sie auch nur halbwegs kannten, sprachen jeden beim Vornamen an, fanden alles *leuk*, d. h. »nett«, und verfügten über viel verbalen Humor. Sie waren gesellig (und tranken deshalb den ganzen Tag Kaffee mit ihresgleichen), hilfsbereit, selbstbewußt und tolerant. Sie wohnten in schmalen, hellhörigen Häusern mit kleinen Zimmern und steilen Treppen, tranken ihr *pilsje* aus 0,2-Gläsern und Kaffee aus kleinen Tassen, und sie waren zu jener Zeit offenbar auch noch religiös.

Als die Niederlande im Jahre 1988 die Fußballeuropameisterschaft gewannen, ging die Fußballbegeisterung mit starken antideutschen Sentiments einher. Die deutschen Medien schickten ihre Reporter in die Niederlande, um die Hintergründe zu erfahren, und über Monate hinweg wurde Deutschland mit Informationen über die Niederlande überflutet. Und das zeigte sich auch an den Assoziationen, die die deutschen Kursteilnehmer in jenem Jahr auflisteten.

1990: Das Bild wandelt sich

Plötzlich verfügten Niederländer über sehr viel mehr negative Eigenschaften. Sie ähnelten stark den Deutschen, litten ihnen gegenüber jedoch an einem Minderwertigkeitskomplex. Um ihn zu kompensieren, verhielten sie sich jedem, der Deutsch sprach, garstig und unfreundlich gegenüber. Es fehlte ihnen an innerer Bildung, sie waren unhöflich und kleinbürgerlich, litten kaum einmal an falscher Bescheidenheit und mischten sich in alles ein – weshalb es am Arbeitsplatz kaum so etwas wie eine Privatsphäre gäbe. Außerdem redeten sie an einem Stück, wobei es meist um fast nichts ging, und hörten anderen nicht zu. Hasch rauchen war für jedermann, egal, ob jung oder alt, eine ganz normale Sache, sie fuhren auf lebensgefährliche Weise Auto, überquerten mit ihren Fahrrädern immer bei Rot die Kreuzung, natürlich ohne Licht und zu zweit oder zu dritt auf einem Rad oder nebeneinander. Ferner fiel auf, daß es auf niederländischen Straßen fast keine Pelzmäntel zu sehen gab, man sich bei Abschied und Begrüßung dreimal auf die Wange küßte und an Geburtstagen nicht nur dem Geburtstagskind, sondern allen Anwesenden gratulierte.

1994: Holland-bashing im »Spiegel«

Im Februar 1994 reagierte das Nachrichtenmagazin »Der Spiegel« auf den 1993 veröffentlichten »Clingendael«-Report mit einem Schmähartikel gegen die Niederlande. In dieser sechsseitigen Holland-bashing-Reportage unter dem Titel »Frau Antje in den Wechseljahren« kamen die Niederlande schlecht weg: Es herrsche Rassenhaß, Gesetzlosigkeit, Kriminalität, Drogenkonsum, Sittenlosigkeit, Fahrraddiebstahl und *Moffen*haß – das Blatt nagelte die Niederlande förmlich an den Schandpfahl. Der

Reporter, Erich Wiedemann, reagierte in einer langen Litanei all seine Frustrationen ab. Es gab nichts, was auch nur ein wenig taugte, alles war verlottert und verkommen.

> Danach war in den Niederlanden alles erlaubt, was nicht ausdrücklich verboten war, und was verboten war, wurde trotzdem erlaubt: Kokain- und Heroinhandel wurden augenzwinkernd geduldet (gut drei Jahre zuvor, im Dezember 1990, hatte das Blatt den Amsterdamer Umgang mit der Drogenproblematik noch als »nüchtern und pragmatisch« bezeichnet und vom »Drogen-Modell Amsterdam« gesprochen), Hausbesetzer bezahlten noch immer nicht mehr als symbolische Mieten, Euthanasie wurde routinemäßig betrieben.
> Die Qualität der niederländischen Waren war übel. Niederländer hatten keinen Geschmack, aßen *uit de muur* (wörtlich: aus der Mauer, d.h. sie zogen sich ihre Nahrung vorrangig aus Fastfood-Automaten, dem zentralen Einrichtungselement niederländischer Imbißstuben) und verfügten über Ernährungsgewohnheiten, von denen man glauben möchte, sie hätten gerade den Krieg verloren.
> Niederländisches Obst und Gemüse sei bestrahlt und genetisch manipuliert worden, die niederländische Tomate bilde den Inbegriff eines geschmacklosen und manipulierten Produktes.
> Niederländer verhielten sich Ausländern gegenüber äußerst intolerant, obwohl sich sehr viel weniger Fremde im Land aufhielten als bei den Deutschen. Niederländer ließen Ausländer stets nur aus wirtschaftlichen Gründen herein.
> Niederländer hätten kaum das Recht dazu, des Krieges zu gedenken, wenn man sich die geringe Zahl militärischer Opfer und die hohe Zahl umgekommener Juden betrachte.
> Der Widerstand habe erst richtig angefangen, als die Besatzer bereits auf dem Rückzug waren.
> Für Niederländer sei es schrecklich, im Ausland für Deutsche gehalten zu werden.
> Niederländer waren noch größer und blonder, jedoch weniger trinkfest als die Deutschen.
> Niederländer ähnelten den Deutschen so sehr, daß die Aversion der Niederländer gegen ihre Nachbarn nichts anderes sein konnte als eine verblümte Form des Selbsthasses.

Illustriert wurde der Artikel durch eine haschischrauchende Karikatur von »Frau Antje«, dem Käsemädchen aus der deutschen Fernsehreklame, das dort seit 1960 für niederländische Milcherzeugnisse wirbt. Dieselbe Karikatur fand sich 1997 ebenfalls in

Frau Antje-Karikatur von Sebastian Krüger aus dem »Spiegel« vom 28.2.1994.

französischen Tages- und Wochenzeitungen – im Zusammenhang mit Angriffen gegen die niederländische Drogenpolitik – sowie in einem Artikel in der englischen Sonntagszeitung »Independent Sunday«, in dem es um die Niederlande ging und der die Überschrift trug: »Land of Dope and Glory«.

Die deutschen Teilnehmer an den Kursen des Goethe-Instituts hatten, wie man es von gebildeten Leuten erwarten konnte, den »Spiegel«-Artikel aufmerksam gelesen. Die negativen Ansichten über die Niederlande, die darin zur Sprache gekommen waren, fanden sich in den Folgejahren regelmäßig auf den Listen der Kursteilnehmer wieder, wenn es um Assoziationen über die Niederländer ging.

Deutsche, die schon etwas länger in den Niederlanden waren und dort das Arbeitsleben kennengelernt hatten, entdeckten, daß die Niederländer nicht nur in alles ihre Nase hineinsteckten, sondern auch gern ungefragt und auf eine moralisierende Art und Weise Ratschläge erteilten. Ihre Plaudersucht war die Folge ihres geringen geistigen Tiefganges. Sie hatten soviel Angst vor Konflikten, daß sie eine echte Diskussion als Streit betrachteten, was zu Entschlußlosigkeit führte und zu endlos vielen und endlos langen Sitzungen. Niederländer waren in mancherlei Hinsicht schwammig, feige, scheinheilig, inkonsequent, rückwärtsgewandt ohne Zukunftsvision und noch bürokratischer als die Deutschen. Sie hatten kaum Hemmungen, meinten, daß alles erlaubt sein müsse, waren unverschämt, chauvinistisch, rechthaberisch, egoistisch, unmoralisch, laut, unhöflich, obszön und selbstgefällig. Sie waren nicht nur noch immer antideutsch (vor allem die linken Intellektuellen), sondern hatten auch eine starke Abneigung gegen andere, größere westeuropäische Nachbarn. Zwar standen sie der Religion inzwischen gleichgültig gegenüber, doch dafür hatten sie eine besondere Vorliebe für Computerspiele, Quizsendungen und Seifenopern entwickelt – so die Wahrnehmung der Deutschen.

Der Effekt des »Spiegel«-Artikels aus dem Jahre 1994 mit seinem Klischee des »häßlichen Niederländers« ist längst abgeflaut. Deutsche, die nicht zufällig nahe der niederländischen Grenze leben, haben noch immer eine reichlich naive Vorstellung von Land und Leuten. Der »Spiegel«-Artikel und die Clingendael-Studien haben sowohl in den Niederlanden als auch in Deutschland für viel Aufsehen gesorgt. Die Niederlande und ihre Bewohner wurden für kurze Zeit plötzlich zu einem Thema in den Medien. In der Presse erschien eine Flut von Artikeln, die das Wissen der Deutschen über die Niederlande vertiefte und das einseitig positive Niederlandebild nuancierte. Deutschen ist einerseits klargeworden, daß der Zweite Weltkrieg nicht nur in Deutschland, Frankreich und Osteuropa stattfand, sondern auch die Niederlande schwer darunter gelitten haben. Andererseits sind sie erstmals darüber informiert worden, daß die Niederländer wenig über die Schattenseiten ihres sozialen Miteinanders wissen und die Augen vor ihrer kolonialen Vergangenheit und der allgemein passiven Haltung während der deutschen Besatzung verschließen. Sowohl in Deutschland als auch in den Niederlanden ist man sich der Tatsache bewußt geworden, daß gute wirtschaftliche und politische Beziehungen negative Vorurteile nicht ausschließen.

Der »Spiegel«-Artikel hat vor allem in den Bundesländern Effekt gehabt, die wenig mit den Niederlanden zu tun haben. Kursteilnehmer aus Bayern, Baden-Württemberg und Mecklenburg-Vorpommern etwa berichteten, daß Menschen aus ihrer Umgebung, die noch nie in den Niederlanden gewesen waren, sie vor den antideutschen Reaktionen gewarnt hätten, die sie in den Niederlanden erwarteten. Sie selbst hatten ebenfalls mit antideutschem Verhalten gerechnet, es jedoch noch nicht erleben dürfen. In Frankreich, England und Polen hatten sie sich mit heftigen und ausgesprochen antideutschen Ressentiments auseinandersetzen müssen – die negativen Reaktionen in den Niederlanden waren dagegen vergleichsweise bedeutungslos und ließen sich im schlimmsten Fall als »kritisch« bezeichnen.

Dieser Trend hat sich nach der Jahrtausendwende fortgesetzt. Ein antideutscher Reflex in Form von »Heil-Hitler«- und »Naziraus«-Rufen gilt bei der überwiegenden Mehrheit der niederländischen Bevölkerung als Ausdruck schlechten Benehmens und findet sich fast nur noch bei Randgruppenjugendlichen.

Nach 2000: Differenzierte Wahrnehmungen

Durch die im Ausland breit diskutierten Erfolge des »Poldermodells«, des niederländischen Job- und Wirtschaftswunders der 1990er Jahre, sind die heutigen Teilnehmer an den Niederländischkursen des Goethe-Instituts sehr viel besser über die Niederlande und ihre Bevölkerung informiert. Außerdem werden sie nur noch selten mit antideutschen Empfindungen konfrontiert, und dies auch nicht heftiger als in anderen europäischen Ländern. Sie finden die Amsterdamer Toleranz geradezu atemberaubend, sehen zugleich aber auch, daß Amsterdam nicht die Niederlande ist und Toleranz auch zu weit führen kann. Am Arbeitsplatz haben sie Probleme mit den unklaren hierarchischen Verhältnissen. Sie loben die hohe Arbeitsmoral, die gute Organisation, die Kollegialität, den Sinn für Humor, die internationale Gesinnung, die geringe Statusorientierung sowie das bescheidene Auftreten und wundern sich darüber, daß man über alles sprechen kann und die Dinge nicht immer so todernst gesehen werden. Niederländer sind in ihren Augen umgänglich, scheinen mehr »aus dem Bauch heraus« zu leben, sind unkompliziert, flexibel, kreativ und sehr pragmatisch (»Alles ist relativ«).

Man fragt sich jedoch, ob ihre Oberflächlichkeit und der Mangel an kritischer Distanz auf Unbekümmertheit oder auf Naivität zurückzuführen ist. Und wie können sie einen so unverschämt selbstbewußten Eindruck machen? Leiden sie denn niemals unter Schuldgefühlen oder Selbstzweifeln? Die weitverbreitete Teilzeitarbeit wird nicht als eine Folge der Rationalisierung gesehen, sondern vor allem als Ausdruck einer emanzipierten und fortschrittlichen Gesellschaft. Sie bedauern die Distanz, die sich hinter der freundlichen Fassade der Niederländer verbirgt, sehen jedoch auch ihr Pendant, die Häuslichkeit und den Familiensinn.

Ferner zeigt sich, daß Niederländer viel über Schnäppchen (»Kaufen Sie drei, zahlen Sie zwei!«) und Geld reden, ebenso reisefreudig sind wie die Deutschen, einen individuelleren Modegeschmack haben (außer bei den Männern, die kümmert es nicht), jedoch dem Äußeren ansonsten weniger Bedeutung beimessen.

Von der niederländischen Küche sind sie nicht begeistert. Das Essen ist zu fettig und schmeckt schlecht, doch glücklicherweise ist die internationale Küche gut im Land vertreten. Niederländisches Gemüse assoziieren sie nach wie vor mit »künstlich«, pestizidhaltig und gentechnisch manipuliert, und die Tomaten werden trotz der jüngsten, günstigen Geschmackskontrollen noch immer als »Wasserbomben« bezeichnet. Niederländisches Brot gilt vielen als völlig ungenießbar, doch der Belag – süßer *hagelslag* (Schokoladenstreusel) in allen Farben und Geschmacksrichtungen, Käse und *pindakaas* (Erdnußbutter) – macht einiges wett. Daß Niederländer zu Pommes frites Mayonnaise statt, wie in Deutschland, Ketchup bevorzugen, ist für sie ebenso überraschend wie die niederländische Vorliebe für Kartoffelchips in der Geschmacksrichtung »Natur« anstelle von »Paprika«.

Bei »typisch niederländisch« denken sie an Wohnwagen, Coffeeshops, Drogen, Fahrräder, Verkehrsstaus, Parkplatzsuche, Grachten, Holzschuhe, Windmühlen, Polder, Strände, Dünen, Deiche, Wasser, Nebel, Wind, tiefhängende Wolken und Regen, hellerleuchtete Gewächshäuser, Blumenfelder, Tulpen, grüne Weiden mit Schafen und Kühen, schöne Altstädte mit hier und da einem Pissoir, Wohnboote oder *doorkijkhuizen* (Häuser mit großen, gardinenlosen Fenstern, durch die man hindurchsehen kann), an *hijsbalken* (Flaschenzüge an den Hausgiebeln, über die aufgrund der steilen Treppen der Umzug bewerkstelligt wird), die Schwulen- und Lesbenehe und die Treue zum Königshaus. Die Abtreibungs- und Euthanasiepolitik erstaunt bzw. schokkiert sie jedoch ebenso sehr wie das »schlechte« Gesundheitswesen mit seinen Wartelisten und Notoperationen.

Das in der deutschen Wahrnehmung mit dem Poldermodell verknüpfte niederländische Wirtschaftswunder ist inzwischen bereits ein Stück Geschichte, und die Mordanschläge auf den Politiker Pim Fortuyn und den Filmemacher Theo van Gogh rufen, zumindest bei denjenigen Deutschen, die diese Zeit bewußt mitgemacht haben, Erinnerungen an die Morde der RAF bzw. der Brandanschläge Anfang der 1990er Jahre in Hoyerswerda, Mölln und Solingen wach. Damals reagierte man in Deutschland hysterisch und aggressiv, jetzt sind es die Niederlande, die den Geist aus der Flasche gelassen haben. Doch es gibt in Deutschland keine Schadenfreude über die niederländische Identitätskrise der letzten paar Jahre, sondern vor allem Erstaunen darüber, daß es auch in einem so freien und vermeintlich toleranten Land wie den Niederlanden so weit hat kommen können.

Unterschiedliche Bilder

Interkulturelle Unterschiede – wie in Butter gemeißelt

Für die Entstehung der verschiedenen Deutschland- und Niederlandebilder hat Christian Graf von Krockow die Metapher eines Siebs gebraucht. Beim Wissen, das Niederländer und Deutsche übereinander haben, kann man von einer gewaltigen Asymmetrie sprechen, wobei die Grenze zwischen beiden Ländern als eine Art Informationssieb fungiert. Von den Niederlanden in Richtung Deutschland hat das Sieb sehr enge Maschen. Einmal abgesehen vom Grenzgebiet dringen vom nordwestlichen Nachbarn nur wenig Informationen nach Deutschland. Die Korrespondenten der meisten großen deutschen Tageszeitungen bearbeiten die Niederlande von Brüssel aus mit. Wenn dort einmal etwas passiert, was für den deutschen Leser interessant ist, reisen die Journalisten an den Ort des Geschehens. Es gibt nur wenige »feste« Vertreter deutscher Medien in den Niederlanden, die von der Nachrichtenlage in diesem Land leben können. Deutsche Journalisten, die die Niederlande mit im Portefeuille haben, bekommen meist nur dann Platz in ihren Zeitungen eingeräumt, wenn sie über Themen berichten, bei denen das Land eine zentrale Rolle spielt oder einen Sonderweg geht, etwa bei der Arbeitsmarkt-, Drogen- und Euthanasiepolitik oder der Homo-Ehe. In den letzten Jahren standen vor allem der Niedergang des Poldermodells und der Mord an Pim Fortuyn im Mittelpunkt des Interesses, doch auch das Aussterben des deutschen Zweiges des niederländischen Königshauses, der Mord an Theo van Gogh und die mißlungene Integration von Ausländern in die niederländische Gesellschaft haben die Medien in Deutschland beschäftigt.

Hinzu kommt noch, daß in Deutschland – bis auf die Popkanäle – fast alle zu empfangenden Fernsehsender deutschsprachig sind. Deutsche bekommen fast nie andere Sprachen im Fernsehen zu hören, denn ausländische Fernsehsendungen werden in aller Regel nicht untertitelt, sondern synchronisiert; bei Nachrichtenprogrammen wird meist auf eine sprachliche Überblendung oder eine Simultanübersetzung zurückgegriffen. Deutschland befindet sich damit in der Gesellschaft anderer großer Länder. Ein Nachteil dieser Praxis liegt darin, daß sie auch für die intellektuelle, mehrsprachige Elite die Wahlmöglichkeiten einschränkt. Der Kelch der Synchronisation ist nur deshalb an den Niederlanden vorübergegangen, weil es für ein kleines Land ein zu kostspieliges Verfahren ist.

Doch es gibt einen wichtigen Grund, weshalb lediglich Deutsche, die nahe der Grenze leben, (vielleicht) ein wenig mehr über das Nachbarland wissen und die große Mehrheit der Bevölkerung nur mäßig am Geschehen dort interessiert ist. Deutschland ist ein großes Land mit mehr als 80 Millionen Einwohnern und Grenzen zu neun großen, mittelgroßen und kleinen Staaten: Dänemark, Polen, Tschechien, Österreich, die Schweiz, Frankreich, Luxemburg, Belgien und die Niederlande. Für die Deutschen ist im Westen die Grenze zu Frankreich die wichtigste und im Osten die zu Polen. Die Grenze zu den Niederlanden ist nur eine der insgesamt neun und kaum von politischem, sondern vor allem von wirtschaftlichem Interesse. Weil in großen Ländern das Ausland weiter entfernt und relativ klein ist, nehmen die lokalen und regionalen Nachrichtenthemen einen wichtigeren Platz ein. Das erklärt auch den großen Unterschied im Interesse für das Land des jeweils anderen. Doch das ist keineswegs, wie Bewohner kleiner Länder häufig denken, typisch für die Arroganz ihrer großen Nachbarn. Der niederländische Soziologe Johan Goudsblom spricht über den »Einwegspiegel-Effekt«. Die Kulturträger kleiner Länder stehen als Beobachter hinter einem halbdurchsichtigen Spiegel und verfolgen alles, was bei den großen Nachbarn geschieht, doch es ist eine Art Einbahnstraße, denn der große Nachbar schaut kaum oder gar nicht zurück.

Was das Gros der Deutschen über die Niederlande weiß, wird vor allem durch zwei Dinge bestimmt: durch das, was die Hofberichterstatter in der deutschen Regenbogenpresse und den Frauenzeitschriften über das Königshaus zu berichten haben, sowie durch die Darstellung und das Auftreten von »Niederländern« im deutschen Fernsehen. Die bekannteste »Niederländerin« ist in Deutschland wahrscheinlich die bereits mehrfach genannte »Frau Antje«. Sie ist in der Tracht eines Käsemädchens gekleidet und bestätigt so das agrarische Bild der Niederlande, das ohnehin überall in der Welt existiert. Vor dem Krieg machte Johannes Heesters (Jahrgang 1902) als Star des Berliner Operettentheaters Karriere. Er wird zwar im »Brockhaus« erwähnt, nicht aber in dessen niederländischem Pendant, der »Winkler-Prins«-Enzyklopädie. Weil er in Deutschland unter den Nazis weiterarbeitete, gilt er in den Niederlanden als eine Art Kollaborateur. In Deutschland erhielt er 2002 die »Goldene Kamera« der Fernsehzeitschrift »Hör Zu«. Seit den 1960er Jahren dient ein kontinuierlicher Strom niederländischer Quiz- und Showmaster dem Mammon im Osten: Lou van Burg (»Onkel Lou« bzw. »Mister Wunnerbar«), der im Jahre 2006 verstorbene Rudi Carrell und nicht zuletzt Linda de Mol und Marijke Amado. Dem deutschen Historiker Ingo Schiweck zufolge hat der Erfolg dieser Fernsehunterhalter mit der niederländischen Lockerheit zu tun, die gelegentlich zur Nonchalance neigt, sowie mit Mut, sich Freiheiten zu erlauben, die ihre deutschen Kollegen sich nicht so einfach nehmen würden. Einer größeren Anzahl niederländischer Künstler mißlang jedoch der Sprung auf den deutschen Markt, teils weil sie, wie Freek de Jonge, Streit wegen ihres Auftretens bekamen, teils weil das deutsche Publikum, wie bei Seth Gaaikema, ihren Witz nicht verstand, meist jedoch, weil sie es, wie Peter Jan Rens, Willem Ruis, Johnny Kraaykamp oder Rijk de Gooijer, als »gute« Niederländer ablehnten, ein akzeptables Deutsch zu sprechen. 1992 beklagte das Hamburger Magazin »Tempo« auf satirische Weise die Invasion niederländischer Fernsehunterhalter: »Die Holländer wollen uns fertigmachen, lähmen, unterjochen. Via Fernsehen betreiben sie die Niederlandisierung der Bundesrepublik Deutschland. Sie schänden unsere Sprache: ›Sie solle eine Menge Ihre Köpsche zerbreche‹ und ›Jetzt wolle wir mal klatsche‹. [...] Sie wollen sich an uns rächen: 1940 marschierte die Wehrmacht bei den Tulpenpflanzern ein.«

Es gibt in Deutschland, vielleicht mit Ausnahme Niedersachsens und Nordrhein-Westfalens, keine rechte Vorstellung von dem, was die Niederlande eigentlich sind. In Bayern weiß man etwas mehr über die Österreicher, Schweizer oder Tschechen als im Rest der Republik, in Baden-Württemberg, Rheinland-Pfalz und dem Saarland über die Franzosen, in Schleswig-Holstein über die Dänen und in Brandenburg und Sachsen über die Polen. In den letzten Jahren ist das Interesse an den Niederlanden gewachsen, weil man im Ausland und auch in Deutschland gemerkt hat, daß es den Niederländern durch Vereinbarungen zwischen Arbeitgebern und Arbeitnehmern über Lohnzurückhaltung gelungen war, mehr neue Arbeitsplätze zu schaffen als sonst irgendwo in der EU. Aufgrund der steigenden Arbeitslosigkeit im eigenen Land begann man sich in Deutschland für das sogenannte niederländische Poldermodell, eine aus dem Beratungs- und Konsensdenken erwachsene Reform des niederländischen Arbeitsmarkts, zu interessieren. Und in den Grenzregionen, wo bisher vor allem Niederländer Richtung Deutschland pendelten, läßt sich jetzt eine Tendenz in umgekehrter Richtung feststellen. Viele Deutsche suchen in den Niederlanden nach Arbeit und finden sie dort auch.

Als Bewohner eines kleinen Landes wissen Niederländer verhältnismäßig viel über das Ausland. Von ihren beiden großen Nachbarn sind ihnen die Engländer die liebsten, denn sie wohnen auf der anderen Seite eines breiten Kanals. Auf dem Weg über Belgien fielen in früheren Jahrhunderten die Franzosen in die Niederlande ein – zum letzten Mal geschah dies durch die Truppen Napoleons. Heutzutage ist Belgien für die meisten Niederländer ein Land für Tagesausflüge oder gar nur die Durchgangsstation nach Süd-Frankreich oder Spanien. Die Grenze zu den östlichen Nachbarn war viel länger eine wirkliche Grenze, vor allem, nachdem das zersplitterte Deutschland zum Kaiserreich geworden war. Nach dem Ersten Weltkrieg wurde mit dem Ausrufen der Weimarer Republik im Jahre 1919 endlich der Absolutismus der Fürsten beendet. Es war jedoch nicht mehr als eine Atempause in der Geschichte, denn 1933 ergriff Hitler die Macht und gründete das totalitäre Dritte Reich. Erst im Jahre 1945 entstand östlich der niederländischen Grenze ein stabiler, demokratischer deutscher Staat.

Wissen Niederländer auch viel über Deutschland? Sie könnten zumindest einiges darüber wissen, denn das Informationssieb von Deutschland in Richtung Niederlande hat deutlich weitere Maschen. Alle niederländischen Zeitungen, die etwas auf sich halten, haben eigene Korrespondenten in Deutschland, und im niederländischen Fernsehen laufen eine Vielzahl von niederländisch untertitelten deutschen Serien, die sich großer Popularität erfreuen. Außerdem können Niederländer ihr Wissen über das Geschehen in Deutschland jeden Tag aufs neue mit Hilfe von zwei oder drei deutschen Fernsehsendern auf dem aktuellen Stand halten. Dafür muß man jedoch Deutschkenntnisse haben, und die werden bei heutigen Schülergenerationen bereits immer weniger selbstverständlich, da Deutsch kein Pflichtfach mehr an niederländischen Schulen ist.

Witze über Deutsche und Niederländer

Die großen Unterschiede im Wissen übereinander spiegeln sich auch im Spott, den die Deutschen und die Niederländer miteinander treiben. In Deutschland sind die Niederländer kaum Gegenstand von Witzen, und wenn sie es werden, sind diese eher unschuldig in ihrer Art. Weil Deutsche so wenig über Niederländer wissen, haben ihre Witze zumeist mit der bekannten holländischen »Knauserigkeit«, mit Rudi Carrell und mit dem für Deutsche wenig disziplinierten Verhalten der Niederländer im Straßenverkehr zu tun.

Knauserig:
Ein Engländer, ein Franzose, ein Deutscher und ein Niederländer sehen eine Frau auf einem Pferd.
Sagt der Engländer: »What a horse!« (Welch ein Pferd!)
Der Franzose: »Quelle femme!« (Was für eine Frau!)
Der Deutsche: »Was für ein Sitz!«
Der Niederländer: »Dat zal wat kosten!« (Das wird was kosten!)

Ein Deutscher sitzt beim Frühstück im Hotel, mit Kaffee, Croissants, Butter und Marmelade, als sich ein kaugummikauender Holländer neben ihn setzt. Ohne dazu aufgefordert zu werden, beginnt dieser eine Konversation: »Eßt ihr Deutschen eigentlich das ganze Brot?« Der Deutsche erwidert: »Ja, natürlich.«
Der Holländer macht eine Riesenblase mit seinem Kaugummi und meint: »Wir nicht. Bei uns in Holland essen wir nur das Innere des Brots. Die Rinden werden in Containern gesammelt, aufbereitet, zu Croissants geformt und nach Deutschland verkauft.«
Der Deutsche hört schweigend zu. Der Niederländer lächelt verschmitzt und fragt: »Eßt ihr auch Marmelade zum Brot?«
Der Deutsche: »Ja, natürlich.«
Während der Holländer seinen Kaugummi zwischen den Zähnen zerkaut, meint er: »Wir nicht. Bei uns in den Niederlanden essen wir nur frisches Obst zum Frühstück. Die Schalen, Samen und

Überreste werden in Containern gesammelt, aufbereitet, zu Marmelade verarbeitet und nach Deutschland verkauft.«
Nun ist es an dem Deutschen, eine Frage zu stellen: »Habt Ihr auch Sex in Holland?«
Der Holländer lacht und sagt: »Ja, natürlich haben wir Sex.«
Der Deutsche lehnt sich über den Tisch und fragt: »Und was macht Ihr mit den Kondomen, wenn Ihr sie gebraucht habt?«
»Die werfen wir weg«, meint der Holländer.
Jetzt fängt der Deutsche an zu lächeln: »Wir nicht. In Deutschland werden alle Kondome in Containern gesammelt, aufbereitet, geschmolzen, zu Kaugummi verarbeitet und nach Holland verkauft.«

Verhalten im Straßenverkehr:
Deutsche haben lieber einen Niederländer im Fernsehen als hunderttausend auf der Autobahn.

Das NL an niederländischen Autos bedeutet »Nur Linksfahrer«.

In Deutschland bekommt man bei Verkehrsübertretungen Strafpunkte. Wer eine bestimmte Anzahl solcher Punkte gesammelt hat, muß den Führerschein abgeben. Wer in den Niederlanden hundert Strafpunkte beisammen hat, bekommt ein gelbes (d.h. niederländisches) Nummernschild.

Ein Taxifahrer aus Kleve, einer deutschen Kreisstadt nahe der Grenze zu Nimwegen, bemerkte einmal folgendes über niederländische Autofahrer: »Schwarze Zahlen auf gelbem Grund – Halt dich fern und bleib gesund!«

Wenn man im Winter in die Berge fährt und dort im Stau steht, kann man sicher sein, daß am Anfang des Staus ein Niederländer ohne Schneeketten steht. Gerät man auf der Rückreise wieder in einen Stau, steht am Anfang ebenfalls ein Holländer – der vergessen hat, seine Schneeketten abzunehmen.

In deutschsprachigen Ländern kennt man den »Holländer-Triathlon«: Niederländer fahren mit dem Skilift auf den Berg hinauf, steigen mit dem Rettungsdienst wieder ins Tal hinab und werden mit dem »Gipsbomber« nach Hause geflogen.

Fußball
Ballack, Henry und van Nistelrooy treffen sich auf der Säuglingsstation des Krankenhauses und warten auf die Geburt ihres Kin-

des. Die Schwester kommt mit drei Babys herein und sagt: »Da ist etwas schiefgegangen, wir wissen nicht, wer der Vater welchen Kindes ist.« Ballack geht sofort zu dem Baby, das als einziges schwarz ist, und sagt: »Das ist meins.« Die Schwester antwortet: »Aber das geht doch nicht!« Ballack: »Solange es nur kein Holländer ist.«

Was macht ein niederländischer Fußballfan, wenn die Niederlande Weltmeister geworden sind? Er stellt seine Playstation aus und geht ins Bett.

Warum haben niederländische Kinder solch große Ohren? Weil ihre Väter sie an den Ohren hochheben, sie mit dem Gesicht in Richtung Deutschland drehen und dann sagen: »Schau, da liegt Deutschland, da wohnt der Fußballweltmeister.«

In den niederländischen Witzen über Deutsche kommt Freuds Narzißmus der kleinen Unterschiede zum Ausdruck. Bis 1989 gab es hierbei nur wenige Variationen. Die meisten dieser Witze haben mit Eigenschaften zu tun, die Niederländer als besonders charakteristisch für die Deutschen ansehen. Sie bedienen die Stereotype und Klischees, in denen die Deutschen als dumm, arrogant und völlig humorlos bzw. großmäulig erscheinen. Ferner gibt es viele Witze, die sich auf den Zweiten Weltkrieg beziehen und auf die deutsche Sprache, die dort noch immer wie das laute Herrenmenschen-Deutsch der deutschen Besatzer klingt.

Zweiter Weltkrieg:
Am 4. Mai fragt ein Deutscher in Amsterdam einen Niederländer: »Was ist hier denn los?« Der Niederländer antwortet: »Wir gedenken heute unserer Toten und Gefallenen aus dem Zweiten Weltkrieg.« Sagt der Deutsche: »Ja, bei uns in Deutschland sind auch sehr viele Menschen umgekommen.« »Richtig«, sagt der Niederländer, »das feiern wir morgen an unserem Befreiungstag.«

Herrenmenschen-Deutsch:
Wie öffnen die Deutschen Austern? Sie schlagen laut mit der Faust auf den Tisch und brüllen: »Aufmachen!«

Was sagen Deutsche, wenn sie eine Büchse »Judenkuchen« (ein flacher runder Kuchen aus Mürbeteig) öffnen wollen? »Raus, raus!«

Sprache
Eine 90jährige Frau will Hebräisch lernen, weil sie im Himmel mit Petrus und Maria in deren Muttersprache reden möchte: »Wissen Sie denn überhaupt, ob Sie in den Himmel kommen?« fragt man sie. »Ach«, sagt sie, »wenn ich in die Hölle komme, macht es auch nichts. Ein paar Brocken Deutsch kann ich noch.«

Ein Niederländer sieht, wie ein Mann Wasser aus einem Graben trinkt, und er ruft: *»Niet doen, dat water is smerig!«* (Nicht, das Wasser ist schmutzig!) Der Mann schaut hoch und fragt: »Wie bitte?« Antwortet der Niederländer: »Sie müsse met beide Hände trinke!«

Gehorsam:
Der Kapitän des sinkenden Schiffes fordert seine Passagiere auf, in die bereits zu Wasser gelassenen Rettungsboote zu springen. Alle weigern sich. Der erste Steuermann sagt: »Lassen Sie mich mal ran« – kurz darauf sind alle in den Booten. »Wie haben Sie das denn fertiggebracht?« fragt der Kapitän. »Das war ganz einfach«, antwortet der Steuermann: »Den Japanern habe ich erzählt, daß es stark macht, den Amerikanern, daß sie versichert sind, den Engländern, daß es sportlich ist, den Italienern und Niederländern, daß es verboten, und den Deutschen, daß es ein Befehl ist.«

Humorlos:
Im Himmel ist der Koch Franzose, der Conferencier Engländer und der Monteur ein Deutscher. In der Hölle ist der Koch ein Engländer, der Monteur Franzose und der Conferencier ein Deutscher.

Großmäulig:
Ein Jungvogel, ein Jungfisch und ein Jungkrokodil reden darüber, was sie in den Ferien machen. Der kleine Vogel sagt: »Mein Vater fliegt, meine Mutter fliegt, alle andern fliegen auch, also werden wir wohl fliegen.« Der kleine Fisch sagt: »Mein Vater schwimmt, meine Mutter schwimmt, die ganze restliche Familie schwimmt, wir werden also wohl wieder schwimmen.« Sagt das junge Krokodil: »Mein Vater hat ein großes Maul, meine Mutter hat ein großes Maul, und der Rest hat auch ein großes Maul. Bei uns wird es wohl wieder Deutschland werden.«

Nicht alle Witze haben ein negatives Stereotyp zum Thema. Über Goethe macht bereits sehr lange dieser nur für Niederländischsprachige zu verstehende Witz die Runde:

Goethe ist der arroganteste Schriftsteller der Welt, denn unter all seine Werke schreibt er: Goet hé (von *Goed hé* = Gut, was?)

Nach dem Fall der Mauer im Jahre 1989 kam ein neues Genre hinzu. Allerlei Witze machten die Runde, die sich auf das größere Deutschland bezogen:

Welches Tier muß den Adler in der deutschen Nationalflagge ersetzen? Das Nilpferd, denn es hat das größere Maul.

Warum muß man die Deutschen mit geschlossenem Mund begraben? Weil man sonst zuviel Sand braucht.

Als Anfang der 90er Jahre in Hoyerswerda, Mölln und Solingen Häuser von Ausländern und Asylanten in Brand gesteckt wurden, hielt eine neue Kategorie bösartiger »Witze« Einzug:

In Deutschland wurde ein Asyl angezündet: 500 Hunde sind dabei umgekommen. Die Brandstifter hatten sich im Asyl geirrt.

Ein Türke fragt einen Deutschen: »Hast du Feuer?« Antwortet der Deutsche: »Ja, wo wohnst du?«

Die Normalisierung der niederländisch-deutschen Beziehungen am Beispiel des Fußballs

Jetzt, da der Zweite Weltkrieg als stichhaltiges Argument für einen antideutschen Reflex ausgedient hat, müssen sich die Niederländer – so wie in den Jahren vor dem Krieg – wieder mit dem Kleiner-Nachbar-Komplex benügen, dem ritualisierten Narzißmus der kleinen Unterschiede. Die Bevölkerung kleiner Nationen hält keine großen Stücke auf ihren großen Nachbarn, und das Verschwinden der Europäischen Binnengrenzen hat zu einer Wiederbelebung der nationalen und regionalen Identitäten geführt. Und wo kann eine solche Wiederbelebung besser zu ihrem Recht kommen als in *dem* Nationalsport der Nachbarn: Fußball? Illustrativ für die Normalisierung der niederländisch-deutschen Beziehungen ist das, was man als eine »Fußballisierung der Gesellschaft« bezeichnen könnte. Einem einfachen

Schwarzweißschema zufolge sind für die Oranje-Fans die niederländischen Fußballspieler die Helden und deren deutsche Gegner die Schurken. Und umgekehrt gilt dasselbe, denn in Deutschland gibt es einen ebenso starken antiniederländischen Fußball-Reflex. Zwischen Nieuweschans und Leer, Enschede und Gronau, Kerkrade und Herzogenrath ist die Grenze keine Trennlinie mehr, sondern ein Magnet. Nach jedem Länderspiel versammeln sich dort jugendliche Fußballfans, um sich gegenseitig die Köpfe einzuschlagen. Und in beiden Ländern bröckelt auch bei Intellektuellen die kosmopolitische Fassade. Ungeniert stellen sie ihren Fußballchauvinismus zur Schau und reden entschuldigend ihr Verhalten als Äußerung der Solidarität schön.

Das Bemerkenswerte am derzeitigen Fußballisierungstrend ist die Tatsache, daß der Klein-Groß-Aspekt keine Rolle mehr spielt und sowohl die Niederländer als auch die Deutschen den anderen, zumindest auf diesem Gebiet, als ernstzunehmenden Gegner oder stärker noch, als *den* zu schlagenden Gegner betrachten, als *Lieblingsfeind,* wie es in der deutschen Presse so schön heißt. Gegen England oder Frankreich darf man verlieren, nicht aber gegen den großen bzw. kleinen Nachbarn.

Wie erklären sich die hochfliegenden Emotionen bei den Fußballwettkämpfen zwischen den Niederlanden und Deutschland? Denn daß es auch anders geht, zeigt sich etwa im Eisschnellauf. Dort herrscht soviel Friede und Eintracht, daß ein niederländischer Kaugummihersteller aus der beispiellosen Popularität der deutschen Weltmeisterin Anni Friesinger Kapital schlagen kann, indem er sie in einem Fernsehspot in charmantestem Prinz-Bernhard-Niederländisch für seine Produkte werben läßt.

Das Trauma von 1974

In den Niederlanden begann alles im Jahre 1974, als die deutsche »Mannschaft« unserem »Oranje«-Team (so heißen alle niederländischen Fußballnationalmannschaften seit dem verlorenen Finale der Fußballweltmeisterschaft 1974) »völlig unverdient« den schon sicher geglaubten Sieg raubte. Die Niederlage war eine tragisch verpaßte Chance auf vorzeitige Aussöhnung, und zusätzlich zu unserem Kriegstrauma besorgte sie mehreren Generationen von Niederländern auch noch ein nationales

Fußballtrauma. Die Niederlande hatten bis in die 60er Jahre als Fußballnation wenig mitzureden; in Europa spielte das Land in der zweiten Liga. Die jährlichen Spitzenspiele bestanden in den zwei Freundschaftsspielen gegen Belgien – und auch gegen Luxemburg war es spannend. Bis dahin hörte man die Fans immer noch schmachtend *We gaan naar Rome* (Wir geh'n nach Rom) singen, einen Hit aus dem Jahre 1934, als die Niederlande von der Schweiz in der Vorrunde für die Weltmeisterschaft in Italien ausgeschaltet worden waren. Mit Deutschland konnten die Niederlande sich nicht messen. Und die wenigen Male, bei denen man gegen Deutschland spielen durfte oder mußte, waren die Niederlande – mit einer Ausnahme – chancenlos.

Doch da geschah ein Wunder. Der Babyboom der Nachkriegszeit, der in den Niederlanden länger anhielt und stärker ausfiel als in anderen Ländern, brachte dem Land Mitte der 60er Jahre einen endlosen Strom von Talenten. Einer dieser Babyboomer war Johan Cruijff, der »beste europäische Fußballer aller Zeiten«. Das Lob stammt aus unverdächtiger Quelle, nämlich von Franz Beckenbauer, seinerseits der beste *deutsche* Fußballspieler aller Zeiten. Deutschland war nicht nur ein besonderer Gegner, weil er eine lange Liste von Siegen vorzuweisen hatte – unter anderem Weltmeister von 1954, Vizeweltmeister 1966, Europameister 1972 –, der Krieg machte Deutschland als Gegner zusätzlich interessant, da die Babyboomer der niederländischen Elf nun einmal antideutsch erzogen worden waren.

Cruijff kickte die Niederlande an die Weltspitze des Fußballs, er verlieh der niederländischen Mannschaft einen besonderen Glanz und machte aus Oranje innerhalb kürzester Zeit einen mehr als ebenbürtigen Gegner. Die Niederlande waren mit ihrem von Cruijff und Michels ausgetüftelten »Totalfußball« der haushohe Favorit für das Finale. Totalfußball war ein völlig neues Konzept, eine moderne Form des Fußballs, bei der Abwehrspieler mit in den Sturm gingen und Stürmer auch verteidigten. In Südamerika wurde das Oranje-System als die *naranja mecánica* bezeichnet, in der britischen Presse nannte man es *Clockwork Orange*. Doch das technisch bessere und kreativere Oranje-Team unterlag der deutschen Kampfmaschine – und verlor das Finale.

Die Niederlande und Deutschland pflegen noch immer zwei völlig verschiedene Fußballstile, die auch bereits Gegenstand einer Reihe interkultureller Theorien geworden sind. Eine davon dreht sich um den eher individualistischen niederländischen und den eher kollektiven deutschen Volkscharakter. Die Niederlande sind ein kalvinistisches Land voller Individualisten, während Deutsche in der Lage sind, sich unterzuordnen und eine Einheit zu bilden. Durch die individualistische Herangehensweise sieht das niederländische Spiel besser, kreativer und frivoler aus. Doch die Niederlande sind auch ein kleines Land und für kleine Länder bedeutet das Erreichen eines Finales schon eine ganze Menge. Der britische Autor David Winner behauptet, daß der einzigartige, durchdachte Stil des niederländischen Fußballs einige der fundamentalsten Züge der niederländischen Kultur verkörpert. Niederländische Fußballspieler könnten am laufenden Band so kluge Dinge tun, weil sie auf vielen Gebieten gelernt hätten, mit dem ihnen zur Verfügung stehenden Raum clever umzugehen. Das Fußballspiel der Deutschen ist körperbetonter, disziplinierter und zeigt hohen Einsatz. Der Begriff »Kampfgeist« ist ebenso symptomatisch für deutsche Sportler wie *fighting spirit* für englische. Deutsche Fußballfans heißen »Schlachtenbummler« – nach den Zuschauern, die sich früher Feldschlachten ansahen. In England war man derart ratlos über die deutsche Antwort auf den bis dahin für spezifisch britisch gehaltenen *fighting spirit,* daß man begann, Fußball als einen Sport zwischen zwei Mannschaften zu definieren, bei dem die Deutschen in der letzten Minute das Siegtor schießen. Nationalismus und Revanchegefühle spielen eine wichtige Rolle in der englischen Massenpresse. Man reagiert, wenn es um Motorrennsport oder Fußballwettkämpfe geht, äußerst militant mit Schlagzeilen wie *Let's blitz the Fritz* oder *HUN-0!,* wenn England Deutschland einmal wieder besiegt hat. Sport und vor allem Fußball werden zu einer Art Kriegsersatz. Das englische Massenblatt »Daily Mirror« kündigte einen deutsch-englischen Wettkampf mit der Schlagzeile: *ACHTUNG – SURRENDER!* (Ergebt euch!) und dem Foto des englischen Spielmachers Paul Gascoigne mit einem Wehrmachthelm auf dem Kopf an.

Für die meisten Niederländer ist München 1974 ein historischer Moment. Zu den festen Bezugspunkten jener Tage gehört noch immer die Frage, wo man zum Zeitpunkt der »Mutter aller Niederlagen« gerade war, und noch immer reden niederländische Fußballfans ausgiebig über die Schwalbe von Bernd Hölzenbein. (Das Wort »Schwalbe« fand 1974 Eingang in den niederländischen Wortschatz und wird im niederländischen Standard-Wörterbuch, dem »Van Dale«, umschrieben als »Fall im Strafraum, wobei simuliert wird, daß man das Opfer eines Fouls geworden ist, um so einen Elfmeter zu erhalten«. Es muß auch in Deutschland ein neues Wort gewesen sein, denn im »Großen Duden« aus dem Jahre 1980 wird es noch nicht erwähnt.) Hölzenbein galt in der Folge sowohl in den Niederlanden als auch in Deutschland als »Schwalbenkönig« und »Elfmeterschinder«. Er selbst reagierte darauf unlängst noch mit der Bemerkung, daß, wenn ein englischer Schiedsrichter einer deutschen Mannschaft einen Elfmeter zuerkennt, dies wohl seine Richtigkeit haben werde. Als Hölzenbein in seiner Funktion als Vizepräsident des Bundesligavereins Eintracht Frankfurt wegen Veruntreuung von Transfergeldern zu sieben Monaten Haft auf Bewährung verurteilt wurde, zeigte sich, wie sehr gerade er einen Teil des kollektiven niederländischen Fußballgedächtnisses ausmachte. Die Schadenfreude hierzulande war groß: alle niederländischen Tageszeitungen erwähnten diese triviale Nachricht über die Verurteilung auf der Titelseite. Denn wir hatten es schließlich immer schon gewußt, daß man diesem Bernd H. nicht trauen konnte – und gut dreißig Jahre später lieferte die deutsche Justiz den nachträglichen Beweis dafür.

Im Jahre 2004 rechnete der niederländische Publizist Auke Kok mit dem Mythos der unverdienten Niederlage von 1974 ab und machte deutlich, daß Oranje an seiner eigenen Arroganz zugrunde gegangen war. In seinem Buch »1974: Wij waren de besten« (1974: Wir waren die Besten) wies er anhand einer minutiösen Analyse des Spielverlaufs nach, daß die Schwalbe überhaupt keine Schwalbe gewesen war, den Deutschen ein Strafstoß vorenthalten wurde und es statt eines 2 – 1 für die Niederlande auch zu einem 3 – 1 oder 4 – 1 für Deutschland hätte kommen können. Das 365 Seiten starke Werk erzielte innerhalb kürzester Zeit fünf Auflagen, fand jedoch keinen deutschen Verlag. Die Weltmeisterschaft 1974 ist nun einmal ein ausschließlich niederländisches Trauma. Das größte deutsche Fußballtrauma datiert aus dem Jahre 1966, als England im Finale von Wembley die deutsche Nationalmannschaft schlug und durch ein zu Unrecht zuerkanntes Tor in der Verlängerung Weltmeister wurde.

Die Europameisterschaft 1988 und die Euphorie

In Deutschland begann alles erst im Jahre 1988, als die Deutschen verwundert registrierten, zu welch unbändigen, karnevalesken Ausbrüchen von Oranje-Verzückung die niederländische Bevölkerung imstande war, nachdem ihre Mannschaft im Halbfinale der Europameisterschaft einen Sieg gegen Deutschland davongetragen hatte. Aus niederländischer Sicht hatte der moralische Sieger von 1974 14 Jahre später die Sache in Ordnung gebracht und die damalige Schmach ausgelöscht. »Endlich Rache!« titelte »De Telegraaf«. Etwa neun Millionen Niederländer – mehr als am Tag der Befreiung von den deutschen Besatzern am 5. Mai 1945 – gingen jubelnd auf die Straße, um den historischen Sieg zu feiern. An den Autobahnbrücken kurz hinter den Grenzübergängen von Deutschland in die Niederlande hingen Spruchbänder, auf denen deutsche Autofahrer lesen konnten, daß sie gerade im Begriff standen, das Land des Fußballeuropameisters zu betreten bzw. zu verlassen. »Oh, was sind die Moffen still!« hörte man es singen, und das nicht selten von Leuten, die einen Abstoß nicht von einem Eckstoß unterscheiden konnten. Und es blieb lange unruhig entlang der deutsch-niederländischen Grenze, wo es noch Tage später zu den üblichen Prügeleien zwischen euphorisierten niederländischen und enttäuschten deutschen Jugendlichen kam. Die Deutschen begannen sich zu fragen, was eigentlich die niederländischen Spruchbänder mit so rätselhaften Texten wie *»Eerst mijn fiets terug«* (Gib mir erst mein Fahrrad zurück) und *»Oma, ik heb je fiets terug«* (Oma, ich hab dein Fahrrad zurückbekommen) zu bedeuten hatten. (Dort hätte übrigens besser »Opa« stehen können, denn die deutschen Truppen requirierten bei ihrem Rückzug 1945 kaum Damen-, sondern vor allem Herrenfahrräder.)

Wo lag das Problem im niederländisch-deutschen Fußballverhältnis? Man war schockiert, als Ronald Koeman nach Beendigung des Halbfinalduells gegen Deutschland sein Hinterteil mit dem Hemd abwischte, das er mit seinem deutschen Gegenspieler Olaf Thon getauscht hatte. In den Niederlanden wurde das Verhalten Koemans beschönigt und als Dummerjungenstreich abgetan. Bei den spontanen Äußerungen von Fußballfreude handelte es sich der niederländischen Presse zufolge nicht um eine Entladung tiefverwurzelter antideutscher Gefühle: es sei vor allem die jubelnde Reaktion auf die Überwindung der »Schmach« von 1974 – junge Menschen reagierten nun einmal extrem.

1989 erschien in den Niederlanden das Buch »Nederland-Duitsland voetbalpoëzie«, zusammengestellt von Theun de Winter, eine Sammlung von Gedichten von Fußballspielern, Fans, Funktionären und Dichtern, in denen der Calimero- und David-gegen-Goliath-Komplex sowie alle unverarbeiteten Traumata des Zweiten Weltkriegs ein Ventil fanden. (Der Herausgeber hat später zugegeben, daß eine Reihe auffällig guter Gedichte aus seiner eigenen Feder stammten.) Jacques Hogewoning, Präsident des des Königlichen Niederländischen Fußballbunds KNVB, spielte in seinem Gedicht auf die Besatzung und auf München 1974 an, fand jedoch auch Worte der Versöhnung:

Ich sah sie über alles
mit Marschmusik marschieren,
um für Volk und Vaterland
lauthals zu triumphieren.

Ich sah sie augentränend
in München uns zerschmettern
und meinen Frust verbergen
hinter wohlgesetzten Lettern.

Ich sah in Hamburg weinend
ganz Holland auf den Bänken,
um mit heis'ren Rufen
van Basten zu bedenken.

Ich sah die Maasstadt tanzen
als nach dem Fußballkrieg
durch Kugeln von Oranje
unser war der Sieg.
Ich sah sie ohne Waffen
das Stadion verlassen.
Mein Herz war voller Frieden,
ich wollte nicht mehr hassen.

Auch der Torwart und Babyboomer Hans van Breukelen vom Oranje-Team schrieb sich seine Frustrationen über 1974 von der Seele und zählte en passant eine Reihe bekannter Vorurteile über die Deutschen auf:

Der Kater von München währte vierzehn Jahre,
in denen Ärgernis, Unfriede und Ohnmacht den Ton angaben.
Unsere Nachbarn im Osten konnten lachen,
eine Eigenschaft, die nicht wirklich zu ihnen paßt.
Deren Basis ist Arroganz.
Am einundzwanzigsten Juni 1988 war
die unglaublich lange Periode beendet.
Eine Ansammlung von Frustrationen bildete unter anderem
die Motivation, die endete im lang ersehnten Sieg.
Ein befreiendes Gefühl!
Ich hoffe, daß sie sich jetzt eine Weile an Hamburg
erinnern werden, so wie wir an das ärgerliche Finale.
Und laßt *uns* nun lachen ... ohne arrogant zu werden.

Der Dichter und Schriftsteller Jan Donkers (*1939) war skeptisch bezüglich des antideutschen Reflexes bei den Niederländern, beschrieb jedoch mit herzerfrischendem Chauvinismus eine allgemeine Stimmung, die in den Niederlanden während der Europameisterschaft 1988 herrschte:

Ich will sie eigentlich nie wieder hören,
und sicher nicht, wenn sie jünger sind als ich:
die Moffrika-Sager,
die Ich-werde-nie-einem-von-ihnen-trauen-Rufer,
die Immer-geradeaus-Zeiger,
die Erst-mein-Fahrrad-zurück-Komiker,
all die Mitwogenden auf den ungeprüften Meinungen.

Doch nie hat ein Fußballspiel ein schöneres Ende,
als dann, wenn wir die Deutschen besiegt haben.

Nach 1988 kamen die Animositäten zwischen niederländischen und deutschen Fußballspielern auf dem Spielfeld voll zur Entfaltung. Im Viertelfinale der Weltmeisterschaft 1990, als Deutschland schließlich erneut Weltmeister wurde, spuckte der ansonsten so beherrschte Mittelfeldspieler Frank Rijkaard in höchster Frustration in Richtung des deutschen Mittelstürmers Rudi Völler. Dieser Spuck-Vorfall (die sog. Lama-Affäre) und das Fußballhemd Koemans spielen eine wichtige Rolle im kollektiven Gedächtnis der deutschen Fußballfans und führten zu einem starken antiholländischen Reflex. Diese Vorfälle werden in der deutschen Presse regelmäßig zitiert. Beispielsweise nach der Beinahe-Überflutung weiter Teile der östlichen Niederlande durch Maas, Waal und Ijssel. In der deutschen satirischen Monatszeitschrift »Titanic« vom April 1995 schreibt die Redaktion in ihrer Rubrik »Briefe an den Leser«:

> Tja, Käsköppe,
> jetzt habt Ihr's mit der Angst zu tun gekriegt, wie? Da seid Ihr zu Hunderttausenden aus Euren Poldern gekrochen was? Weil unser Vater Rhein Euch beinah die Deiche durchweicht hätte, he? Das kommt davon, wenn man anderer Leute Nationalspieler anspuckt und sich mit anderer Leute Nationaltrikots den Hintern abwischt. Ein Fluß vergißt nicht. Sowenig wie
> *Titanic*

Und auch das Nederlands Zuivelbureau (das Büro für Milcherzeugnisse, das seinerzeit »Frau Antje« in Deutschland eingeführt hat) spielte darauf an, als es 1996 Rijkaard und Völler für eine Butterreklame in Morgenmäntel steckte und an den gemeinsamen Frühstückstisch setzte: »Mit *echter Butter* kriegt man sie wieder an den Tisch.«

Die Weltmeisterschaft 2002 in Seoul und Tokio

Als die Niederlande bei der Weltmeisterschaft 2002 in Seoul und Tokio fehlten, Deutschland sich dagegen qualifizieren konnte, war die Schadenfreude und die Erleichterung der deutschen Fans so groß, daß Kurt Sigl aus Kösching spontan eine spezielle, in Orange getauchte Website ins Leben rief, die unter der Adresse www.ihr-seid-nicht-dabei.de dazu einlud, niederländische Fußballspieler mit Tomaten und Bananen zu bewerfen sowie mit anderen Fans zu chatten. In allen deutschen Fußballstadien sangen die Fans den Schlager »Ohne Holland fahr‹n wir zur WM« von den Jojo's und ihrem Sänger »Helmut aus Mallorca«. Und die Tageszeitung »Die Welt« erschien während der Weltmeisterschaft jeden Tag mit einer viertelseitigen Rubrik unter dem Titel »Heute in Holland«, in der der beschleunigte Herzschlag der deutschen Nation mit der frustrierten und öden Ruhe in einem Land verglichen wurde, das nicht gut genug war, mitmachen zu dürfen. Doch die Niederlande schlugen zurück, und noch bevor Deutschland im Finale gegen Brasilien unterging, konnte ein niederländisches Gelegenheitsduo, Die Schwalbe Sisters, mit ih-

Die Fußballspieler Frank Rijkaard und Rudi Völler in einer Werbeanzeige der Nederlandse Zuivel Organisatie.

rem Song »Die Lothar Matthäus Passion« in Deutschland einen Mini-Hit landen, ein Lied, in dem die Niederlage prophezeit und besungen wurde. Der »deutsche« Refrain lautet folgendermaßen: »Nu hebben wij veel lol – Wij gaan aus der Boll – Alle sind nu raus – Nu auch schnell nach Haus«. Zwischenzeitlich war auch das niederländische Gegenstück der deutschen Website ans Netz gegangen: www.hupduitsland.nl, das später Konkurrenz von www.schade-deutschland-alles-ist-vorbei.nl erhielt. Doch im Vergleich zu den 90er Jahren hatte sich etwas verändert: das Gift und die Bitterkeit jener Jahre waren durch Humor, Ironie und gegenseitigen Respekt abgelöst worden.

Am 25. Mai 2002 widmete der »VPRO-Gids« der Fußballweltmeisterschaft auf seiner Titelseite die Schlagzeile *Macht's gut, Jungs! Deutschland zum 4. Mal Weltmeister?* Der Dokumentarfilmer Jos de Putter schrieb unter dem Titel »Verpfändet euer Herz an Deutschland« ein äußerst lobendes Essay über den deutschen Fußball, und der Historiker Auke Kok schrieb am 14. Juni 2002 einen Leserbrief folgenden Inhalts an das »NRC Handelsblatt«:

> »Jaaaa! Ich blickte nach links und nach rechts, um zu sehen, wer da jubelte. Keiner da – Ich muß es selbst gewesen sein. Merkwürdig, denn ein deutscher Spieler hatte gerade ein Tor geschossen. Jubeln für Deutschland? Nach 28 Jahren des Hoffens auf deutsche Niederlagen – also nach vielen Enttäuschungen – drängt sich mir ein völlig neues Gefühl auf. [...] Seit dem 7. Juli 1974 litt ich, so wie viele Landsleute, an einer Art ›Schwarze Hose mit weißem Hemd'-Syndrom. Stets fand ich einen Grund, um einen deutschen Sieg unverdient zu nennen. Minderwertigkeitsgefühl verpackt in Fußballweisheit. Ich sehe eine sympathische Mannschaft schönen Fußball spielen, mein Herz schlägt in regelmäßigen Abständen, während Deutsche ihre Siege einfahren. Ich bin befreit.«

Die Medien beider Länder schlugen ihre Fänge nun erst richtig in den Fußball. Niederlande gegen Deutschland ist ein gefundenes Fressen für Journalisten, es ist Journalismus pur. Jeder ist ein Experte, jeder hat eine Meinung, jeder ist interessiert und folgt den Verwicklungen. Am 31. Dezember 2002 erscheint die deutsche »Bild«-Zeitung mit einer Titelseite, die gefüllt ist mit wünschenswerten Schlagzeilen für das Jahr 2003. Eine dieser Schlagzeilen lautet: »Nach der 8–0-Niederlage gegen die Färöer Inseln: Holland nie wieder zur Weltmeisterschaft und Europameisterschaft.«

Die Europameisterschaft 2004 in Portugal

Und dann kam die Europameisterschaft 2004 in Portugal. Die Niederlande konnten sich nicht direkt qualifizieren, sondern mußten ihre Aufstellung in einem Heim- sowie Auswärtsspiel gegen Schottland erzwingen, einer Mannschaft, die von Berti Vogts, dem Manndecker Cruijffs im Finale von 1974, trainiert wurde. Als Oranje das erste Qualifikationsspiel in Schottland mit 1–0 verlor, sangen die deutschen Fans im Gelsenkirchener

Schalke-Stadion, wo zeitgleich ein Freundschaftsspiel stattfand, bereits wieder hoffnungsvoll »Ohne Holland fahr'n wir zur EM«. Vor dem Rückspiel erschien in allen niederländischen Zeitungen eine einseitige Anzeige der Versicherungsgesellschaft Nationale Nederlanden mit einem Foto der deutschen Mannschaft von 1974, auf dem der Kopf Berti Vogts eingekreist war. Unter dem Bild stand ein Text, der den Mythos von 1974 noch einmal treffend zusammenfaßte:

> »Für ein Stückchen extra Motivation: Der Trainer der schottischen Mannschaft ist niemand Geringerer als Berti Vogts. Einer der elf Deutschen, die die niederländische Mannschaft 1974 um den Weltmeistertitel gebracht haben. Gegen den werden wir nicht noch mal verlieren. [...] Eines ist sicher: heute nachmittag heißt es bis zum Abpfiff: ›Immer geradeaus‹.«

Die Niederlande siegten und wurden mit Deutschland in dieselbe Gruppe eingeteilt. Im Juni 2004 erschien die literarische Fußballzeitschrift »Hard gras« mit einer zweisprachigen Sonderausgabe, in der niederländische und deutsche Schriftsteller und Journalisten schrieben, was sie über die Weltmeisterschaft von 1974 dachten. Der niederländischsprachige Teil nannte sich unverblümt »Sie waren besser«, der deutschsprachige lautete poetisch »Der Rauch vieler Jahre« und trug – für den deutschen Leser, der das niederländische Trauma von 1974 nicht kannte – den Untertitel »Deutsch-holländische Wahrheiten über das WM-Finale 1974«.

Im Krieg, in der Liebe und im Fußball ist alles erlaubt, und die Medien der beiden Lieblingsfeinde ließen nun jede Zurückhaltung fahren. Das gegenseitige Frotzeln erreichte einen absoluten Höhepunkt sowohl an Kreativität als auch an Geschmacklosigkeit. Das Wochenblatt »Panorama« erschien in der Woche der Wahrheit mit einer ungewöhnlichen Sonderbeilage: Voodoo-Puppen in den Farben der deutschen Nationalmannschaft, denen ein Satz Nadeln beigefügt war. In Deutschland konnte man überall »Käsemännchen« kaufen, kleine Puppen aus Gouda-Käse oder orangefarbenem Cheddar sowie Holzspießchen mit einer niederländischen Flagge. In den Niederlanden wurden über das Internet »The original German toiletstickers – Unverzichtbar für die Halbzeit« zum Kauf angeboten. Auf den Stickern prangten die Köpfe von »Der Rudi« (Trainer Völler) und »Die Schwalbe« (Bernd Hölzenbein). Man konnte sie in die Kloschüssel kleben und dann darauf urinieren. In Deutschland erschien ein Fernsehspot der Deutschen Lottogesellschaft, in dem eine sympathische ältere Dame in ihrem klapprigen Auto versucht, ein überholendes, niederländisches Ehepaar mittleren Alters mit ihrem Wohnwagen von der Straße zu drängen. Die Tageszeitung »De Telegraaf« erschien während der Europameisterschaft wochenlang mit einer orangefarbenen Titelseite. In Berlin wurde die Farbe Orange dagegen mit einem Bann belegt. Die Oranienstraße taufte man in »Pflaumenstraße« um, bei Gemüsehändlern wurden die Apfelsinen schwarz angestrichen, und das bekannte Gartencenter »Der Holländer« hieß vorübergehend »Der Preuße«. Die »Bild«-Zeitung lieferte anläßlich des Wettkampfs hundert Erklärungen, weshalb Holland nicht gewinnen könne, und eine davon lautete, daß das »NL« auf niederländischen Autokennzeichen für »Niederlage« stehe. Doch das Blatt gab ritterlich zu, daß die Vereinigung mit Ostdeutschland ein Fehler gewesen sei und sich die Bundesrepublik lieber mit den Niederlanden im Westen hätte zusammenschließen sollen – dann hätte man jetzt wenigstens eine gute Mannschaft gehabt.

Endlich nehmen die Deutschen die Niederländer ernst, endlich sehen sie in ihnen ebenbürtige Partner und keine Stümper mit einem Kriegstrauma. Endlich auch können sie den ungeniert platten Fußball-Schabernack der Niederländer mit gleicher Münze zurückzahlen. Es geht in die richtige Richtung. Bis 1990 gab es fast nur auf niederländischer Seite Frotzeleien, doch jetzt macht Deutschland dabei mit. Die Demokratisierung der niederen Instinkte in beiden Ländern ist *der* Beweis, daß sich im Kielwasser der Politik, des Handels und der Hochkultur nun auch die Volkskultur zu normalisieren beginnt – und das ist eine lang ersehnte und begrüßenswerte Entwicklung. In den Niederlanden war in der Woche vor der »Mutter aller Wettkämpfe« ein sehr schöner, versöhnlicher Fernsehspot von Holland Casino zu sehen. Im Stadion gleitet von den obersten Rängen langsam ein riesiges Spruchband in den niederländischen und deutschen Landesfarben nach unten, auf dem steht: »Deutschland: viel Erfolg! Holland: viel Erfolg!« Darunter steht: »Wir verteilen das Risiko.« Das Spiel endete mit einem 1–1-Gleichstand. Doch noch ist nicht alles in Butter. Als der Deutsche Fußballbund (DFB) einer niederländischen Firma den Auftrag erteilte, für die Weltmeisterschaft 2006 den Rasen für sechs deutsche Stadien anzulegen und zu pflegen, waren viele deutsche Fußballfans entsetzt.

Die Deutschen wissen, daß sie auf dem Gebiet des Fußballs eine Großmacht sind. Der Deutsche Fußballbund ist mit seinen 6,2 Millionen Mitgliedern – darunter 880 000 Frauen – die größte Sportorganisation der Welt. Deutschland ist mehrfach Europa- und Weltmeister geworden, und zwar sowohl bei den Männern wie bei den Frauen, und scheint eine Art Abonnement auf Finale und Halbfinale zu haben. Das weckt Erwartungen beim verwöhnten Heimatpublikum, und wenn eine deutsche Elf verliert oder zu verlieren droht, bekommt sie den Wind von vorn.

Seit einigen Jahren bleibt Deutschland allerdings hinter seinen Möglichkeiten zurück. Am Tag des entscheidenden Qualifikationsspiels Deutschland gegen Tschechien für die EM 2004 erschien in der »Bild«-Zeitung eine Sonderseite für die gespaltene deutsche Fußballpsyche mit zwei Fotos der deutschen Mannschaft und der Schlagzeile: »Unsere Jungs: Knutschen oder Knüllen«. Das Knutschfoto war dazu gedacht, es im Fall des Sieges auszuschneiden, aufzuhängen und zu küssen; das andere Foto war bereits zerknittert abgedruckt und konnte im Fall der Niederlage ausgeschnitten, zerknüllt und weggeworfen werden. So mitleidlos geht die niederländische Presse mit ihren geschlagenen Idolen nicht um. Die Niederländer sind schon froh, wenn sie nicht gegen eine große Fußballnation wie Deutschland verlieren.

Ich selbst habe 2004 das Spiel Deutschland gegen die Niederlande im Goethe-Institut in Amsterdam verfolgt, gemeinsam mit meinem deutschen Übersetzer und mitten in einem gemischten Publikum aus Deutschen und Niederländern. Als Oranje das Ausgleichstor schoß, wurde dies von den Niederländern begrüßt, als ob es einen Sieg zu feiern gelte, und sie begannen zum größten Erstaunen der deutschen Gäste »Schade Deutschland, alles ist vorbei« zu singen. Es ist herrlich, den eigenen Minderwertigkeitskomplex übertönen zu können und das Gefühl zu haben, daß ein kleines Land in einigen Dingen wirklich groß sein kann – nämlich ein Unentschieden gegen Deutschland herauszuholen. Niederländer rufen immer, daß sie die Besten sind, auch wenn sie selten gewinnen. Das ist eine Art Automatismus der Selbstüberschätzung bei kleineren Ländern mit großen Nachbarn. Die

Länderspiele der Oranje-Mannschaft sind jedesmal Zuschauermagneten, mit der Begegnung Niederlande-Deutschland als absolutem Höhepunkt. Doch in den Niederlanden schaut man sich auch gern die Niederlagen der deutschen Mannschaft an. Gut und gerne 1,7 Millionen Niederländer sahen während der Europameisterschaft 2004 live in der ARD zu, wie das besiegte deutsche Team das Spielfeld verließ, nachdem es von den Tschechen ausgeschaltet worden war. Der niederländische Dienst Konsumentenforschung des Öffentlichen Rundfunks bezeichnet die Spitzen in den Zuschauerzahlen bei Fußballwettkämpfen deshalb als »Schadenfreudekoeffizienten«. Auch das gehört zur Hysterie rund um das Thema Niederlande-Deutschland. In niederländischen Zeitungen erschienen Schlagzeilen auf deutsch wie z. B. »Rudi, alles ist vorbei«, »Auf Wiedersehen« und »Wunderbar«.

Niederländer sind Weltmeister in Oranje-Verehrung und Oranje-Wahn, jener überzogenen Gefühlslage aus Spannung, Freude, Stolz und Nationalismus rund um internationale Sportwettkämpfe, an denen Niederländer teilnehmen. Der Historiker Herman Pleij nannte dieses Phänomen »Aufholnationalismus«, weil dem massenhaften Abfeiern des Fußballs in allen Schichten der Bevölkerung und allen Gegenden des Landes eine Periode der Verleugnung nationaler Eigenheiten vorangegangen war. Fußball ist ebenso wie die Sprache inzwischen etwas »für das ganze Volk«. Ganze Straßenzüge und Wohnbezirke werden orange geschmückt, man schüttet orangefarbenen Farbstoff in die Springbrunnen, Leute essen orangefarbene Snacks und Torten, es werden Fernsehgeräte auf die Straße gestellt, Fans laufen wochenlang in orangefarbener Kleidung herum und gehen damit sogar zur Arbeit. Dieser Ausdruck von Gemeinschaft und Zusammenhalt ist insbesondere in weißen Arbeitervierteln auffällig präsent, dort, wo der Verlust an nationaler Identität am stärksten empfunden wird. Junge Ausländer, die in den Niederlanden leben, identifizieren sich dagegen kaum mit der niederländischen Mannschaft. Ein Geschichtslehrer an einer islamischen Schule entdeckte etwa zu seinem größten Erstaunen, daß seine ausländischen Schüler bei der Europameisterschaft 2004 fast ausnahmslos für Deutschland waren.

Im Jahre 2004 zeigte sich in der deutschen Bundesliga erstmals ein Phänomen, das niederländische wie deutsche Fußballfans mit zunehmender Sorge erfüllt. Wie antideutsch oder antiholländisch darf man sein, wenn die eigenen Lieblingsspieler bei deutschen Vereinen anheuern oder der eigene deutsche Lieblingsverein niederländische Spitzenfußballer einkauft? Die zweite Garnitur Spieler hat ihr Heil immer schon bei den deutschen Nachbarn jenseits der Grenze gesucht, doch seit Roy Makaays Transfer nach Bayern München scheinen alle Dämme gebrochen. Der Wechsel des marokkanisch-niederländischen Spielers Khalid Boulahrouz zum HSV beunruhigte die niederländischen Fußballfans noch nicht sonderlich, doch was sollte man vom Weggang des Ex-Ajax-Spielers Rafael van der Vaart und seines Vereinskollegens Nigel de Jong halten, die es kurz hintereinander ebenfalls nach Hamburg zog? Warum gehen sie in ein Land, das eigentlich keinen guten Fußball spielt und in dem nur Deutsche leben? Van der Vaart wurde für verrückt erklärt, hatte jedoch einen Traumstart, ist zum Spielmacher des HSV geworden und wurde im November 2005 zum Bundesligafußballer des Monats gewählt. Seine Ehefrau, die niederländische MTV-Moderatorin Sylvie Meis, wurde zur schönsten Spielerfrau der Bundeliga gekürt, was dem Ehepaar van der Vaart den von der »Bild«-Zeitung ersonnenen Titel »die Tulpen-Beckhams« einbrachte. Inzwischen spielen sie in Werbespots mit deutsch-niederländischen Vorurteilen. Fußballer wie er geben das Signal, daß die Vertreter der »Generation Next« nichts mit der antideutschen Einstellung der Koeman/van Basten-Generation am Hut haben. Für sie ist Deutschland okay und der antideutsche Reflex etwas für Opas.

Historische Entwicklungen in den Niederlanden und Deutschland

Überraschende Kontraste

In Deutschland hat man die niederländische Nation lange Zeit als einen Sproß am deutschen Stamm betrachtet. Dadurch ist es für Deutsche jedesmal wieder eine Überraschung, wie sehr sich Niederländer von ihnen unterscheiden. Deutsche gehen häufig von drei Prämissen aus. Erstens, daß es sich bei den Niederlanden ursprünglich um ein »deutsches« Land handelt. Das ist insofern richtig, als die Niederlande bis zum Frieden von Münster im Jahre 1648 offiziell Teil des Heiligen Römischen Reichs deutscher Nation waren. Die zweite Prämisse jedoch, daß die Niederlande seit Menschengedenken ein Königreich sind, trifft nicht zu, denn das Land ist erst seit dem Jahre 1815 eine Monarchie und war davor über einen sehr viel längeren Zeitraum hinweg eine Republik, nämlich von 1588 bis 1806. Und auch die dritte Prämisse, daß das Niederländische ein deutscher Dialekt ist, stimmt nicht; Niederländisch ist eine dem Hochdeutschen gleichwertige Standardsprache.

Die Niederländer haben bereits sehr früh erkannt, in welchem Maße und worin sie sich von den Deutschen unterscheiden. Dem deutsch-niederländischen Soziologen Ernest Zahn zufolge gibt es wahrscheinlich keine zwei Nachbarländer in der westlichen Welt, die hinsichtlich ihrer historischen Entwicklungen einen größeren Kontrast aufweisen als Deutschland und die Niederlande. Darin liegen die Ursachen für die Unterschiede im Verhalten, in der Mentalität und in den Normen und Werten der Bevölkerung in den beiden Nachbarländern.

In den Seeprovinzen hat es, bedingt durch die periphere Lage in einem wasserreichen Deltagebiet, kaum so etwas wie eine Feudalisierung gegeben; nicht der Adel, sondern das humanistisch denkende, später kalvinistische Bürgertum bestimmte die Norm. In Deutschland dagegen, dem grenzenlosen »Land der Mitte« mit seinen unzähligen Binnengrenzen, blieben bis ins

20. Jahrhundert hinein Adel und Militär tonangebend; außer in den freien Reichsstädten spielte das Bürgertum lediglich eine ausführende und untergeordnete Rolle. In geographischer Hinsicht haben die Niederlande, ebenso wie Frankreich und Großbritannien, schon vor Hunderten von Jahren ihre heutige Form gefunden. Und auch im Bereich der internationalen Politik können die Niederlande und Deutschland auf sehr unterschiedliche Erfahrungen zurückblicken. Der Definition des englischen Historikers Eric Hobsbawn zufolge waren die Niederlande schon sehr früh eine »echte« Nation, nicht nur aufgrund ihrer Sprache und Kultur, sondern vor allem wegen der Erfolge, die das Land im Hinblick auf koloniale Eroberungen gehabt hatte. »Nichts ist besser geeignet, einer Nation das Bewußtsein ihrer eigenen kollektiven Existenz zu verleihen als ein Schuß Imperialismus.« Außerdem haben die Niederlande bis zum Zweiten Weltkrieg lediglich in der Zeit der französischen Besatzung (1795–1813) ausländische Invasoren im Land gehabt. Das zersplitterte Deutsche Reich war bis tief ins 19. Jahrhundert hinein ein Riese auf tönernen Füßen und Spielball ausländischer Mächte, die ihm regelmäßig ihren Willen aufzwangen: Franzosen und Schweden im Dreißigjährigen Krieg (1618–1648), Ludwig XIV. im Pfälzischen Erbfolgekrieg (1688–1697) und Napoleon während der französischen Besatzung (1795–1813). Und es ist sehr die Frage, ob die norddeutschen bzw. süddeutschen Staaten im 19. Jahrhundert die Herrschaft Preußens als eine positive oder negative Entwicklung betrachtet haben. Kolonien hat Deutschland kaum gehabt, und im 20. Jahrhundert wurde es nach zwei verlorenen Weltkriegen beide Male von den Alliierten besetzt.

Holland ist nur ein Teil der Niederlande

Die Bezeichnung »Holland« wird von Niederländern gern zu Reklamezwecken oder zum Anfeuern der eigenen Mannschaft bei Länderspielen benutzt (»Ha...Oo...eL...eL...Aa...eN...Dee..., Holland spreekt een woordje mee!«*, »HOL-LÁND...*HOL-LÁND...HOL-LÁND*«, »*Hup Holland hup, laat de leeuw niet*

* »Ha...Oo...eL...eL...Aa...eN...Dee..., Holland spricht ein Wörtchen mit!«

*in z'n hempie staan«**, usw.) Ein- oder zweisilbige Schlachtrufe kommen nun einmal besser an als drei- oder viersilbige. Im Ausland ist Holland über die Jahrhunderte hinweg das *pars pro toto* für die gesamten Niederlande geblieben, obwohl es faktisch nur der an der Küste gelegene westliche Teil der Niederlande nördlich von Maas und Rhein (Waal) ist. Niederländer, die nicht aus Holland, sondern aus einer anderen Provinz stammen, empfinden sich ganz gewiß nicht als »Holländer« und wünschen auch nicht als solche bezeichnet zu werden.

Bis zum 11. Jahrhundert wurde die Bevölkerung Hollands in den Quellen als »Friesen« bezeichnet. Als der Name Holland aufkam, verschwand die alte Bezeichnung. Holland (von holt = Holz, also wörtlich »Holzland«) war ursprünglich der Name für die waldreichen Geestgebiete zu beiden Seiten des alten Mündungslaufs des Rheins. Der Rest des Landes bestand vornehmlich aus Moor. Feudale Strukturen wie in Deutschland oder in den östlichen und südlichen Teilen der Niederlande waren im unwirtlichen Holland jener Tage so gut wie unbekannt.

Landgewinnung durch freie Bauern

Ab dem 9. Jahrhundert zogen Bewohner der Sandgebiete in die holländische Moorwildnis, die damals noch etwa drei Meter über dem Meeresspiegel lag, um sie mit Hilfe des Pflugs, durch Brandrodung und das Anlegen von Entwässerungsgräben urbar zu machen. Es war eine außerordentlich beschwerliche Arbeit, für die die Bauern mit dem Grafen von Holland einen Urbarmachungsvertrag (*cope*) schlossen, der sie zu freien Männern machte. Der Graf von Holland stellte sich außerhalb des Geistes der Feudalzeit, indem er mit der Abgabe von *copen* die persönliche Freiheit der Bauern anerkannte. In den unzugänglichen, wasserreichen Gebieten Westfrieslands im Norden Hollands entstanden hier und da sogar kleine Bauernrepubliken. Woanders in den Niederlanden hat die Hörigkeit sehr viel länger bestanden.

* »Hopp, Holland, hopp, laß den Löwen (das Wappentier) nicht im Hemdchen steh'n.«

Durch die Veränderung der Konsistenz des Bodens im Zuge der Urbarmachung begann das Erdreich abzusinken. Die Bauern zogen Gräben und Kanäle, bauten Deiche und setzten auf die Deiche wiederum neue Deiche, um ihren Grund und Boden gegen das Wasser zu schützen. Der Bau von Stauwehren und die Entwässerung stellten ein immer drängenderes Problem dar. Im Laufe des 12. und 13. Jahrhunderts fand man hierfür eine politisch-administrative Lösung, indem man *waterschappen*, Wasserwirtschaftsverbände, einrichtete, in denen anwohnende Grundbesitzer gleichberechtigt zusammenarbeiteten. Das gemeinsame Motto lautete dabei: *Wie water deert, die water keert* (Wem das Wasser schadet, der muß das Wasser aufhalten).

Der holländische Adel erhielt nicht nur keine Unterstützung durch den Grafen, er bekam in Holland auch buchstäblich keinen Fuß auf die Erde. Wer zu Pferde sein Land bereisen wollte, mußte bei jedem größeren Wassergraben absteigen und in ein Ruderboot wechseln. Überall im sumpfigen, von Wasserläufen durchschnittenen Holland drohten geharnischten Lanzenträgern und anderen Liebhabern von Turnierspielen die Gefahr des Ertrinkens. Der Adel mag kein Wasser, und wer es sich leisten konnte, blieb lieber auf den höhergelegenen Ebenen außerhalb Hollands. Bis auf 'sGravenhage, Den Haag, dem Wohnsitz des Grafen, gab es deshalb dort auch fast kein Hofleben.

Durch Schrumpfung und Salzgewinnung war das Land im 12. Jahrhundert soweit abgesunken, daß eine Reihe schwerer Sturmfluten große Teile Hollands, Zeelands und Frieslands wegspülen und unter Wasser setzen konnten. Die Nordsee brach über die Vlie bis zum Binnensee Almere durch, der sich von einem Süßwassersee in die salzige Zuidersee, das heutige Ijsselmeer, verwandelte. Die Überschwemmungen sorgten für die Entstehung des Wattenmeers und der Watteninseln, des Friesischen Seengebiets, der holländischen Seen und der Zeeländischen Inseln. Außerdem verschob sich die Mündung des Rheins vom heutigen Katwijk zum Deltagebiet unterhalb Rotterdams. Die Bauern verließen die überschwemmten und von Überschwemmung bedrohten Gebiete und suchten ihr Heil im Ausland. Viele von ihnen landeten in Frankreich im Mündungsgebiet der Gironde, in Norfolk in England, aber auch in Bremen, Hamburg, Brandenburg und Preußen. Und überall, wo sie sich niederließen, brachten sie ihr Wissen um Landgewinnung und Deichbau mit.

Frühe Blüte der freien Städte

Anders als im übrigen Europa bildeten die Städte, die ab dem 12. Jahrhundert allmählich in Holland entstanden, keine bürgerlichen Enklaven in einer ansonsten feudalen Umgebung. Die Bauern, die in die Städte zogen, nahmen ihre Freiheitsrechte und ihre unter anderem in den Wasserwirtschaftsverbänden entwikkelte Beratungs- und Verhandlungskultur dorthin mit, und in Ermangelung eines tonangebenden Adels entstand bereits früh eine bürgerliche Gesellschaft mit einem egalitären Grundton. Die Grafen von Holland traten mit den Städten in direkte Verhandlungen über die Erhebung von Zöllen durch die Grafen und die Verleihung von Privilegien an die Städte. Die Saat des humanistischen Denkens, in dem die *via media,* der goldene Mittelweg, das Schließen von Kompromissen auf der Grundlage von Vernunft und Toleranz eine wichtige Rolle spielen konnte, fiel in einer derartigen Struktur bereits früh auf fruchtbaren Boden. Und auch der egalitäre Kalvinismus des 16. Jahrhunderts knüpfte nahtlos an dieses Denken an.

Die Grafschaft Holland, zu der auch Zeeland gehörte, war ab dem 10. Jahrhundert Teil des Deutschen Reichs, wobei der Einfluß des Kaisers jedoch gering blieb. Die Provinz Friesland war eine Gemeinschaft freier Bauern ohne spürbare feudale Einflüsse und ohne Burgen oder befestigte Städte. Andere mächtige Fürsten in den Niederlanden waren die Bischöfe von Utrecht, die Grafen von Gelre (Obergeldern, der deutsche Teil des Gelderlandes), die Herzöge von Brabant, die Grafen von Flandern und die Herzöge von Burgund. Durch Hochzeit, Erbe und Diplomatie gelang es den Burgundern im zweiten Viertel des 15. Jahrhunderts, die Niederlande fast vollständig unter ihre Kontrolle zu bringen. Sie führten eine Zentralregierung mit einem gut ausgebildeten Beamtenapparat, stießen jedoch auf den Widerstand der Städte und Staaten, die sich an ihre Privilegien klammerten. Im letzten Viertel des 15. Jahrhunderts schluckten die Habsburger mit Hilfe ihrer berühmten Heiratspolitik zuerst den größten Teil des burgundischen Reichs und danach im Jahre 1504 auch das spanische. *Bella gerant alii, tu, felix Austria, nube!* (Laß andere Krieg führen, du, glückliches Österreich, schließe Ehen!) Der Habsburger Karl V. wurde 1515 zum Kaiser des Heiligen Römischen Reichs, König von Spanien und Herrscher über die Niederlande. Auch unter seiner Regentschaft dauerten die Konflikte zwischen dem Hof und den niederländischen Städten und Staaten um politische Zentralisierung und städtisch-regionale Autonomie an. Im Jahre 1555 übertrug Karl V. die Herrschaft über die Niederlande seinem Sohn Philipp II., der in Spanien aufgewachsen war und keinerlei Affinität zu den Niederlanden hatte. Philipp II. fühlte sich in erster Linie als – katholischer – König von Spanien; die Niederlande waren für ihn lediglich ein Anhängsel der spanischen Monarchie.

Der Aufstand Wilhelms von Oranien (1568)

Im Jahre 1555 hatten die deutschen Fürsten in Augsburg den Religionsfrieden geschlossen, wobei sie, um die Einheit des Reiches zu retten, dem Lutherspruch cuius regio, eius religio (wessen Gebiet, dessen Religion) folgten. Zu diesem Zeitpunkt waren die Niederländer überwiegend katholisch, mit starken täuferisch-pazifistischen Minderheiten – hauptsächlich in Holland, Friesland und Groningen – sowie hier und da ein paar versprengten Lutheranern. Als souveräner Herrscher setzte Philipp II. nicht nur die Politik der Zentralisierung und Stärkung der königlichen Macht fort, sondern beschloß auch, als katholischer Monarch den Kampf seines Vaters gegen die Reformation zu intensivieren und eine Kirchenreform durchzuführen, die den Hochadel von seinen gutdotierten Kirchenpfründen abschneiden sollte. Mit ihrem Anführer Wilhelm von Oranien – dem Statthalter des Königs in den Provinzen Holland, Zeeland und Utrecht – leistete der Hochadel Widerstand gegen die Bestrebungen Philipps II. Inzwischen war der Kalvinismus von Frankreich aus über die südlichen Niederlande – das heutige Belgien – in die nördlichen Niederlande eingedrungen. Das städtische Patriziat unterstützte den Adel aus Furcht vor Unruhen in den unteren städtischen Bevölkerungsschichten, die sich für die kalvinistische Lehre sehr empfänglich zeigten.

Die kalvinistischen Gemeinden wuchsen stark, und aufgrund von Calvins buchstabengetreuer Auslegung des zweiten Gebots, »Du sollst Dir kein Bildnis machen«, kam es in den Niederlanden 1566 zum Bildersturm, d.h. zur Vernichtung von Gottesbildern in den Kirchen. Philipp II. schickte seinen Feldherrn Alba, um

Wilhelm I. (1533–1584), Prinz von Oranien, nach einem Gemälde von Adriaen Thomasz aus dem Jahr 1579.

die Ordnung wiederherzustellen. Doch Hochverratsprozesse mit Todesstrafen, Ketzerverfolgungen, Inquisition und die gleichzeitigen Steuererhöhungen sorgten für enormen Unfrieden in der Gesellschaft. Noch heute legt man Graf Alba tagtäglich symbolisch den Strick um, wenn die Schiffe an den sogenannten Duckdalben (*Duc d'Albe,* eingerammte Pfahlgruppen am Hafenkai) festgemacht werden.

Der Hochadel war sich dessen bewußt, daß eine Volksregierung das Ende der Adelsherrschaft bedeuten würde, und stoppte deshalb, ebenso wie das Patriziat, das durch einen Bürgerkrieg die eigenen Handelsinteressen gefährdet sah, seinen Widerstand gegen den König. Wilhelm I. von Oranien wurde 1567 als Statthalter abgesetzt und flüchtete auf das Familienschloß derer von Nassau im hessischen Dillenburg. Tausende Mitglieder des niederen Adels und des reformierten Bürgertums, die den Aufstand getragen hatten, wichen aus, unter anderem nach Emden, wo eine große kalvinistische Flüchtlingsgemeinde zur Blüte kam. Doch der Geist war aus der Flasche, und im Jahre 1568 stellte Wilhelm I. von Oranien sich an die Spitze eines breiten Widerstands gegen die Spanier und fiel mit seinen Söldnertruppen in die Niederlande ein. Dies war der Anfang des Achtzigjährigen Kriegs (1568–1648) gegen die spanische Unterdrückung.

Religionsfreiheit seit dem 16. Jahrhundert

Zu Beginn des Aufstandes waren erst fünf bis zehn Prozent der Bevölkerung kalvinistisch, denn eine Kirchenbildung hatte bis dahin nur in sehr geringem Umfang stattgefunden. Die lokalen Machthaber verhielten sich aufgrund ihrer humanistischen Traditionen tolerant gegenüber Andersdenkenden, und auch die katholische Kirche in den nördlichen Niederlanden war nicht sonderlich militant. Die Bevölkerung hatte die Neigung, Glaubensangelegenheiten als freie Gewissensentscheidung zu betrachten.

Nach anfänglichem Hin und Her wendete sich 1572 das Blatt zugunsten der Aufständischen, und ein Jahr später bekehrte sich Wilhelm I. von Oranien (bzw. »Wilhelm der Schweiger«, wie er auch genannt wurde, weil er es verstand, im rechten Moment den Mund zu halten) zum Kalvinismus – nicht so sehr aus religiöser Überzeugung, sondern vor allem, weil es politisch opportun war. Im Jahre 1577 hatte sich das Gros der holländischen Städte bereits auf die Seite des Oraniers geschlagen. Um 1579 war klar, daß der Aufstand in den nördlichen Niederlanden als erfolgreich gelten konnte. In den wallonischen und nordfranzösischen Provinzen der südlichen Niederlande mußte er dagegen definitiv als mißlungen betrachtet werden: im Tausch für die Wiederherstellung der alten Privilegien erkannte der hiesige Adel den König von Spanien an. Mit dem Fall Antwerpens 1585 gerieten auch die niederländischsprachigen südlichen Niederlande in die Hände der Spanier. Von den 150000 Flüchtlingen – vor allem aus der kulturellen Oberschicht und der Handelselite, darunter viele Katholiken – ließ sich die Mehrzahl in den Seeprovinzen im Norden der Niederlande nieder. Für die südlichen Niederlande bedeutete dies einen empfindlichen Aderlaß, während im Norden Handel, Kultur und Wissenschaft durch ihr Zutun aufblühten.

Während es im Jahre 1579 in Holland und Zeeland nur den Kalvinisten gestattet war, ihre Religion auszuüben, stand es der Bevölkerung in den übrigen nördlichen Provinzen frei, sich die Konfession zu wählen, denn niemand wurde dort seines Glaubens wegen verfolgt. Dies führte zu einer niegekannten religiösen Vielfalt. Noch ein Jahrhundert später kommt dies in Rembrandts Gemälde »De Staalmeesters« (1662) zum Ausdruck, auf dem die Vorsteher der Amsterdamer Tuchmacherzunft abgebildet sind: neben dem reformierten Vorsitzenden sieht man ein Mitglied der Remonstranten, einen Anhänger der Täufer und zwei Katholiken.

Durch das Fehlen eines königlichen Souveräns gelangte nicht der Adel an die Macht, sondern fiel diese – mehr oder weniger unfreiwillig – den Generalstaaten zu, die sich aus den sieben Provinzen zusammensetzten und in denen die Patrizier das Sagen hatten. Diese städtischen Regenten – von einem englischen Aristokraten jener Tage als die »hochwohlgeborenen Herren Müller und Käsekäufer« bezeichnet – standen dem kirchlichen Einfluß in gesellschaftlichen Angelegenheiten äußerst ablehnend gegenüber. Die »Reformierte« oder »Öffentliche Kirche« genoß als einzige in der Republik die Freiheit der öffentlichen Religionsausübung, doch die Mitgliedschaft blieb der persönlichen Entscheidung des einzelnen überlassen. Andersgläubige brauchten keine Angst vor Verfolgung zu haben. Angehörige nichtkalvinistischer Glaubensrichtungen wie Täufer, Lutheraner, Remonstranten, Sozinianer, Spiritualisten, Juden und sogar die Katholiken durften unbehelligt ihren Gottesdienst feiern, allerdings nur in nicht als Gotteshäuser erkennbaren Räumlichkeiten, den sogenannten Schlupfkirchen (*schuilkerken*). Jedermann wußte, wo sich diese Kirchen befanden, doch die Staatsgewalt griff nicht ein oder drückte gegen einen kleinen Obolus beide Augen zu.

Die religiöse Toleranz hatte vor allem politische und wirtschaftliche Gründe. Keine der Religionsgemeinschaften hatte die Mehrheit der Bevölkerung hinter sich, nicht einmal – und das war ein völlig neues Phänomen – die offizielle Religion der Kalvinisten; die Katholiken blieben in der Republik sogar die größte Glaubensgemeinschaft. Die reformierten Religionsführer besaßen zwar keinen Einfluß auf die Andersgläubigen, doch dafür hatten sie ein um so schärferes Auge auf die eigenen Schäfchen. Sie verboten abweichende Auffassungen und Dissidententum innerhalb der eigenen Kirche. Es herrschte eine von oben auferlegte Toleranz gegenüber Andersgläubigen und eine ebenso große Intoleranz innerhalb der eigenen Gemeinde. Man hatte jedoch nicht die Macht, Mitglieder, denen es an der nötigen Disziplin gebrach, direkt zu bestrafen, sondern konnte sie lediglich vom Abendmahl – und damit aus der Gemeinschaft der Gläubigen – ausschließen. Mit solchen Sanktionen mußte jeder rechnen, der – auf welche Weise auch immer – Anstoß erregte; die Gemeindemitglieder wachten aufs schärfste darüber, daß ihre Brüder und Schwestern sich als »Kinder der Kirche« verhielten. Die Toleranz Andersdenkenden gegenüber war also eine Art Konfliktmanagement, jedoch nicht von einer positiven Überzeugung getragen, sondern aus einer Position der Stärke heraus und im Bewußtsein, daß die Bekämpfung des anderen zu noch größerem Übel führen würde. Ernest Zahn schrieb dazu: »Die Toleranz, um die es hier geht, darf in der Tat nicht als eine persönliche Eigenschaft aufgefaßt werden. Sie ist deshalb auch keine nationale Tugend, die als eine wunderschöne Blüte dem Gemüt eines braven Volkes entsprossen ist und nun durch einen jeden verkörpert wird.« Im letzten Viertel des 16. Jahrhunderts gab es Beispiele im Überfluß, was eine strikte Reformation und die Unterdrückung Andersgläubiger an Unruhe und Elend verursachen konnten. Und schließlich waren Andersdenkende ja auch noch Kunden.

In der *Akte van Afzwering* widerriefen die Generalstaaten 1581 den Treueschwur an den König von Spanien. Durch dieses Dokument wurde bestimmt, daß »der Fürst dem Willen der Untertanen unterworfen ist, ohne die er kein Fürst ist, um sie zu lieben wie ein Vater seine Kinder und ein Hirte seine Schafe«. Sollte er versuchen, sie »ihrer alten Freiheit, Privilegien und alten Gewohnheitsrechte zu berauben, muß er also nicht als ein Fürst, sondern als Tyrann betrachtet werden«. Nach der Lehre Calvins stellte die unbeschränkte Macht einer einzelnen Person eine Beleidigung Gottes, des einzigen Herrn, dar. Der Widerstand der Niederlande gegen die Regierung Philipps II. wurde mit der Verteidigung traditioneller niederländischer Freiheiten gegen einen tyrannischen Fürsten begründet. Dieser hatte die Grenzen seiner Macht überschritten, also durften sich die Generalstaaten, als Vertretung des Volkes, von ihm abwenden und ihn absetzen. »Dieses ›Der Hirte ist für seine Herde da und nicht umgekehrt‹ ist bis heute tief in der niederländischen Gesellschaft verwurzelt. Es erklärt ihre ›antiautoritäre‹, zuweilen ›anarchistisch‹ scheinende Haltung gegenüber Behörden und staatlichen Verordnungen sowie ihre Abscheu vor dem angeblich deutschen blinden ›Befehl-ist-Befehl‹-Denken und -Handeln«, so die deutsche Kultursoziologin Anabella Weismann.

Die Republik der Vereinigten Niederlande

Die Provinzregierungen, »Staaten« genannt, entsandten ihre Vertreter in die Generalstaaten nach Den Haag. Nachdem Versuche gescheitert waren, ausländischen Fürsten die Souveränität über die Niederlande anzubieten (1577 Matthias von Habsburg, 1580 dem Herzog von Anjou), beschloß man, Wilhelm von Oranien als Souverän zum Grafen von Holland und Zeeland zu ernennen. Die Ermordung Wilhelms im Jahre 1584 beendete die Verhandlungen hierüber. Als auch hintereinander König Hendrik III. von Frankreich und Königin Elisabeth I. von England die ihnen angebotene Form der Souveränität ablehnten, erklärten sich die Generalstaaten selbst zum Souverän und riefen im Jahre 1588 die Republik der Vereinigten Niederlande aus, bestehend aus den Provinzen Gelderland, Holland, Zeeland, Utrecht, Friesland, Overijssel und Groningen. Drenthe hatte nur eine Bauernvertretung und keine Stimme in den Generalstaaten, wo die staatliche Hoheit lag. Der sogenannte »Ratspensionär« war der leitende Beamte der holländischen Landstände und damit praktisch eine Art Ministerpräsident. Der Statthalter von Holland, Zeeland, Utrecht, Gelderland und Overijssel war der höchste Beamte des Landes. Er war Oberbefehlshaber der See- und Landstreitkräfte, wurde von den Generalstaaten ernannt und war als höchster Beamter »der Diener der Staaten«. Die Provinzen Friesland und Groningen ernannten ihre eigenen Statthalter.

Die Republik glich einem losen Staatenbund oder einer Föderation autonomer Stadtrepubliken. In diesem föderalen System ging man vom Subsidiaritätsprinzip aus: um Dinge, die durch ein niedrigrangigeres Organ geregelt werden konnten, hatten sich die höheren Organe nicht zu kümmern. Bis 1795, als die Patrioten Statthalter Wilhelm V. den Laufpaß gaben und die Batavische Republik (1795–1806) ausriefen, waren die Städte und die Staaten (Regierungen) der Provinzen in ihrer Entscheidungsfreiheit nahezu autonom. Die Staaten von Holland als mächtigste Provinz hielten die mächtigste Stadt Amsterdam im Zaum und wurden selbst wiederum durch die Staaten der anderen Provinzen in Schach gehalten. (Amsterdam bezahlte fast die Hälfte der Steuern der Provinz Holland und Holland mehr als die Hälfte der gesamten Republik. Das erklärt vielleicht auch, weshalb bis zum Zweiten Weltkrieg die niederländische Verteidigungslinie an der Grenze zu Holland und den Befestigungen Amsterdams lag.) Beschlüsse der Generalstaaten konnten erst nach Rücksprache mit der eigenen Provinz, der eigenen Stadt, dem eigenen Bezirk oder der eigenen Interessengruppe gefaßt werden, und bestimmte Fragen wie etwa die über Krieg oder Frieden mußten einstimmig entschieden werden. Die träge und behutsame Entscheidungsfindung weckte den Unwillen der oft adeligen Diplomaten in Den Haag, wo der Statthalter residierte und die Generalstaaten sowie die Staaten von Holland ihren Sitz hatten. Sie klagten auch darüber, daß sie nicht wüßten, wen sie bestechen müßten, um Entscheidungen zu ihren Gunsten zu beeinflussen. Wie schwierig der Meinungsbildungsprozeß vonstatten ging, zeigte sich beispielsweise noch 1790, als der Statthalter und die Staaten von Gelderland mit Preußen paktierten, die Staaten von Holland mit Frankreich, die von Zeeland mit England und die Generalstaaten mit allen zusammen.

Hauptstadt Amsterdam – Hofstadt und Regierungssitz Den Haag

Den Haag ('s Gravenhage) war als Sitz der Generalstaaten gewählt worden, weil die Stadt durch ihre zentrale Lage genau zwischen den sechs großen holländischen Städten jener Tage (Dordrecht, Haarlem, Delft, Leiden, Amsterdam und Gouda) keinen Neid weckte und als neutrales Terrain betrachtet wurde.

Amsterdam war die mächtigste Stadt der Republik, und als Napoleon im Jahre 1806 seinen Bruder Louis Napoleon als Oberhaupt des Königreichs Holland installierte, erklärte dieser Amsterdam zur Hauptstadt. Vier Jahre später setzte Napoleon ihn wieder ab, die Niederlande wurden Frankreich einverleibt. Amsterdam wurde offiziell zur dritten Hauptstadt im französischen Kaiserreich. Ihre Funktion als Hauptstadt hat Amsterdam nach dem Abzug der Franzosen im Königreich der Niederlande behalten.

Das »goldene« 17. Jahrhundert

Der Friede von Münster im Jahre 1648 bedeutete nicht nur das Ende des Achtzigjährigen Kriegs gegen die Spanier sondern auch die offizielle Anerkennung der Republik als souveränen Staat. Die Niederlande wurden nun auch definitiv vom Heiligen Römischen Reich und von Niederdeutschland abgekoppelt. Die südlichen Niederlande blieben spanisch und gingen 1713 in den Besitz der österreichischen Krone über. Vor dem Aufstand war der vom Souverän ernannte Statthalter auf politischer Ebene dessen Vertreter und militärisch der Oberbefehlshaber der Armee gewesen. In der Republik gab es jedoch keinen Raum mehr für eine zentrale Machtausübung. In den umringenden absolutistischen Reichen kam es dagegen zu einer immer stärkeren Zentralisierung, so daß die dezentralen, föderalistischen Entwicklungen in der Republik faktisch ein Anachronismus waren.

Die Republik erlebte im 17. Jahrhundert – dem *Gouden Eeuw* (Goldenes Jahrhundert) eine Epoche ungekannten Wohlstands und kultureller wie wissenschaftlicher Blüte. Die Niederlande entwickelten sich dabei zu einer »Verhandlungsgesellschaft«, denn keine Gruppe konnte der anderen ihren Willen aufzwingen. So entstand eine bürgerliche Beratungs- und Konsenskultur, die bis heute das Denken und Fühlen der Niederländer bestimmt und durch das »Poldermodell« der 1990er Jahre – bei dem über Vereinbarungen zwischen Arbeitgebern, Gewerkschaften und der Regierung Arbeitsplätze geschaffen wurden – internationale Bekanntheit erlangt hat. Für ihr Entstehen lassen sich vor allem drei Gründe anführen.

Erstens: die Trennung zwischen Steuer- und Gewaltmonopol. Das Patriziat verfügte in den Staaten zwar über das Steuermonopol, mußte sich das Gewaltmonopol jedoch mit dem Statthalter teilen, der das Heer und die Kriegsflotte anführte, aber auch »der Staaten Diener« war. Der Soziologe Wilbert van Vree behauptet, daß das Regententum sich dadurch notgedrungen mit dem Einsatz politischer Gewalt untereinander zurückhielt und durch das Streben nach Ruhe und Frieden leiten ließ: »Es entstand eine Oberschicht von Leuten, die sich in stärkerem Maße als die höfisch-aristokratischen Oberschichten im Rest Europas aufs Überzeugen, Überreden, Debattieren, Verhandeln und ähnliche, eher friedvolle Formen verlegen mußte, um gegenseitige Spannungen zu regulieren und Konflikte zu verhindern bzw. zu schlichten.«

Um die dynastischen Bestrebungen der Statthalter aus dem Hause Oranien und die Gelegenheiten zu einem Staatsstreich in Grenzen zu halten, stand die riesige Flotte der Republik unter dem Befehl von Kapitänen und Admirälen aus den eigenen, bürgerlichen Kreisen (der Adel hat es nun mal nicht so mit dem Wasser), während die Landstreitkräfte vornehmlich aus Söldnern bestanden, die im Osten und Süden des Landes ihre Lager hatten. Der Statthalter konnte vor allem auf die Unterstützung der Landprovinzen bauen, wo der Adel seine starke Position bewahrt hatte, doch in den Seeprovinzen hatten die Städte – und hier und da auch die Bauern – das Sagen. Angesichts der Macht der Regenten war die Republik alles andere als ein Land für königliche Ambitionen.

Zweitens: durch die Verstädterung, das dichte Verkehrsnetz und die geringen Standesunterschiede war in der Republik die Macht der Mittelschichten um vieles größer als in den umringenden Ländern. Sie hatten zu einem Großteil praktische Erfahrung in der Politik, waren aktiv am gesellschaftlichen Leben beteiligt, und ihre wohlhabenden Mitglieder hatten bis tief ins 17. Jahrhundert hinein wenig Mühe, ins Patriziat aufzusteigen. Das Regententum war auf ihre aktive Unterstützung angewiesen und gestand ihnen allerlei Formen der Mitsprache zu. Nicht der Befehl, sondern die Verhandlung wurde dadurch zur vorherrschenden Form des Umgangs miteinander, pragmatische Lösungen erhielten den Vorzug vor Prinzipientreue.

Bei den Steuern gab es, anders als in den absoluten Monarchien der Nachbarstaaten, wo die Abgaben ausschließlich bei den Nichtadligen eingetrieben wurden, keinen Unterschied zwischen Bürger und Edelmann: alle wurden ohne Ansehen der Person und des Standes gleichermaßen zur Kasse gebeten. Für den Wohlstand einer breiten Schicht in der Bevölkerung sorgte auch das System der sogenannten Anteilsreederei, bei der Privatleute Anteilsscheine für eine Schiffsladung erwerben konnten, um so das wirtschaftliche Risiko auf möglichst viele Schultern zu verteilen; bis weit in die Landprovinzen hinein investierten Gruppen weniger kapitalstarker Anteilseigner in große Handelsunternehmen wie die Vereinigte Ostindische Compagnie. Die Freiheit, mit der überall in den Niederlanden von jedermann über politische Angelegenheiten diskutiert werden konnte, war für die an strenge Zensur gewöhnten Beobachter aus dem Ausland etwas völlig Neues. In der ersten Hälfte des 17. Jahrhunderts wurden in Amsterdam bereits jede Woche rund zehn verschiedene Zeitungen veröffentlicht – die Kaufleute mußten nun einmal wissen, wohin sie ihre Schiffe besser nicht schicken sollten. Für die Philosophen Descartes, Bayle und Locke war die Pressefreiheit auch der Grund, ihren Wohnsitz in die Republik zu verlegen, um dort – ohne Angst vor Zensur und Kerker – ihre bahnbrechenden Werke zu schreiben. Descartes lebte dort von 1628 bis 1649, Bayle von 1681 bis zu seinem Tod im Jahre 1706 und Locke von 1683 bis 1689. Doch auch andere Freigeister nutzten die Freiheiten, die das Land ihnen bot: so erschienen 1668 die Werke Thomas Hobbes' in den Niederlanden, und 1762 publizierte Rousseau dort seinen »Contrat social« (Der Gesellschaftsvertrag) sowie den Erziehungsroman »Émile«.

Die dritte Ursache für die Konsenskultur war die Auffassung der Kalvinisten über das Wesen der Welt. Ihr Credo: »Wir sind alle Sünder und gleich vor Gott« paßte ausgezeichnet in das damals herrschende Gleichheitsdenken. Niederländische Kalvinisten ließen hinsichtlich ihrer Glaubensüberzeugungen nicht mit sich spaßen. Der deutsche Historiker Helmuth Plessner glaubt, daß Kalvinisten – anders als die Lutheraner in den deutschen Landen – all ihre religiöse Energie in die Diskussion über den wahren Glauben steckten und auf diesem Gebiet stets und überall das letzte Wort haben wollten. »Dieses Land hat Sekten wie der Sommer Mükken«, sagte man schon im 17. Jahrhundert, und noch immer heißt es: »Drei Niederländer, zwei Kirchen«. Die Kalvinisten hielten die Haarspalterei in Glaubensangelegenheiten jedoch von den weltlichen Dingen strikt getrennt. Auf diesem letzteren Gebiet waren sie durchaus bereit, Kompromisse zu schließen und so ihren Beitrag zu einer Kultur der Mäßigung, Liberalität und Toleranz zu leisten. Der Kalvinismus hat als treibende religiöse Kraft und als ein wichtiger Machtfaktor großen Einfluß auf das gesellschaftliche Zusammenleben gehabt und auch dem niederländischen Katholizismus seinen Stempel aufgedrückt.

Übersicht der Statthalter (1572–1795) und Könige (seit 1815)

Statthalter:

Wilhelm I. von Nassau-Oranien (1533–1584)
Ältester Sohn Wilhelms des Reichen, Graf von Nassau-Dillenburg
Statthalter von Holland (1572–1584)

Maurits (1567–1625)
Zweiter Sohn von Wilhelm I.
Statthalter von Holland, Zeeland, Utrecht, Gelderland, Overijssel (1586–1625)

Friedrich Heinrich (1584–1647)
Jüngster Sohn von Wilhelm I.
Statthalter (1625–1647)

Wilhelm II. (1626–1650)
Ältester Sohn von Friedrich Heinrich
Statthalter (1647–1650)

(Erste statthalterlose Periode 1650–1672)

Wilhelm III. (1650–1702)
Einziger Sohn Wilhelms II.
Statthalter (1672–1702), König von England (1689–1702)
(letzter Nachkomme des Geschlechts in männlicher Linie)

(Zweite statthalterlose Periode 1702–1747)

Erste Fortsetzung in der weiblichen Linie:

Wilhelm IV. (1711–1751)
Ältester Sohn der Enkelin Friedrich Heinrichs
Statthalter von Friesland (1731)
Allgemeiner Erbstatthalter (1747–1751)

Wilhelm V. (1748–1806)
  Einziger Sohn Wilhelms IV.
  Erbstatthalter (1751[66]–1795)

(Batavische Republik 1795–1806)
(Königreich Holland 1806–1810)
(Einverleibung in das französische Kaiserreich 1810–1813)

Könige und Königinnen:
Wilhelm I. (1772–1843)
  Ältester Sohn des Statthalters Wilhelm V.
  König (1815–1840)
Wilhelm II. (1792–1849)
  Ältester Sohn Wilhelms I.
  König (1840–1849)
Wilhelm III. (1817–1890)
  Ältester Sohn Wilhelms II.
  König (1849–1890)
  (letzter Zweig des Geschlechts in männlicher Linie)

Zweite Fortsetzung in der weiblichen Linie:
Wilhelmina (1880–1962)
  Einzige Tochter Wilhelms III. (drei Halbbrüder aus der ersten Ehe Wilhelms III. starben vor dessen Tod)
  Königin (1890–1948)

Dritte Fortsetzung in der weiblichen Linie:
Juliana (1909–2004)
  Einzige Tochter Wilhelminas
  Königin (1948–1980)

Vierte Fortsetzung in der weiblichen Linie:
Beatrix (* 1938)
  Älteste Tochter Julianas
  Königin seit 1980
Willem-Alexander (* 1967)
  Ältester Sohn Beatrix'
  Kronprinz

Das städtische Regententum

Die Oranier und das städtische Regententum sind über die Jahrhunderte hinweg immer wieder aneinandergeraten – wobei die Oranier sicher nicht immer die Verkörperung der nationalen Einheit darstellten, wie häufig behauptet wird. Sie stützten sich auf die Masse des Volkes, die rechtgläubigen Pfarrer, das Heer und den Adel, der vor allem in Gelderland eine starke Anhängerschaft behalten hatte. Der Statthalter stand in Diensten der Generalstaaten und war deshalb den Regenten – den eigentlichen Machthabern in den mächtigen Städten und Staaten der Republik – in mehrfacher Hinsicht untergeordnet.

Als nach dem Frieden von Münster im Jahre 1648 Wilhelm II. als neuer Statthalter und Oberbefehlshaber der Truppen das große Generalstaaten-Heer aufrechterhalten wollte, um gemeinsam mit Frankreich die südlichen Niederlande (das heutige Belgien) zu spalten, stieß er auf erheblichen Widerstand. Vor allem die Amsterdamer Regenten und die Staaten der Provinz Holland wollten die Truppenstärke nämlich gerade stark reduzieren. Sie betrachteten die südlichen Niederlande als einen ausgezeichneten Puffer zu Frankreich und fürchteten die Konkurrenz zu Antwerpen, das zu dem Zeitpunkt noch durch eine Blockade der Westerschelde von der freien Durchfahrt zum Meer abgeschnitten war. Außerdem war man besorgt, daß die Oranier das Heer dazu benutzen könnten, ihren dynastischen Bestrebungen den nötigen Nachdruck zu verleihen. Nach einem mißlungenen Überraschungsangriff des Statthalters auf Amsterdam spitzte sich der Konflikt zu. Amsterdam und die Staaten gaben nach, doch als Wilhelm II. 1650 starb, sahen die Regenten ihre Stunde gekommen. Sie machten den Ambitionen der Oranier ein rasches Ende und verweigerten Wilhelms soeben erst geborenem Sohn die Ernennung zum Statthalter.

Die Republik hat mehrere radikal-republikanische und statthalterlose Perioden erlebt, in denen die Regenten die Macht an sich zogen. Unter dem Ratspensionär Johan de Witt wurde die Statthalterschaft 1667 per Edikt sogar für immer abgeschafft. Diese erste statthalterlose Periode endete jedoch bereits 1672, als die Republik im sogenannten *rampjaar,* dem Schreckensjahr, von allen Seiten gleichzeitig angegriffen wurde: von den Franzosen, den Engländern sowie den Truppen der Bischöfe von Münster und Köln. Um die vierfache Gefahr zu bannen, wurde Wilhelm III., Prinz von Oranien, zunächst zum Generalkapitän und anschließend zum Statthalter ernannt; im Jahre 1675 wurde er sogar der erste Erbstatthalter. Er setzte der Macht des Ratspensionärs und der Regenten ein Ende und ließ Johan de Witt und dessen Bruder Cornelis später gar vom Haager Mob lynchen. Schon früher, im Jahre 1619, hatte sein Onkel, Prinz Maurits, den damaligen Ratspensionär Johan van Oldenbarneveld enthaupten lassen. Oranier haben zwar Regenten gewaltsam ausgeschaltet, doch umgekehrt haben Regenten niemals Oranier umgebracht.

Im sogenannten Holländischen Krieg (1672–1678) eroberte der französische König Ludwig XIV. – der die Republik haßte und sie als »giftigstes Unkraut« bezeichnete – Utrecht, Gelderland und Overijssel. Durch die Eroberung Bonns 1673 drohte Wilhelm III. die Nachschublinien der Franzosen abzuschneiden, so daß Ludwig sich zurückziehen mußte. Im Jahre 1688 vertrieb Wilhelm III. auf Bitten der Protestanten seinen katholischen Schwiegervater Jakob II. vom englischen Thron – eine Episode, die auch als *Glorious Revolution* bekannt ist. Wilhelm wurde 1689 zum König von England gekrönt und schlug Jakob II. schließlich vernichtend in der Schlacht an der irischen Boyne. Dieser Sieg wird noch heute jedes Jahr von dem protestantischen Oranier-Orden in Nordirland mit Aufmärschen und Umzügen gefeiert.

1672 war inzwischen die dritte Regenten-Generation am Ruder, die nicht mehr viel mit der Genügsamkeit ihrer Vorgänger am Hut hatte und sich in ihrem Lebensstil lieber an der Haager Hofentourage orientierte. Die allmähliche Aristokratisierung des Patriziats machte es für die reichen Mitglieder der Mittelschicht immer schwieriger, in den Kreis der Regenten aufgenommen zu werden. Dennoch mußte auch die aristokratisierte Regentenklasse weiterhin Rücksicht auf die öffentliche Meinung nehmen, doch dies bereitete ihr kaum Probleme, denn Konsens und Beratung steckten diesen Sitzungshengsten im Blut.

Wilhelm III. hatte keinen Nachfolger, und nach seinem Tod im Jahre 1702 gewann die radikalrepublikanische Strömung erneut die Oberhand. Diese zweite statthalterlose Ära dauerte fast ein halbes Jahrhundert, bis 1747. In dem Jahr geriet die Republik in den österreichischen Erbfolgekrieg, und Frankreich fiel auf niederländisches Territorium ein. Ebenso wie im Jahre 1672 rief das Volk nach dem Haus von Oranien. Daraufhin wurde der Statthalter von Friesland und Groningen, Wilhelm Karl Heinrich Friso von Nassau-Oranien, als Wilhelm IV. auch zum Statthalter der übrigen Provinzen ernannt. Die Ausrufung der Batavischen Republik und der spätere Einmarsch der Franzosen im Jahre 1795 bedeuteten das Ende der Regentenoligarchie und des föderalen Systems. An ihre Stelle trat ein zentralisiertes Staatswesen nach französischem Vorbild. Als das französische Besatzungsregime 1813 zusammenbrach, wurde Wilhelm Friedrich, der Sohn des letzten Statthalters Wilhelm V., zum souveränen Fürsten ernannt. Mit Unterstützung Englands, das sich einen starken Pufferstaat nördlich von Frankreich wünschte, forderte der Fürst – der sich 1815 als Wilhelm I. zum König der Niederlande hatte ausrufen lassen – auf dem Wiener Kongreß die Ausweitung des Königreichs auf das gesamte Territorium westlich des Rheins bis an die Mosel. Nach scharfen Protesten Preußens blieb die Ausdehnung schließlich auf die südlichen, österreichischen Niederlande (das spätere Belgien) und Luxemburg begrenzt.

Doch im Zuge des Pariser Juli-Aufstands regte sich 1830 auch in den südlichen, katholischen Niederlanden der Widerstand gegen den König aus den protestantischen nördlichen Niederlanden, und man erklärte sich für unabhängig. Erst 1839 erkannte Wilhelm I. das Königreich Belgien an, das seit 1831 seine Könige aus dem Hause Sachsen-Coburg stellt. Luxemburg wurde geteilt: in ein Deutsch-Luxemburg, das als Großherzogtum Wilhelm I. zugesprochen werden sollte, und ein Wallonisch-Luxemburg, das an Belgien ging. Nach dem Tode König Wilhelms III. im Jahre 1890 wurde das Großherzogtum Luxemburg aus Mangel an einem männlichen Erbfolger aus der Linie derer von Oranien Adolf von Nassau zugesprochen.

Das Haus Oranien

Orange, ein kleines, beschauliches Provinzstädtchen in der Vaucluse im Rhônetal nahe Avignon, ist die Hauptstadt einer Grafschaft, die im 12. Jahrhundert von Kaiser Friedrich Barbarossa zum Fürstentum erhoben wurde. Wilhelm von Nassau erbte 1544 den Titel »Prinz von Oranien«. So armselig das Fürstentum auch gewesen sein mag, der Titel machte ihn doch zu einem souveränen Fürsten. Sein jüngster Sohn Friedrich Heinrich trug als erster den Namenszusatz »Nassau-Oranien«. Als dessen einziger Enkel Wilhem III. 1702 starb, erlosch mit ihm die männliche Linie des Hauses Nassau-Oranien. Der Name wurde vom Statthalter von Friesland, Groningen und Drenthe, Johannes Wilhelm Friso von Nassau-Dietz übernommen, des Nachfahren eines Bruders von Wilhelm von Oranien. Er war von Wilhelm III. zu seinem Erbfolger bestimmt worden, einem echten Nassauer und dem Enkel einer Tochter Friedrich Heinrichs. Sein Anspruch auf das Erbe wurde übrigens sowohl durch das Haus Nassau-Siegen als auch durch die Hohenzollern bestritten. Auch dieses Geschlecht mit dem Namen Nassau-Oranien starb 1890, nach dem Tod König Wilhelms III., in männlicher Linie aus.

Bis ins 20. Jahrhundert hinein heiratete man nicht nur, um für Nachkommenschaft zu sorgen, sondern vor allem, um dynastische Interessen zu regeln. Die Partner sollten vorzugsweise aus dem Adelsstand kommen, deshalb handelte es sich fast immer um Vernunftehen. Statthalter und Könige zeugten jedoch nicht nur eheliche Kinder, sondern auch eine ganze Reihe von Bastarden, die anschließend am Hof aufwuchsen und Titel erhielten. Im 19. Jahrhundert setzte sich die bürgerliche Moral gegen die aristokratische durch, und der Ehebruch wurde in der Folge verschleiert. Was die Promiskuität betrifft, trieb es König Wilhelm III. am wildesten: neben seinem Äußeren und seinen Manieren war dies auch einer der Gründe, weshalb er im Volk »König Gorilla« genannt wurde. Sein nicht sehr königliches Verhalten sorgte dafür, daß bei seinem Tod das Ansehen des Hauses Nassau-Oranien auf einem gefährlichen Tiefpunkt angelangt war. Bei der Partnerwahl für Wilhelms Tochter Wilhelmina und deren Tochter Juliana hatte man ebenfalls keine glückliche Hand, denn die zwei deutschen Prinzen Heinrich von Mecklenburg-Schwerin (wegen seiner Leidenschaft für die Wildschwein-Jagd im Volksmund auch »Schweine-Heintje« genannt) und Bernhard von Lippe-Biesterfeld, beide Mitglieder des verarmten deutschen Hochadels, lebten mit ihren Auffassungen von ehelicher Treue noch ganz in der adligen Vorstellungswelt des 19. Jahrhunderts. Doch sie taten ihre Pflicht und zeugten – neben einer Reihe unehelicher Kinder – königliche Thronfolger, wenngleich auch nur weibliche.

Königin Wilhelmina wurde durch ihre entschlossene Haltung im Zweiten Weltkrieg zu einem nationalen Symbol. Damit gelang es ihr, die sowohl von ihrem Vater als auch von ihrem Ehemann durch deren zahllose Frauenaffären verursachte Krise einzudämmen. Bernhard wurde 1976 bezichtigt, vom amerikanischen Flugzeughersteller Lockheed Schmiergeld angenommen zu haben. Königin Juliana mußte mit ihrer Abdankung drohen, um die Strafverfolgung Bernhards abzuwenden. Weil er sich leichtfertig auf Transaktionen eingelassen hatte, die den Eindruck erwecken mußten, er sei für Korruption anfällig – wie es Premier Joop Den Uyl seinerzeit diplomatisch formulierte –, erhielt er ein Uniformverbot (Bernhard war verrückt nach Uniformen) und mußte eine Reihe ziviler Funktionen niederlegen. Zu seinem 80sten Geburtstag wurde dieses – immerhin ziemlich alberne – Verbot wieder aufgehoben. Bernhard starb 2004.

Erst unter der Herrschaft von Königin Beatrix ist wieder Ruhe im Königshaus eingekehrt. Sie heiratete – unter ihrem Stand – den deutschen Diplomaten Claus von Amsberg. Claus, der im Jahre 2002 verstarb, hat viel für die Verbesserung des Deutschlandbildes in den Niederlanden getan; außerdem hat er dafür gesorgt, daß durch die Geburt dreier Söhne endlich wieder eine stabile männliche Linie zurückkehrt. Normalerweise ist es nicht üblich, daß Familiennamen in weiblicher Linie weitergegeben werden, doch für den Namen Nassau-Oranien wurden durch spezielle Königliche Beschlüsse Ausnahmen geschaffen, und deshalb wird er auch von den aufeinanderfolgenden weiblichen Linien Wilhelminas, Julianas und Beatrix' geführt.

Über die Jahrhunderte hinweg sind die Verbindungen zwischen den Nassau-Oraniern und deutschen Adelshäusern sehr eng geblieben. Man suchte und fand seine Ehepartner vor allem in deutschen Landen. Nach dem Zweiten Weltkrieg hieß es spöttisch, daß die einzigen »Deutschen«, die niemals das Risiko liefen, als *mof* beschimpft zu werden, die Mitglieder des Hauses Nassau-Oranien seien. 1964 mußte Irene von Lippe-Biesterfeld, die jüngere Schwester von Königin Beatrix, durch ihren Übertritt zum katholischen Glauben und ihre Hochzeit mit einem spanischen Prinzen noch auf ihre Ansprüche auf die Thronfolge verzichten. Gut 350 Jahre nach dem Achtzigjährigen Krieg gegen Spanien wurde im Jahre 2002 erstmals ein Thronfolger, Prinz Wilhelm Alexander von Nassau-Oranien, mit einer spanischsprachigen Katholikin bürgerlicher Abstammung getraut: der Argentinierin Máxima Zorreguieta. Auch über die Wahl seiner Partnerin sind in den Niederlanden heftige Debatten geführt worden. Hintergrund ist die dubiose Vergangenheit ihres Vaters, der als Landwirtschaftsminister Mitglied der argentinischen Junta unter Videla war. Thronanwärter haben die Zustimmung der Regierung nötig, um den Partner ihrer Wahl heiraten zu dürfen. Die Regierung erteilte ihre Genehmigung nur unter der Bedingung, daß der Vater der Braut nicht bei der Eheschließung zugegen sein dürfe.

Die Hohenzollern, die der Ehe des »Großen Kurfürsten« Friedrich Wilhelms I. (1620–1688) mit Luise Henriette von Nassau-Oranien – einer Tochter des Statthalters Friedrich Heinrich, nach der auch die Stadt Oranienburg bei Berlin benannt wurde – entsprungen waren, durften sich nach langwierigen juristischen und finanziellen Streitigkeiten auch weiterhin Prinzen von Oranien nennen. Kaiser Wilhelm II. war, als er im Jahre 1918 niederländisches Asyl erhielt, bis zu seinem Tod 1941 der einzige echte Prinz von Oranien auf niederländischem Boden, und zwar nicht durch Königlichen Beschluß, sondern in direkter, wenn auch weiblicher Linie.

Die Nationalhymne, das sogenannte Wilhelmus-Lied, stammt aus dem Jahre 1568 und ist damit die älteste Nationalhymne der Welt. Ursprünglich handelte es sich um ein Geusenlied (nach den aufständischen, verarmten Adligen, die sich *gueux* oder *geuzen,* d. h. Bettler, nannten), dessen Melodie auf ein altes Spottlied zurückging, das von Adriaen Valerius zu einer langsamen, feierlichen Hymne umgearbeitet worden war und so langsam gespielt werden muß, daß es kaum einem Orchester jemals gelingt, dem gesungenen Text zu folgen: das Volk jubelt bereits, wenn sich die Musik noch ihrem Ende entgegenschleppt. Katholiken und Kalvinisten waren unterschiedlicher Ansicht über den Erfolg des Aufstands und der daraus entsprungenen kalvinistischen Vorherrschaft – als Nationallied war das »Wilhelmus« deshalb zunächst auch kein großer Erfolg. Erst im Jahre 1932 wurde es per Ministerialerlaß zur offiziellen Nationalhymne erklärt. Das »Wilhelmus« zählt insgesamt 15 Strophen, doch nur die erste wird als Nationalhymne gesungen. Für Leute ohne ein historisches Hintergrundwissen ist der Text heute nicht mehr zu begreifen: viele können durch die Ich-Form und die Ereignisse im

Zweiten Weltkrieg das Wort *Duitsche* nicht mehr über die Lippen bringen und finden auch die Ehrenbezeugung an den König von Spanien absurd:

Wilhelmus van Nassouwe Ben ik van Duitschen bloed.
Den Vaderlant ghetrouwe Blijf ick tot in den doet.
Een prince van Oranjen ben ick vrij onverveert;
Den Coninck van Hispanjen Heb ick altijd gheeert.

Wilhelm von Nassauen, Bin ich von deutschem Blut.
Dem Vaterland treu Bleib ich bis in den Tod.
Ein Prinz von Oranien bin ich recht unverzagt;
Dem König von Hispanien Hab ich stets behagt.

Viele Niederländer singen entweder etwas anderes als »*van Duitschen bloed*« oder sie verhaspeln sich, vergessen die Reihenfolge und schweigen deshalb betreten. Für die echten Kalvinisten ist das Lied mehr als eine Nationalhymne.

Der »Bibelgürtel«

Im 19. Jahrhundert spaltete sich die Reformierte oder Öffentliche Kirche in die liberale *Nederlandse Hervormde Kerk* – als größte – und die streng kalvinistische *Gereformeerde Kerk,* in der sich die sogenannten *kleine luyden* (kleine Leute) sammelten. Für letztere war Wilhelm I. von Oranien als Anführer des Aufstands gegen Spanien und Landesvater mit Moses vergleichbar, der sein Volk ins Gelobte Land führte. In ihrem Denken waren die Niederländer, wie die Juden, ein auserwähltes Volk.

»Alles für Gott und nichts für den Menschen«, lautete das Motto der Kalvinisten, und wer in ihren Augen zu ehrgeizig war, mußte mit ihrem Mißfallen rechnen. Denn das galt als Götzendienst, als ein Versuch, den HERRN zu übertrumpfen. »*Doe maar gewoon, dan doe je al gek genoeg*« (etwa: Bleib auf dem Teppich, dann fällst du immer noch hart genug) und »*Steek je kop niet boven het maaiveld*« (etwa: Halt den Kopf schön auf dem Boden) heißt es in den Niederlanden noch immer. Für diese strenggläubigen Kalvinisten gilt die doppelte Prädestination: die Menschheit ist von Gott bereits vor Anbeginn der Zeiten in zwei Gruppen unterteilt worden, die »Auserwählten« und die »Verworfenen«. Schon vor der Erschaffung von Himmel und Erde hat Gott bestimmt, wem das ewige Leben beschert wird und wer der Verdammung anheimfällt. Wohin die letzte Reise geht, offenbart ER dem Gläubigen während seines irdischen Lebens durch allerlei Botschaften und Einflüsterungen. Sollte dies nicht der Fall sein, weiß man erst dann sicher, ob man zu den Auserwählten zählt, wenn man vor SEIN Angesicht tritt. Der Psychoanalytikerin Aleid Schilder zufolge schreiben streng kalvinistische Gläubige Mißerfolge eher sich selbst, angenehme Dinge aber anderen zu. Sie fühlen sich schlecht und ohnmächtig und verantwortlich für ihr Scheitern. Mit einer Argumentation, die sich als »mentale Selbstabtötung« umschreiben ließe, legen sie es geradezu auf Depressionen an. Bei den weniger orthodoxen *Gereformeerden* und *Hervormden* ist das anders: ihr Gott ist nicht nachtragend, und sie sind auserwählt, wenn sie das Glaubensbekenntnis ablegen und danach zu leben trachten.

Die Grenze zwischen protestantischen und katholischen Gebieten wurde durch den Frieden von Münster 1648 festgeschrieben und bildet die damaligen Machtverhältnisse ab. Was seinerzeit spanisch war, ist katholisch geblieben, und was zur Republik gehörte, wurde überwiegend protestantisch. Entlang dieser Demarkationslinie befindet sich eine Art »Bibelgürtel«, in dem die meisten orthodoxen *Gereformeerden* leben. Diese Bibelzone – die von den zeeländischen Inseln in nordöstlicher Richtung über das Gebiet zwischen Maas und Rhein (Waal), die Utrechter Hügellandschaft und die Veluwe in Gelderland bis nach Overijssel verläuft – stellt eine Art Frontlinie zwischen Katholizismus und Protestantismus dar. Seit Einführung der Polio-Schutzimpfung im Jahre 1956 treten in den Niederlanden nur noch in diesen Gebieten Fälle von Kinderlähmung auf, weil die dort lebenden, strenggläubig-pietistischen *Gereformeerden* ihre Kinder nicht impfen lassen. »Es wird kein Spatz flügellahm, ohne daß Gott es so will« ist ihre Überzeugung, und man darf sich deshalb auch nicht gegen das wehren, was Gott mit einem vorhat.

Katholische Emanzipation

Die östlichen Teile Gelderlands und Overijssels waren während des Waffenstillstands (1609–1621) im Achtzigjährigen Krieg in den Händen der Spanier und sind bis heute hauptsächlich katholisch. Auch die Gebiete, die die Republik erst im Laufe des Krieges gegen die Spanier erobert hatte – die sogenannten »Generalitätsländer« Nord-Brabant, Zeeländisch-Flandern sowie Teile Limburgs –, sind nahezu monolithisch katholisch geblieben. In diesen Gebieten hält man noch immer Prozessionen ab und feiert Karneval. In den protestantischen Gebieten, außer in Friesland, Groningen und Drenthe, befinden sich zahllose große katholische Enklaven, weil es in den Niederlanden keinen Religionszwang gab. Die Generalitätsländer erhielten bis 1796 keine eigene Verwaltung, weil die Generalstaaten – vergeblich – hofften, sie zum Protestantismus bekehren zu können. Ebenso wie dissidente protestantische Gruppierungen wurden auch die Katholiken diskriminiert, und in den Generalitätsländern hatten die Katholiken sehr viel höhere Steuern zu zahlen. Durch die Annahme der niederländischen Verfassung von 1848 wurde das Verbot der katholischen Amtskirche aufgehoben, und es begann die katholische Emanzipation.

Auf Katholiken ruhte in den Niederlanden jahrhundertelang das Odium politischer Unzuverlässigkeit, bedingt einerseits durch die Haltung gegenüber Spanien, andererseits durch den Mordanschlag des Katholiken Balthasar Gerards auf Wilhelm von Oranien im Jahre 1584. Aus Sicht der damaligen Katholiken war Gerards ein Held und Tyrannenmörder. »Antipapismus« ist ein typisch niederländischer Begriff für eine antikatholische Gesinnung, die man im Ausland oft als »Antiklerikalismus« bezeichnet. Katholiken wurden aufgrund ihres Glaubens als Gegner der bestehenden gesellschaftlichen Ordnung betrachtet und galten daher als verdächtig. Das bedeutete übrigens nicht, daß Katholiken keine Karriere machen konnten. Adlige Kreise, die Kunstszene und die Wissenschaft konnten sich weitgehend den kalvinistischen Zwängen entziehen. Sowohl der größte Dichter als auch der größte Architekt des Goldenen Jahrhunderts, Joost van Vondel (1587–1679) und Philip Vingboons (1607 oder 1608–1678), waren katholisch.

Das 19. Jahrhundert und die »Versäulung«

Durch die Emanzipation des katholischen Bevölkerungsteils und der *gereformeerden* »kleinen Leute« sowie die Entstehung der Arbeiterklasse im 19. Jahrhundert kam es zu neuen, weltanschaulichen Machtblöcken neben dem der Regenten, die sich »Liberale« nannten. Bis in die 60er Jahre des 20. Jahrhunderts hinein fanden politische Verhandlungen ausschließlich zwischen den Führern dieser scharf voneinander abgegrenzten kirchlichen und politischen Interessengruppen statt, die als »Säulen« bezeichnet wurden. Sie waren es, die die Vereinbarungen trafen, und ihre Basis hielt sich daran. Man akzeptierte die Autonomie der anderen Gruppen und kümmerte sich nicht um die dort herrschenden Konflikte. Diese Trennung galt für alle Bereiche des gesellschaftlichen Lebens (sozial, politisch, religiös, wissenschaftlich). Jede Säule hatte ihre eigenen Zeitungen, Rundfunk-Vereinigungen, politischen Parteien, Gewerkschaften, Schulen, Universitäten, Krankenhäuser, Vereine und sogar ihre eigenen Einkaufsläden. Die Zugehörigkeit zur jeweiligen Säule ließ sich selbst noch an den Trinkgewohnheiten ihrer Mitglieder ablesen: die Katholiken tranken Bier, die Protestanten Genever (Wacholderschnaps, Gin), die Liberalen Wein, und die Sozialisten waren Abstinenzler. Inzwischen sind die Niederlande in hohem Maße säkularisiert, doch die Gesellschaft, die Politik, die Medien, die Wohlfahrtsverbände, das Bildungswesen und das Vereinsleben weisen noch immer Merkmale der »Versäulung« auf.

Die Tradition der »Versäulung« ist auch die Ursache dafür, daß jede gesellschaftliche Säule ihre eigene Auffassung über die nationale Geschichte hat. Das politische und gesellschaftliche Leben in den Niederlanden wurzelte von jeher in einer Kultur des Verhandelns, und die organisierte Versäulung war deren natürliche, bis ins 16. Jahrhundert zurückreichende Fortsetzung. 1848 brach überall in Europa die Revolution aus. Auch das Königreich der Niederlande erhielt eine neue Verfassung, die zugleich das Ende des autokratischen Staates darstellte, in dem sich der König und die Regentenoligarchie die Macht teilten. Seitdem ist der König zwar offiziell Mitglied der Regierung, nicht aber des Kabinetts. Starke Könige oder Königinnen erkämpfen sich erfahrungsgemäß immer etwas mehr Spielraum als schwächere. Königin Beatrix gilt als starke Königin, die ihre Aufgabe als Mitglied der Regierung ernst nimmt. Sie ist seit 1980 Staatsoberhaupt und kennt das politische Metier in all seinen Facetten. Allwöchentlich berät sie sich mit dem Ministerpräsidenten, überläßt nichts dem Zufall, ist ein echter Kontrollfreak und wurde deshalb von dem niederländischen Kabarettisten Paul de Leeuw einmal im Scherz, in Anlehnung an die Königsschlange Boa constrictor, als »Bea constrictor« bezeichnet. Obwohl die Niederlande überall auf der Welt als ein progressives Land gelten, herrscht dort noch immer ein merkwürdiges demokratisches Defizit: der König regiert mit, und die Kommissare der Königin (die Ministerpräsidenten der Provinzen) sowie die Bürgermeister werden nicht vom Volk gewählt, sondern von der Krone, d. h. der Königin und den Ministern, ernannt.

Ausländer sind häufig geschockt über die Lässigkeit, mit der Niederländer bestimmten Glaubensrichtungen Charaktereigenschaften zuordnen. Die niederländischen Kabarettisten Koot und Bie stellten sich in den 80er Jahren in die antipapistische Tradition, als sie die »katholische« Lücke zwischen den Schneidezähnen des damaligen Ministerpräsidenten Lubbers analysierten, an der sich ihnen zufolge eine typisch katholische Unzuverlässigkeit ablesen lasse. Landwirte aus den protestantischen nördlichen Provinzen brachten in den 1980er Jahren ihren Widerstand gegen den Gülleüberschuß der Schweinezüchter aus den katholischen Südprovinzen durch die ironische Losung zum Ausdruck: *Geen katholieke stront op protestantse grond* (Kein katholischer Dreck ins protestantische Eck). Niederländer zeigten sich in den 70er Jahren des 20. Jahrhunderts ihrerseits schockiert über die Unverhohlenheit, mit der man in Deutschland Minderheiten, die sich radikal gegen die öffentliche Meinung stellten, als »Gesinnungsfeinde« oder »Sympathisantensumpf« diskreditierte.

Eine der – bis heute spürbaren – Folgen der Versäulung ist das Desinteresse großer Teile der niederländischen Bevölkerung an dem, was andere tun oder lassen. Typisch für diese Geisteshaltung sind Wendungen wie: »Kümmere dich um deine eigenen Angelegenheiten«, »Wenn du mich in Ruhe läßt, laß ich dich in Ruhe«, »Müssen sie selbst wissen« oder eben das Moet kunnen (Muß erlaubt sein). In den Niederlanden gibt es den Begriff *gedogen,* der soviel wie »dulden« oder »tolerieren« bedeutet. So wird etwa der Verkauf von Haschisch in den unzähligen Coffeeshops des Landes (bis maximal 5 Gramm pro Kunde) *gedoogd,* obwohl der Handel damit – also auch die Belieferung der Coffeeshops – offiziell strafbar ist. Was in den Augen der Niederländer an Positivem in einem Begriff wie *gedogen* steckt, ist für ausländische Beobachter oftmals der Inbegriff an Gleichgültigkeit. Der eigenen Gemeinschaft verbieten, was man Außenstehenden zugesteht, eben das *Gedogen,* ist ein typisch kalvinistisches Relikt, das schon für die relative Religionsfreiheit im 17. Jahrhundert galt, als jedermann wußte, wo sich die Schlupfkirchen befanden.

Die »holländische Krankheit« im 20. Jahrhundert

Die Vollendung des niederländischen Sozialstaats in den 1970er Jahren wurde vornehmlich aus den Erträgen der kurz vorher in der Provinz Groningen angebohrten Erdgasvorkommen finanziert. Die Träume wuchsen in den Himmel, und die Gewerkschaften stellten immer höhere Forderungen, was Löhne und soziale Absicherungen betraf. Im Laufe von nur zehn Jahren geriet der Wohlfahrtsstaat vollkommen aus den Fugen, die Lohnkosten explodierten, und die niederländische Konsens-Wirtschaft wurde zum Sorgenkind der Nation. Man begann, von der »holländischen Krankheit« bzw. »Dutch disease« zu sprechen.

In den Niederlanden herrschte bis weit in die 70er Jahre hinein die typische Arbeitsteilung: der Mann arbeitete, die Frau kümmerte sich um den Haushalt. Anfang der 80er Jahre kam es dann zu einem verstärkten Zustrom von Frauen auf den schrumpfenden Arbeitsmarkt. Dadurch und durch die einsetzende Rezession stieg die Arbeitslosigkeit dramatisch an.

Im Jahre 1982 schlossen die Vorsitzenden der beiden größten Arbeitgeber- und Arbeitnehmerorganisationen ohne große Vorbesprechungen in einer Art »Bündnis für Arbeit« den sogenannten *Akkoord van Wassenaar,* eine Vereinbarung über Lohnzurückhaltung und Kostensenkung im Tausch gegen Arbeitsplätze. Solche in Hinterzimmern geschlossene persönliche Deals gehen häufig der im niederländischen Beratungs- und Verhandlungsmodell notwendigen Bestätigung durch eine Versammlung voran. Vor dem Abschluß solcher Vereinbarungen finden normalerweise in einer Vielzahl von Körperschaften dreiseitige Beratungen zwischen Regierung, Arbeitnehmern und Arbeitgebern statt. Dort können sie auf nüchterne, sachliche Weise die Interessen ihrer Basis vertreten. In Deutschland fehlt ein solches Forum, in dem die Sozialpartner ohne Druck miteinander über die Lösung brennender Fragen philosophieren können. In der Vereinbarung von Wassenaar spielten die Umverteilung der Arbeit durch Teilzeit- und Leiharbeit, die Subventionierung niedrigproduktiver Tätigkeiten sowie Steuersenkungen für die unteren Einkommen eine wichtige Rolle.

Heute (Stand: 2007) läßt sich in den Niederlanden von einer mit 76,0 Prozent »optimalen« Beschäftigungsquote sprechen – zum Vergleich: in Deutschland lag sie 2007 bei 69,4 Prozent. Dies ist vor allem den vielen Teilzeitstellen zu verdanken, die in der Mehrzahl an die Frauen gingen, weil sie als Nachzügler auf dem Arbeitsmarkt wenig Chancen hatten, an die in diesen Jahren noch knappen Vollzeitstellen zu kommen. Durch Zurückhaltung bei den Löhnen wurde eine effektive Lohnsenkung von 15 bis 20 Prozent gegenüber Deutschland erzielt, und es wurden Stellen geschaffen. Doch trotz der starken Senkung der Arbeitslosenquote in den letzten 15 Jahren gibt es immer noch eine hohe, verkappte Arbeitslosigkeit, die sich in Arbeitnehmerpools und Teilzeit- oder Flexarbeit auf der Basis von Abruf-, Aushilfs-, Null-Stunden-, Stand-by-, Min-Max- oder Zeitarbeitsverträgen verbirgt.

Das Poldermodell und seine Grenzen

Frits Bolkestein, seinerzeit Fraktionsführer der rechtsliberalen Volkspartei für Freiheit und Demokratie, VVD, benutzte in einem »Volkskrant«-Interview vom 3. Dezember 1996 als erster den Begriff »Poldermodell«, der sofort aufgegriffen wurde und es in den Jahren danach in alle Weltsprachen schaffte: statt *Holland-Modell, miracle hollandais* oder *Dutch Model* heißt es nun überall gleichermaßen »Poldermodell«. Das Poldermodell ist jedoch nur ein aktuelles Beispiel der jahrhundertealten niederländischen Art und Weise, Probleme anzugehen. Das Beraten und Verhandeln ist tief im kollektiven Denken der niederländischen Gesellschaft verankert, weil es in diesem kleinen, kommunikativen Land niemals eine Mehrheit gab, die über die Macht verfügte. Die sozialen und politischen Partner beraten, erklären, ordnen, stimmen ab oder suchen nach Kompromissen und haben dabei – jeder für sich – das Gefühl, die eigentliche Regie zu führen.

Im Jahre 1982 hieß das niederländische Beratungs- und Verhandlungsmodell noch *Dutch Disease,* weil es mit hoher Arbeitslosigkeit, unbezahlbar hohen Sozialausgaben und einer Lohnkostenexplosion einherging. Danach wurde es auch gelegentlich als »träger Staat« bezeichnet, weil die Entscheidungsfindung durch das zähe Beraten unnötig viel Zeit in Anspruch nehme. Dieser Begriff geriet erneut in Mode, als die New Economy nicht das brachte, was von ihr erwartet wurde, und die Rezession wieder einsetzte. Böse Stimmen behaupten sogar, daß die Poldereuphorie nur möglich war, weil sie zwischen 1995 und 2000 von einer niegekannten Hochkonjunktur getragen wurde.

Die stärksten Einwände gegen das Poldermodell erhoben sich nach der Einführung von Marktmechanismen unter anderem im Bildungs- und Gesundheitswesen, die sich im Rückblick als verheerend erwiesen haben. Die schlechte Bezahlung, die langen Arbeitszeiten und der niedrige Status von Lehrern haben zu einem dramatischen Lehrermangel geführt, der sich durch die allmähliche Pensionierung der Baby-Boomer-Generation in den kommenden Jahren noch verschärfen wird. Das Gesundheitswesen ist kaputtsaniert worden: es gibt 200000 Patienten auf Wartelisten, und Krankenhäuser müssen aus Personal- oder Geldmangel sogar schwerkranke Patienten abweisen. Der große niederländische Krankenversicherer Amicon hatte im Jahre 2002 sogar einen Vertrag mit elf deutschen Krankenhäusern sowie der AOK geschlossen; niederländische Patienten, die zu Hause auf Wartelisten geführt werden – und allein für eine simple Leistenbruchoperation sind dies schon 700 –, können dort sofort behandelt werden.

In Deutschland spricht man mit Bewunderung über die Niederlande. Auch der »Spiegel« tut das, stellt dann jedoch giftig und voll Schadenfreude fest, daß niederländische Patienten, wollen sie in ein Krankenhaus aufgenommen werden, von ihrem Arzt den folgenden Rat erhalten: »Setzen Sie sich mit nassen Haaren ins Auto, drehen Sie die Heizung voll auf, damit Sie verschwitzt und schlecht aussehen. Dann fahren Sie an der Klinik vor.«

Deutschland und seine feudale Prägung

Das Heilige Römische Reich des Mittelalters war politisch zersplittert und hatte durch seine Lage – als »Land der Mitte« von Feinden umringt – eine Entwicklung durchgemacht, die stark zu der des französischen Königreichs kontrastierte. Abgesehen davon, daß Frankreich nur eine unsichere Grenze besaß, den Rhein, war es dem französischen Königshaus bereits im 12. Jahrhundert gelungen, den Feudaladel unter seine Kontrolle zu bringen und eine starke Zentralherrschaft zu errichten. Der deutsche Kaiser mußte seine Macht dagegen mit den Fürsten teilen, die für ihre militärischen Verdienste mit der Vergabe von Lehen in Form von Grundstücken, Zollrechten, Ämtern und Steuereinnahmen belohnt worden waren. In Deutschland entstand so ein Konglomerat unzähliger großer und kleiner Feudalstaaten, freier Städte und Gemeinden, die sich über zahllose – selbst oftmals nicht weiter als das Auge reichende – Herrschaftsgebiete erstreckten und das Reich mit Hunderten von Grenzen zerschnitten. Die Reformation führte im 16. Jahrhundert zu neuen religiösen Gegensätzen und verstärkte die Machtkonflikte zwischen dem Kaiser und den Territorialfürsten des Reichs, die eine Konsolidierung ihrer eigenen Machtsphäre anstrebten.

Mit seinem *cuius regio, eius religio* gestand Luther zwar dem Fürsten Glaubensfreiheit zu, nicht aber dessen Untertanen. Die Fürsten des Reichs waren mächtig genug, um sich gegen den katholischen Kaiser zu stellen, und erhielten im Religionsfrieden von Augsburg 1555 das Recht, nach eigenem Gutdünken zu entscheiden, welches Glaubensbekenntnis in ihren Fürstentümern herrschen sollte. Die Grenze zwischen protestantischen und katholischen Ländern folgte dabei weitgehend dem Limes, dem Grenzwall des früheren Römischen Reichs. Süddeutschland und das Rheinland blieben katholisch, Norddeutschland wurde protestantisch. Jahrhundertelang sollte es in der Verteilung der Konfessionen zwischen den deutschen Ländern keine Veränderungen mehr geben. Indem die Religion eine Staatsangelegenheit geworden war, blieben ganze Städte und Landstriche in Deutschland nahezu monolithisch lutherisch, katholisch oder kalvinistisch. Wer einer anderen Konfession anhing als seine Umgebung, hatte die Wahl zwischen einem heimlichen Glaubensbekenntnis oder der Emigration. Das änderte sich erst, als nach der Kapitulation

1945 gewaltige Flüchtlingsströme aus den »Ostgebieten« ihre Zuflucht im Westen suchten und dabei in Gegenden landeten, die vordem kaum Enklaven Andersdenkender gekannt hatten.

Der Dreißigjährige Krieg (1618–1648)

Im Dreißigjährigen Krieg war das Heilige Römische Reich das Schlachtfeld Europas. Nicht nur die katholischen und protestantischen deutschen Fürstenbünde standen einander gegenüber, sondern auch nahezu alle Großmächte Europas. Auf deutschem Boden fanden ununterbrochen Feldschlachten statt, Brandschatzungen und Plünderungen waren an der Tagesordnung. Der Westfälische Friede 1648 sorgte für eine definitive Regelung der religiösen Verhältnisse, wobei man sich auf den Religionsfrieden von Augsburg bezog und den Kalvinismus als drittes Glaubensbekenntnis anerkannte. Das Heilige Römische Reich existierte noch bis 1806, doch die Kaiserschaft war ein Titel ohne Macht, und die deutschen Fürsten wurden vollständig souverän. Während sich um Deutschland herum überall zentral regierte, absolutistische Reiche bildeten, kehrte Deutschland zur Zersplitterung des Mittelalters zurück, jetzt noch verstärkt durch den konfessionellen Riß. Nicht umsonst nannten die Franzosen das Deutschland jener Tage *Les Allemagnes* (die Deutschlande). In der deutschen Gesellschaft sollten die Folgen des Dreißigjährigen Kriegs noch Jahrhunderte nachwirken:

> Ein Drittel der deutschen Bevölkerung war umgekommen, das verarmte Bürgertum und die Bauern lebten in einem permanenten Zustand der Angst. Hungersnöte, Epidemien sowie Diebes- und Söldnerbanden suchten auch in der zweiten Hälfte des 17. Jahrhunderts das Land heim. Über Hunderte von Jahren hinweg kam es immer wieder zu gigantischen Emigrantenströmen aus Deutschland in die umliegenden Länder und Übersee-Kolonien, die dem Land die dringend benötigte Arbeits- und Innovationskraft entzogen und die Struktur ganzer Regionen angriffen. (Von den ungefähr eine Million Menschen, die im Laufe der Zeit als Soldat, Matrose, Kaufmann, Kanzleiangestellter, Chirurg oder Lagerhausknecht bei der niederländischen Vereinigten Ostindischen Compagnie in Asien gedient haben, kam die Hälfte aus dem Ausland, und die meisten von ihnen waren Deutsche.)

Die großen deutschen Handelshäuser waren ruiniert, und als sie ihre Funktion als Drehscheibe im europäischen Nord-Süd-Handel wieder einnehmen wollten, waren wichtige Handelswege verlegt. Durch die Entdeckung des amerikanischen Kontinents und des Wasserweges nach Osten war die Bedeutung der Hanse und des Ostseehandels stark gesunken. Andere, interkontinentale, Schiffahrtsverbindungen und Häfen hatten dagegen an Wichtigkeit zugenommen; vor allem England und die niederländische Republik profitierten davon. Das Reich war als Handelspartner geschwächt, auch weil es ihm nicht gelang, sich zu einer Kolonialmacht zu entwickeln.

Die Angehörigen der Mittelschichten wurden zu drittrangigen Untertanen ohne Mitspracherecht und Macht. Der Adel verteilte die lukrativen Posten unter sich, denn er konnte kraft des Geburtsrechts Anspruch auf Privilegien und Ämter erheben. Im Gegensatz zu Ländern wie Frankreich und England, die ein Hofleben hatten, gab es in Deutschland nahezu keine Integration zwischen Adel und Bürgertum. Angehörige des gehobenen Bürgertums konnten lediglich als Beamte in ausführender Funktion Zugang zu den höheren Verwaltungsebenen erhalten. Die relative Machtlosigkeit des gehobenen Bürgertums auf politischem Gebiet führte in den darauffolgenden Jahrhunderten zur Formulierung eines apolitischen Bildungsideals, bei dem die innere geistige und kulturelle Bildung im Vordergrund stand. Die Bürger wandten sich vom Adel ab, sprachen, schrieben und lasen Deutsch und richteten sich gegen alles, was aus Frankreich kam, also auch gegen die Aufklärung. Sie reklamierten für sich die Rolle der geistigen Elite, kultivierten in einem ausgefeilten Titelsystem einen »Adel des Geistes« und schufen sich ihre eigene Kultur. Geist und Macht wurden zwei völlig voneinander getrennte Welten. Die bürgerlichen Intellektuellen konnten sich eine übertrieben idealistische Einstellung leisten und sich in utopischen Idealen verlieren, da es ihnen nicht um politisches Engagement, sondern um die Idee und die Reflexion ging. Als Madame de Staël Deutschland besuchte (1803–1808), schrieb sie über die deutschen Intellektuellen: »Die Gebildeten Deutschlands machen einander mit größter Lebhaftigkeit das Gebiet der Theorien streitig und dulden in diesem Bereich keine Fesseln, ziemlich gerne überlassen sie dafür den irdischen Machthabern die ganze Wirklichkeit des Lebens.«

Das deutsche Kaiserreich

Der Historiker Helmuth Plessner hat Deutschland die »verspätete Nation« genannt, weil es ihr erst unter Bismarck gelang, einen starken Staat hervorzubringen. Dieser entstand nicht durch eine Revolution von unten, sondern durch eine Revolution von oben, durch den herrschenden preußischen Adel und das Militär. Der Revolutionsversuch des liberalen Bürgertums im Jahre 1848 scheiterte, und es dauerte bis zum Ende des Ersten Weltkriegs, bis es diesen Schlag überwunden hatte. Bis dahin blieb die Politik eine reine Staatsangelegenheit. Der Bürger beschäftigte sich nicht mit Politik und zog sich auf den Bereich des geistigen Lebens zurück.

Im Jahre 1866 besiegte Preußen Österreich und markierte damit das Ende des großdeutschen Traums; fünf Jahre später, 1871, wurde die klein- oder preußisch-deutsche Einigung eine Tatsache, als in Versailles das deutsche Kaiserreich ausgerufen wurde. Damit war es mit der »Vielstaaterei« vorbei. Das Reich wurde kein zentralistisch regierter Staat, sondern ein Fürstenbund unter preußischer Führung. Im neuen Kaiserreich blieben die Krone und die alte feudale Oberschicht am Ruder, während das gesamte preußische Amtswesen vom Reich übernommen wurde.

Das Kastendenken des Offizierskorps, die Standesdünkel des Adels und die moralische Integrität der Beamtenschaft waren die Pfeiler der preußischen Gesellschaft. Die preußische »Pflicht- und Dienstideologie« und die militärische Disziplin der Armee wurden vom Reich übernommen. Der preußische Philosoph Immanuel Kant hat eine besondere Auffassung über die Pflicht formuliert, die er den »kategorischen Imperativ« nannte: »Handle so, daß die Maxime deines Willens jederzeit zugleich als Prinzip einer allgemeinen Gesetzgebung gelten kann.« Auch wenn man die Neigung zu einem bestimmten Verhalten spürt, steht die Pflicht an oberster Stelle und darf nicht, auch nicht aus pragmatischen Gründen, beiseite geschoben werden. Diese Ideologie diente auch als Vorlage für das Denken der Beamtenschaft im Kaiserreich.

Erst nach dem Ersten Weltkrieg wurde in Deutschland das erste demokratische Experiment durchgeführt, die Weimarer Republik. Es mißlang, weil die Republik unmögliche Startbedingungen hatte. Sie erbte den völlig bankrotten Nachlaß des Kaiserreichs und mußte im Vertrag von Versailles äußerst harte Bedingungen (territoriale Verluste, hohe Reparationszahlungen, Beschränkungen im internationalen Handel) akzeptieren, weshalb der Vertrag auch das »Diktat« von Versailles, von den Gegnern der Republik sogar der »Verrat« von Versailles genannt wurde. Auch in den Niederlanden stießen die Bestimmungen des Vertrages auf starke Kritik. Der ausrangierte Adel und die militärischen Konservativen stellten eine große Gefahr für die Stabilität der jungen Republik dar. Als 1929 schließlich die Weltwirtschaftskrise ausbrach und Deutschland nicht mehr in der Lage war, die astronomisch hohen Wiedergutmachungszahlungen zu leisten, übernahmen wenig später, 1933, die Nationalsozialisten die Macht.

Der Zweite Weltkrieg

Der Zweite Weltkrieg ist der Krieg der grauenerregenden Zahlen. In deutschen Konzentrationslagern wurden sechs Millionen Juden umgebracht. Homosexuelle, Zigeuner und Geistigbehinderte teilten dieses Schicksal. Rund 55 Millionen Menschen starben während des Kriegs, etwa die Hälfte davon waren Zivilisten. Es sind allein 20 Millionen Bürger der Sowjetunion umgekommen, und auch die deutsche Bevölkerung blieb von den Verbrechen des Dritten Reichs nicht verschont: mehr als drei Millionen deutsche Soldaten fielen auf dem Schlachtfeld, über sieben Millionen wurden verwundet und anderthalb Millionen blieben vermißt. Das Land war vernichtet, ganze Städte waren dem Erdboden gleichgemacht worden, und die Bevölkerung war körperlich und geistig erschöpft. Am Ende des Kriegs mußten infolge der Grenzverschiebungen etwa zwölf Millionen Deutsche und Deutschstämmige aus den ehemaligen Ostgebieten ins deutsche Mutterland umsiedeln; zwei Millionen von ihnen kamen dabei um.

Doch man darf auch nicht vergessen zu erwähnen, daß während des Zweiten Weltkriegs 200000 Deutsche den Wehrdienst verweigert haben und 30000 von ihnen dafür hingerichtet wurden. 30000 deutsche Soldaten wurden wegen Fahnenflucht verurteilt und 20000 dafür umgebracht. Vor Ausbruch des Kriegs wurden 225000 Männer und Frauen in politischen Prozessen zu insgesamt 600000 Jahren Haft verurteilt. Es fanden 86 Massenprozesse gegen Mitglieder der sozialistischen Parteien statt, und ungefähr eine Million Deutsche saßen für kurze oder längere Zeit in den ursprünglich nur für sie errichteten Konzentrationslagern. In der späteren Bundesrepublik Deutschland hat es – anders als in Österreich und auch anders als nach dem Ersten Weltkrieg – niemals einen militärischen Veteranenkult gegeben, doch es wurde andererseits von offizieller Seite auch wenig Aufhebens um den aktiven und passiven Widerstand im Dritten Reich gemacht, vielleicht, um die gigantische Armee ehemaliger Hitleranhänger nicht zu vergrätzen. Inzwischen gibt es eine offizielle Gedenkfeier für die Opfer des 20. Juli 1944, also die Beteiligten am mißlungenen Anschlag auf Hitler aus Kreisen der Wehrmacht und bürgerlicher Konservativer. Und mittlerweile findet man auch lobende Worte für die Widerstandsgruppe um die »Weiße Rose« und den Zimmermann Georg Elsner, der noch vor dem Krieg ein Attentat auf Hitler verübte. Doch bis heute gibt es vergleichsweise wenig Wertschätzung für antifaschistische Gruppierungen aus dem sozialistischen und kommunistischen Lager.

Die Bundesrepublik Deutschland

Mit der Gründung der Bundesrepublik Deutschland im Jahre 1949 ließ sich zum ersten Mal in der Geschichte der deutschen Nation von einer atlantischen Ausrichtung sprechen. Jürgen Habermas hat dazu bemerkt: »Die unbegrenzte Öffnung der Bundesrepublik für die politische Kultur des Westens ist die große intellektuelle Leistung unserer Nachkriegsepoche.« Die Auffassungen der Amerikaner über die Staatsform der neuen Bundesrepublik paßten vorzüglich in das Muster der früheren »Vielstaaterei«. Die Bundesrepublik Deutschland wurde ein dezentralisierter föderaler Staat, in dem die Teilstaaten, die Bundesländer, über eine sehr viel größere politische und kulturelle Autonomie verfügen, als man anderswo häufig vermutet. Über ihre Vertreter im Bundesrat kontrollieren die Bundesländer einen Großteil der nationalen Gesetzgebung. Eine alles beherrschende »große« Metropole wie Paris oder London hat die Bundesrepublik nicht, wohl aber eine große Zahl an ehemaligen Residenzstädten. Durch seine früheren kulturellen Ansprüche steht das heutige Deutschland voll mit prächtig ausgestatteten Museen und Konzertsälen, und jede Stadt, die etwas auf sich hält, beherbergt eine Theaterbühne.

Zu den großen Wundern der Nachkriegsentwicklung in Deutschland gehört es, daß nach den Katastrophen in der ersten Hälfte des 20. Jahrhunderts eine in jeder Beziehung gelungene Republik entstehen konnte, ein »normaler« und wohlhabender Staat, in dem dem früheren »preußischen« Pflicht-und-Dienst-Denken der Stachel genommen ist und sich die Nachkriegsgenerationen in fast nichts mehr von denen in den Nachbarländern unterscheiden. Sie betrachten alte preußische Werte wie Ruhe, Ordnung, Kontrolle, Sicherheit, Fleiß, Disziplin und harte Arbeit nicht mehr als alleinseligmachend und pflegen, ebenso wie ihre Generationsgenossen jenseits der Grenzen, auch moderne, postmaterialistische Werte wie Selbstentfaltung, Reflexion, Entspannung, Mitbestimmung und sinnvolle Arbeit.

Als am 9. November 1989 die Berliner Mauer geöffnet wurde, herrschte zum ersten Mal nach dem Krieg allerorts Sympathie für die Deutschen. Durch die Wende wurden 17 Millionen Ostdeutsche zusammen mit den 65 Millionen Westdeutschen wieder ein Volk.

Die Verwendung des Begriffs »Wiedervereinigung« oder »Vereinigung« ist von der jeweiligen politischen Sicht abhängig. Gegner des Worts »Wiedervereinigung« behaupten, daß dies die Nichtanerkennung der Oder-Neiße-Grenze beinhalten könne sowie den Wunsch, zu einem Deutschland in den Grenzen von 1937 zurückzukehren. Um diesem Dilemma zu entgehen, benutzt man in den Niederlanden deshalb auch den Begriff *eenwording,* Einigung.

Nach der Wende und der Einigung der zwei deutschen Staaten wurden hier und da – vor allem in Großbritannien unter Margaret Thatcher und den kleineren Nachbarländern um Deutschland herum – Stimmen laut, die die Angst vor dem Vierten Reich zum Ausdruck brachten und auf die Gefahr einer »Renationalisierung« hinwiesen. Für sie galt noch immer die Sichtweise des französischen Schriftstellers und Politikers François Mauriac, der behauptete, Deutschland so sehr zu lieben, daß er froh sei, zwei davon zu haben. Diese Angst wurde und wird aber nur von wenigen geteilt. Die Bundesrepublik läßt sich nicht mit dem deutschen Kaiserreich oder dem Dritten Reich vergleichen, wo das Volk unmündig war, so etwas wie eine Mittelschicht kaum existierte und Unfreiheit herrschte. Außerdem gab es durch die bedingungslose Kapitulation des Dritten Reichs 1945 keine Chance auf einen neuen Mythos, wie es der »Verrat von Versailles« gewesen war. Und anders als in der Weimarer Republik wurde die Bundesrepublik auch nicht mit Wiedergutmachungszahlungen belastet und durch Streiks und Wirtschaftskrisen erschüttert. Im Gegenteil: das Land erhielt Hilfe nach dem Marschallplan und schuf mit dem »Wirtschaftswunder« eine Periode niegesehener und anhaltender wirtschaftlicher Blüte. Deutschland hat sichere Grenzen bekommen und ist militärisch, wirtschaftlich und politisch in Europa integriert. Die »Europäisierung« Deutschlands ist das große Verdienst der bundesdeutschen Politik und vor allem Altkanzler Kohls gewesen. Indem er für die Abschaffung der D-Mark und die Einführung des Euro warb, hat er Deutschland für immer nach Europa hineingelotst.

Die Schwäche der eigenen, schwer belasteten nationalen Identität ist für viele Deutsche ein Grund, sich eine europäische »Ersatzidentität« zuzulegen. Amerikaner haben sich, trotz des weitverbreiteten Bilds vom »häßlichen Amerikaner«, niemals für ihre Nationalität geschämt. Ihre Identifikation findet – wie bei nahezu allen anderen Völkern auch – über die Nation statt. Sie können das Adjektiv »typisch« problemlos in positivem Sinne auf sich beziehen. »Typisch deutsch« ist dagegen fast immer negativ besetzt, sowohl für Deutsche selbst als auch für ihre internationalen Nachbarn. Deutsche haben durch den Holocaust und das Dritte Reich eine problematische Beziehung zu ihrer Nation und ziehen es angesichts des bei anderen unterstellten negativen Deutschlandbilds vor, nicht mit ihrer Nationalität hausieren zu gehen. Durch die Zäsuren in ihrer Geschichte (»verspätete Nation«, Territorialisierung und Föderalisierung, zwei verlorene Weltkriege und vor allem das Dritte Reich mit seinem Holocaust) haben die Deutschen – und zwar sowohl Wessis wie Ossis – eine stärkere regionale Identität entwickelt und weniger eine, oft als auferlegt erfahrene, nationale Identität. Dasselbe gilt für die mehr als zwölf Millionen Flüchtlinge, die in den Jahren 1945 und 1946 aus dem Sudetenland, Schlesien, Pommern und

»Ein großer Tag – endlich VW-Besitzer« (Plakat aus dem Jahr 1955). Populär wurde der »Käfer« in den Niederlanden bereits seit 1949 als Dienstwagen von Beamten und als Polizeifahrzeug.

Ostpreußen in das übrige Deutschland kamen und dort seßhaft wurden. Und auch die Ostdeutschen werden wohl noch einige Zeit brauchen, um sich mit der neuen Bundesrepublik Deutschland identifizieren zu können. Doch andererseits: wie lange haben die Bayern sich gegen die »Einverleibung« in das deutsche Kaiserreich aufgelehnt!

Typisch deutsch ist für einen Deutschen denn auch eine *contradictio in adjecto,* ein Widerspruch in sich. »Für einen ›Deutschen‹ gehalten zu werden, bedeutete eine Gleichsetzung mit einer Identität, die ich bis dahin so nicht kannte und nach der ich auch niemals ein Bedürfnis gehabt habe«, gesteht der deutsche Niederlandist Bernd Müller, der sich in den 80er Jahren in den Niederlanden aufgehalten hatte. Engländer, Franzosen, Amerikaner und auch Niederländer antworten auf die Frage, woher sie kommen, daß sie aus England, Frankreich, den USA oder den Niederlanden sind, und präzisieren dies im folgenden. Deutsche nennen lieber das Bundesland oder die Stadt und erzählen, daß sie Bayer, Schwabe, Berliner oder Brandenburger sind.

Inzwischen sind jedoch erste Anzeichen für eine Veränderung erkennbar, denn für die jüngere Generation sind die Begriffe »Deutscher« oder »Deutschland« nicht mehr tabu. Als die rechtsradikale FPÖ von Jörg Haider im Oktober 1999 die Wahl gewann, war Österreich plötzlich zu einem heiklen Gesprächsthema geworden – insbesondere für Österreicher, die im Ausland lebten oder Kontakt zu Ausländern hatten. Deshalb beschlossen junge Österreicher, die in den Niederlanden lebten und es satt hatten, von ihren Altersgenossen ewig auf ihr Österreichischsein angesprochen zu werden, eine andere Identität anzunehmen, die sie als weniger problematisch empfanden: sie gaben sich als Deutsche aus.

Die Deutsche Demokratische Republik

In der DDR rechnete man mit der alten Elite ab und leistete treu seine Wiedergutmachungszahlungen an die russische Besatzungsmacht. Die mittleren und unteren Kader aus der nationalsozialistischen Hierarchie wurden in die neuen Strukturen integriert und blieben dadurch erpreßbar. Dennoch hat die DDR sich von Anfang an als das »andere«, »bessere«, das antifaschistische

Werbung für den DDR-Volkswagen »Traban«, der von 1961 bis 1973 insgesamt 160000 mal in die Niederlande verkauft wurde.

Deutschland angepriesen, als das Land, das mit dem Nationalsozialismus konsequent aufgeräumt hatte und nicht mehr für die Taten des Hitler-Regimes verantwortlich war. Der Schriftsteller Jurek Becker hat dazu einmal bemerkt: »Im Dritten Reich gab es 50000 Antifaschisten, davon allein schon in der DDR 17 Millionen.« In den Niederlanden brachte man in der Zeit des Kalten Kriegs bis etwa Mitte der 1960er Jahre kaum Sympathien für die DDR auf; sie galt als ein undemokratisch zustandegekommener Vasallenstaat der Sowjetunion, eine Art Sowjetdeutschland. Die erbarmungslose Niederschlagung des Juni-Aufstands 1953 durch die sowjetische Besatzungsmacht weckte Erinnerungen an die Besatzungszeit. Durch den Bau der Mauer, des »antifaschistischen Schutzwalls«, im Jahre 1961 wurde das Bild der DDR als eines Polizeistaats und »Gefängnisses« für seine eigenen Bürger noch verstärkt.

Im Laufe der 1960er Jahre wuchsen in linken Kreisen jedoch die Sympathien für sozialistische Modelle, wie sie sich in Ländern wie der DDR, Kuba und Tansania herauszubilden schienen. Der DDR war es gelungen, sich zu dem in ökonomischer Hinsicht erfolgreichsten Ostblockland zu entwickeln. Die Wiederbewaffnung des sehr viel größeren Westdeutschlands erzeugte dagegen viel böses Blut und rief Ängste wach, die um einiges stärker waren als die gegenüber der kleinen DDR. Das trügerische »antifaschistische« ostdeutsche Selbstbild war von hohem propagandistischem Wert und übte eine starke Anziehungskraft auf Jugendliche, linke Sozialdemokraten, Sozialisten und Protestanten aus. In Ost-Berlin ist bis auf den heutigen Tag eine niederländische Kirchengemeinde aktiv, die zu DDR-Zeiten nicht unwesentlich zur Entstehung eines positiven und optimistischen Bilds der ostdeutschen Gesellschaft beigetragen hat. Dies zeigt sich an der damals äußerst positiven und naiven Einstellung vieler niederländischer Linker zur DDR. Die niederländische Schriftstellerin Lizzy Sara May schrieb 1966 anläßlich ihres Besuchs in der DDR:

> »Und jetzt, in diesem Moment, läuft man, o Wunder, ohne Gefühle des Grolls inmitten der Deutschen. Das heißt: ohne Groll gegen *diese* Deutschen. Denn im Hinterkopf wird immer das Bild der anderen haftenbleiben, des Soldatenvolks, der Geschäftsleute, fett und säuisch, der Gretchen-Frauen. Das Germanenvolk. Hier

aber weiß man, hier sind sie verurteilt worden, hier brauchen 20 Jahre nach dem Krieg keine Auschwitzprozesse mehr geführt zu werden, hier haben sie sie nicht laufen lassen.«

Und der Schriftsteller, Kriminologe und ehemalige Widerstandskämpfer J. B. Charles schrieb 1976:

»In der Ostzone ist es, glaube ich, vorbei. Dort könnte sich etwas Neues abspielen. Dies ist vielleicht der wichtigste Vorteil der Existenz der DDR, daß sie einen anderen Typus des Deutschen kreiert.«

Wegen des »Radikalenerlasses« und des »Berufsverbots« standen in den 70er Jahren viele Niederländer der Bundesrepublik äußerst kritisch gegenüber und betrachteten die DDR in der Tat als das »bessere« Deutschland. Diese Form der Identifikation wurde dadurch vereinfacht, daß die DDR, ebenso wie die Niederlande, ein Underdog war, der mit Westdeutschland einen in wirtschaftlicher und militärischer Hinsicht mächtigen Nachbarn besaß. Die Fremdbilder, die Niederländer von Deutschen haben, sind nahezu identisch mit den Stereotypen, die die heutigen Ossis gegen die Wessis benutzen. Danach sind die Wessis arrogant, dominant und besserwisserisch, eben »Besserwessis«; Niederländer haben dieselbe Vorstellung von allen Deutschen, inklusive der Ossis. Für Ausländer sind alle Deutschen gleich, denn Stereotypisierung bietet keinen Raum für Nuancierung. Es ist der Versuch des kleineren Volks, einem Volk gegenüber, das größer, stärker und erfolgreicher ist, ein positives Selbstbild zu bewahren.

Die Niederlande machten ihrem Namen als Handelsnation alle Ehre. Bereits 1947 schloß das Land – als eines der ersten westlichen Staaten – ein Handelsabkommen mit der damaligen sowjetischen Besatzungszone und entwickelte sich nach der Gründung der DDR zu einem der größten Abnehmer von DDR-Produkten. Andererseits haben die niederländischen Regierungen sich stets ohne Wenn und Aber hinter das Streben der Bundesrepublik nach Wiedervereinigung gestellt. In den 70er Jahren fand auch in den Niederlanden eine gewisse Gewöhnung an die Tatsache statt, daß es zwei deutsche Staaten gab, so daß die Unterstützung der Wiedervereinigungspolitik allmählich einen mehr oder weniger rituellen Charakter annahm. Dies galt jedoch auch für andere westliche Verbündete der Bundesrepublik: eigentlich war man mit dem Status quo ganz zufrieden und hatte viel mehr Bedenken, was geschehen würde, wenn es zu einem großen Deutschland käme.

Im Jahre 1976, mit der Ausbürgerung Wolf Biermanns und anderer Künstler sowie den anschließenden Versuchen, Dissidenten wie Robert Havemann und Rudolf Bahro mundtot zu machen, geriet das positive Bild der DDR jedoch gefährlich ins Wanken. Nach der Anerkennung der DDR im Jahre 1973 wurde es möglich, das Land zu besuchen. Beobachter schwelgten in der 50er-Jahre-Atmosphäre, die das Land kennzeichnete, genossen das scheinbare Fehlen jeglichen Konsumstrebens sowie die Intensität der Gespräche und Begegnungen. Auch manch intime Beziehung wurde daraus, so daß es auffallend viele Eheschließungen mit anschließendem Ausreiseantrag gab. Viele niederländische Besucher warfen neidvolle Blicke auf die »Errungenschaften« der ostdeutschen Nischengesellschaft, ohne zu sehen, daß diese im wesentlichen der anhaltenden Waren- und Rohstoffknappheit sowie einer überbordenden staatlichen Kontrolle ihrer Bürger zuzuschreiben waren. Der Braunkohletagebau in der Brandenburger Lausitz, der Uranbergbau in Sachsen und das Chemiedreieck um Bitterfeld in Sachsen-Anhalt haben vor allem in den Jahren kurz vor dem Zusammenbruch der DDR im Westen den Eindruck erzeugt, daß Ostdeutschland ökologisch am Ende sei. Doch bizarrerweise sind gerade durch den enormen Geldmangel und die Knappheit in der DDR sehr viel mehr und sehr viel größere Naturlandschaften als im Westen erhalten geblieben. Die alten Straßen wurden kaum verbreitert, Flüsse wurden nicht begradigt oder umgeleitet, und die Natur wurde in sehr viel geringerem Umfang für Siedlungs- oder wirtschaftliche Zwecke ausgebeutet. Die großräumigen, intakten Naturgebiete, die unzähligen Alleen und die inzwischen herrlich restaurierten Dörfer und Städte vermitteln dem heutigen Besucher noch immer das Gefühl, eine Reise in die Vergangenheit anzutreten.

Die Sprache

Die Herkunft des Wortes »deutsch«

Das Wort »deutsch« kommt ursprünglich vom lateinischen *theodiscus*. Es taucht zum ersten Mal in einem lateinischen Text aus dem Jahre 786 auf und bezieht sich auf die germanische Sprache in England. Um das Jahr 1000 herum hielt dann der Begriff diutisk seinen Einzug. Anfänglich wurde er nur in Verbindung mit der Sprache benutzt, später jedoch immer öfter auch im Zusammenhang mit Land und Leuten. *Diutisk* stammt vom althochdeutschen Wort Thud ab und bedeutet soviel wie »Volk«. Aus *diutisk* sind *Deutsch, Duits, Diets* und *Dutch* hervorgegangen. »Niederländisch« heißt im Englischen *Dutch,* und englische Gelehrte waren es auch, die im 16. Jahrhundert das Hochdeutsche erstmals als *German* bezeichneten. Der alte Name für die deutsche Sprache war *Fränkisch,* doch als die Bevölkerung Frankreichs den Begriff im Mittelalter für sich reklamierte (*françois, francesche*), geriet dieser für das Deutsche aus der Mode und wurde durch »deutsch« ersetzt. Deutsch war die Sprache des Volkes und bezeichnete ursprünglich die Umgangssprache. In der Wissenschaft, im Klerus und bei der Obrigkeit sprach man Latein. Becanus, ein Gelehrter des 16. Jahrhunderts aus Hilvarenbeek, hatte eine spitzfindige Erklärung für die Herkunft des Wortes *Duits:* es käme von *Douts,* und das heiße einfach *de oudste taal,* die älteste Sprache.

Hochdeutsch und Niederdeutsch

Germania Magna bzw. *Germania Libera* umfaßte das Gebiet zwischen Rhein, Donau und Weichsel sowie Skandinavien. Zur Zeit der Römer war es größtenteils unerforscht, und da diese nie sonderlich weit darin vorgedrungen waren, blieb auch der Einfluß des Lateinischen verhältnismäßig gering. Dennoch haben die germanischen Stammessprachen und das Latein viele Wörter voneinander übernommen.

Zwischen 500 vor Christus und dem 3. Jahrhundert nach Christus fand im germanischen Sprachraum die erste oder auch »germanische« Lautverschiebung statt, bei der die germanischen Sprachen sich von der indogermanischen Ursprache lösten. In den Jahrhunderten danach kam es zur zweiten oder »hochdeutschen« Lautverschiebung, die im 7. Jahrhundert abgeschlossen war. Die sogenannte Benrather Linie – die in west-östlicher Richtung von der Gegend um Aachen über Benrath bei Düsseldorf, Wuppertal, Münden, Magdeburg und Wittenberg bis nach Fürstenberg/Havel im Norden Berlins verlief – bildete die fiktive Trennungslinie, die im germanischen Sprachraum das südliche Hochdeutsch vom nördlichen Niederdeutsch trennte.

Die Niederlande lagen nördlich der Benrather Linie, also sprach man dort Niederdeutsch. Die Begriffe »Niederdeutsch« und »Hochdeutsch« selbst wurden erstmals im 15. Jahrhundert in den Niederlanden benutzt und später ins Deutsche übernommen. Der Grammatiker Johann Bödiker (1641–1695) hatte noch eine andere Einteilung der Dialekte der höher gelegenen Gebiete Deutschlands: »Ich teile die teutsche Sprache, dasz ich itzt von der altteutschen und auch niederländischen nichts sage, inner Teutschland ab: 1. die niederteutsche, 2. oberteutsche, und 3. hochteutsche.« Viele Deutsche, auch hochgebildete, glauben fälschlicherweise, daß »hoch« und »nieder« Werturteile beinhalten und Hochdeutsch eine dem Niederdeutschen überlegene Sprache ist. Bei »hoch« und »nieder« handelt es sich jedoch einfach um geographische Bezeichnungen. Hochdeutsch wurde in den höhergelegenen südlichen Regionen gesprochen, Niederdeutsch dagegen in den Gebieten an den nördlichen Unterläufen der großen Flüsse.

Bei hochdeutschen Wörtern wurden unter anderem *p, t* und *k* nach Vokalen zu *f, s* und *ch*, nach Konsonanten oder am Beginn eines Wortes zu *pf, ts* (*z*) und *k*. Ein *p* nach einem *r* oder *l* wurde zum *f* (nicht zum *pf*). Das niederländische und niederdeutsche *ik, maken, dorp, dat, appel, pond* ist im Hochdeutschen »ich«, »machen«, »Dorf«, »das«, »Apfel« und »Pfund«. Für Niederländer und Deutsche ist es sehr einfach, sich den Wortschatz des Nachbarn selbst zusammenzubasteln. Niederländer müssen, um deutsche Wörter zu bilden, lediglich die Lautverschiebung nachträglich auf das Niederländische anwenden – Deutsche dagegen müssen die Lautverschiebung in der eigenen Sprache wieder rückgängig machen. Und wenn man außerdem noch weiß, daß beispielsweise das niederländische *o* und *t* im Deutschen oft *u* und *d* sind, kommt man mit ein paar einfachen Ersetzungsregeln in der Sprache des anderen schon ein ganzes Stück weiter. Das niederländische Wort *doek* z. B. wird dann einfach zu »Tuch«.

Das Hochdeutsche, wie es im Beamtenapparat des kaiserlichen Hofs in Prag geschrieben wurde, war von großem Einfluß auf die Schriftsprache. Als Luther sich im 16. Jahrhundert für seine Bibelübersetzung dieser Schriftsprache bediente, wurde sein geschriebenes Hochdeutsch auch in den Regionen, in denen bisher Niederdeutsch geschrieben und gesprochen worden war, rasch zur Norm. Die höchsten Gerichte befanden sich am kaiserlichen Hof, also im hochdeutschen Sprachraum, und der Süden gewann nach dem Niedergang der norddeutschen Hanse nicht nur wirtschaftlich stark an Bedeutung, sondern spielte auch auf kulturellem Gebiet eine Vorreiterrolle. Der niederdeutsche Adel und das gehobene Bürgertum aus dem niederdeutschen Sprachraum begannen sich deshalb in zunehmendem Maße in Richtung Süden zu orientieren. Alle nördlichen Staaten und Städte akzeptierten schließlich das Hochdeutsch, zunächst als Gelehrtensprache, im Laufe der Zeit jedoch auch als Standardsprache. Um 1700 herum hatte das Niederdeutsch als Schriftsprache ausgedient.

An den deutschen Höfen wurde – wie an den übrigen Herrscherhäusern Europas auch – Französisch gesprochen. Gegen Ende des 16. Jahrhunderts, im Zeitalter des Barock, wuchs der Einfluß des französischen Hofs noch, und viele junge Adlige reisten nach Frankreich, um ihre Allgemeinbildung zu verbessern. Wie der deutsche Adel über die deutsche Sprache dachte, illustriert eine Äußerung Karls V., von 1515 bis 1555 Kaiser des Heiligen Römischen Reichs: »Mit Gott rede ich Spanisch, mit Frauen Italienisch, Französisch mit Männern und Deutsch mit meinem Pferd.« Der preußische König Friedrich der Große (1712–1786), betrachtete 200 Jahre später das Hochdeutsch als eine plumpe, hölzerne Sprache, *une langue à demi-barbare* (eine Sprache für Halbbarbaren) und entschuldigte sich bei seinen Gästen für das sonderbare Kauderwelsch seiner Untertanen. Auch der Philosoph Leibniz (1646–1716) schrieb nicht auf hochdeutsch, sondern auf französisch und lateinisch.

Den gehobenen bürgerlichen Kreisen war der Zugang zu den Höfen mehr oder weniger verwehrt. Sie sahen auf das geistlose Geschwätz des französisch sprechenden Adels herab; bürgerliche Intellektuelle bildeten an den Universitäten eine eigene exklusive Gegenaristokratie des Geistes und bedienten sich bewußt des Deutschen als Schrift- und Verkehrssprache. Dadurch gewannen die Universitäten einen außerordentlich großen Einfluß auf die deutsche Schriftsprache.

Der Dreißigjährige Krieg (1618–1648) hatte eine enorme Zersplitterung des Reichs zur Folge. Es entstanden Dutzende von kleineren und größeren Staaten mit eigenen Hauptstädten und eigenen Höfen. Und weil es, anders als in Frankreich, England und Spanien, keinen zentralen Hof mehr gab, hat sich in Deutschland nie ein allgemein akzeptierter *upper-class*-Akzent der Herrschenden entwickeln können. Deutsche können ihren Stand nicht durch ihre Aussprache ausdrücken, und das ist unter anderem der Grund, weshalb sie mehr Wert auf Titel, Kleidung oder Statussymbole legen. In Deutschland gilt es geradezu als schick, das eigene Hochdeutsch mit dem Dialekt der Region oder der Stadt einzufärben, aus der man kommt, oder sogar untereinander Dialekt zu sprechen. Jeder zweite Deutsche beherrscht den Dialekt seiner Region. Bayerisch, Plattdeutsch, Berlinerisch, Schwäbisch oder Rheinländisch sind äußerst populär, nur das Sächsische hat ein negatives Image: der Historiker Arnulf Baring nannte den sächsischen Dialekt das »Idiom des deutschen Sozialismus«. Das dies einmal anders war, zeigt die Widmung in einem Wörterbuch des deutschen Schriftstellers und Sprachforschers Kaspar von Stieler (1632–1707): »Sie redeten so feines hochteutsch, als ob sie geborne Sachsen waren.«

Das Niederdeutsch oder Niedersächsisch hat letztlich nur als Dialekt überlebt. Es heißt jetzt »Plattdeutsch« und wird noch immer von etwa acht Millionen Menschen gesprochen. 1994 hat der Deutsche Bundestag die niederdeutschen Dialekte als Regionalsprachen anerkannt. Seit 1995 sind auch die ostniederländischen Dialekte (Gronings, Drents, Stellingwerfs und Twents), die von etwa anderthalb Millionen Menschen gesprochen werden, offiziell als Regionalsprache unter dem Sammelnamen *Neder-Saksisch* (Niedersächsisch) anerkannt. Die niedersächsischen Sprachen in den Niederlanden und in Deutschland ähneln sich in vielen Punkten, haben sich jedoch unter dem Einfluß der Standardsprachen stark auseinanderentwickelt. In den Niederlanden wird neben dem Niederländischen auch noch Friesisch gesprochen; das Sprachgebiet, in der offiziell zweisprachigen Provinz Friesland, umfaßt etwa 300 000 Menschen.

Niederländisch als eigene Kultursprache

Unter den Römern bildeten die Niederlande das *Germania Romana*. Später, als das Land von Burgund aus regiert wurde, war es starken Einflüssen aus dem französischen Sprachraum ausgesetzt. Im Mittelalter sprach man in den Niederlanden westlich der Ijssel Mittelniederländisch; östlich der Ijssel war die Verkehrssprache das Mittelniederdeutsch der Hansestädte, das bis tief nach Deutschland hinein gesprochen wurde. In dem auf die Niederlande hin orientierten kalvinistischen und mennonitischen Teil des deutschen Ostfrieslands war das Niederländische bis zum 19. Jahrhundert, als die Region an Preußen fiel, Schul- und Kirchensprache; und auch in der Grafschaft Bentheim war das Niederländische bis ins 19. Jahrhundert hinein Verwaltungs-, Kirchen- und Unterrichtssprache. Die ostniederländische Schriftsprache, die in Gelderland, Overijssel und Groningen geschrieben wurde, konkurrierte mit der flämischen (Brabanter) und holländischen Schriftsprache und unterschied sich nur wenig von dem im angrenzenden Norddeutschland gesprochenen und geschriebenen Hansedeutsch.

Von der niederländischen Sprache wird gesagt, daß sie in Flandern geboren wurde, in Brabant aufwuchs und in Holland ihre endgültige Gestalt erhielt. Bis zum 15. Jahrhundert stand die niederländische Schriftsprache vor allem unter dem Einfluß der südlichen Niederlande (das heutige niederländischsprachige Brabant und Flandern in Belgien). Nach der spanischen Eroberung Antwerpens 1585 ging die führende Rolle Brabants auf die nördlichen Niederlande über. Während des Achtzigjährigen Kriegs gegen die Spanier Ende des 16. Jahrhunderts fanden etwa 100 000 Flüchtlinge ihren Weg in den Norden. Diese sogenannten »Flamen« kamen aus dem heutigen Belgien und Nordfrankreich und fanden Unterschlupf in Städten wie Amsterdam, Haarlem, Leiden, Middelburg und Gouda. Die meisten von ihnen gehörten zu den höheren Kreisen und zur Mittelschicht, und sie brachten ihre Sprache, ihr Wissen, ihr Kapital und ihre Macht mit. Ihre Sprache hat lange Zeit einen Stempel auf die niederländische Schriftsprache gedrückt, denn das Übernehmen von Wörtern aus einer Sprache in eine andere geschieht stets aus der Sprache, die Macht und Autorität hat. Das heutige Niederländisch verfügt immer noch über eine Vielzahl von Wörtern aus dem Brabantischen jener Tage, die jedoch für unsere Ohren etwas zu vornehm und altmodisch klingen und meist nur noch in der Schriftsprache Anwendung finden:

Brabantisch	Holländisch	Deutsch
fraai	*mooi*	schön, hübsch
gaarne	*graag*	gern
gelijk	*zoals*	wie
gij	*jij, u*	du, Sie
heden	*vandaag*	heute
heffen	*optillen*	heben
huwen	*trouwen*	heiraten
lieden	*lui*	Leute
lommer	*schaduw*	Schatten
reeds	*al*	schon
spoedig	*gauw*	bald
wenen	*huilen*	weinen
werpen	*gooien*	werfen
zenden	*sturen*	senden, schicken

Ab 1582 wurden alle Verordnungen der Generalstaaten auf niederländisch erlassen. Das Französische hatte damit als Norm ausgedient und wurde bis tief ins 19. Jahrhundert hinein nur noch am Hof des Statthalters und der Könige gesprochen. Benedict Anderson behauptet: »Der Druckschrift-Kapitalismus schuf Sprachen der Macht. Bestimmte Dialekte standen zweifellos näher bei der betreffenden gedruckten Sprache und hatten einen entscheidenden Einfluß auf ihre letztendliche Form.« In den Niederlanden war dies das Holländische, der Dialekt, der in der mächtigen Provinz Holland gesprochen wurde. Im Lauf des 17. Jahrhunderts wird diese Sprache zur Norm. Der Sprachwissenschaftler J. Verdam-Stoett behauptet, daß, im Gegensatz zum Deutschen, das Niederländische in den Niederlanden wild gewachsen sei – als Sprache der Kaufleute, Bauern, Seeleute und

Pfarrer. Adlige Kreise am Hofe oder kaiserliche Gerichte hätten darauf keinen Einfluß gehabt, wohl aber Brabanter Emigranten wie etwa der Dichter Vondel.

Das Niederländisch hat sich im *Gouden Eeuw*, dem Goldenen Jahrhundert, also der Blüteperiode der Republik der Vereinigten Niederlande, zu einer Kultursprache mit internationaler Ausstrahlung entwickelt. Dennoch hat die Republik ihre Sprache, außer in Surinam, nicht in den niederländischen Kolonien hinterlassen. Für die absoluten Monarchen der übrigen Kolonialmächte in Europa waren Sprache und Kultur Machtinstrumente ihrer Kolonialpolitik. In der Republik war der Kolonialhandel privat organisiert, und die Kaufleute kümmerte es nicht, in welcher Sprache und Kultur sie ihren Geschäften nachgingen. Der Beamte Maetsuyker schrieb im Jahre 1674 aus Indonesien: »Die Fortführung der niederländischen Sprache [...] haben wir durchweg beherzigt [...], doch bisher, so scheint es, war alles vergeblich, da die portugiesische Sprache dagegen andringt und hinlänglich die Überhand behält, meist durch Dummheit unserer eigenen Niederländer, die es für eine so große Ehre halten, eine Fremdsprache sprechen zu können.«

Die niederländische Übersetzung der Calvin-Bibel aus dem Jahre 1637, die sogenannte *Statenvertaling*, hat großen Einfluß auf das Niederländisch gehabt. In der Republik war der Kalvinismus die dominierende Religion, und niederländische Kalvinisten studierten Gottes Wort auf das genaueste. Kinder wurden mit der Bibel erzogen, in vielen Familien wurde dreimal am Tag die Bibel gelesen. Nicht nur die Reformierten, sondern auch diejenigen, mit denen sie umgingen, übernahmen zahlreiche Worte und Ausdrücke aus der »Sprache Kanaans«.

Das heutige gesprochene Niederländisch der Flamen unterscheidet sich vor allem deshalb von dem der Niederländer, weil die Flamen katholisch geblieben sind und die niederländische Bibelübersetzung nicht kannten oder lasen. Außerdem hat ihr Niederländisch bis in die 60er Jahre des 20. Jahrhunderts hinein unter der Bedrohung und Unterdrückung durch das Französische gelitten. In der ersten Hälfte des 19. Jahrhunderts sprachen nur 15 Prozent der »Belgier« französisch, heute sind es etwa 40 Prozent. Die französisch-niederländische Sprachgrenze verläuft quer durch Belgien. Flandern ist seit Mitte des 19. Jahrhunderts die Bezeichnung für den nördlichen, niederländischsprachigen Teil, der südliche französischsprachige Teil Belgiens heißt Wallonien. Brüssel ist offiziell zweisprachig, wird jedoch, als »europäische Hauptstadt«, immer französischsprachiger. So etwas wie einen Sprachenstreit, in dem die Flamen gelernt haben, für ihre Sprache zu kämpfen, ist den Niederländern unbekannt. Im gesamten niederländischsprachigen Teil Belgiens gibt es blühende »Diktiervereine« mit einer Rechtschreibkultur auf Wettkampfniveau. So ist es denn auch kein Wunder, daß es jahrein jahraus immer wieder die Flamen sind, die am Abend des *Groot Dictee der Nederlandse Taal* (Großes Diktat der niederländischen Sprache) den Sieg davontragen.

Bis tief ins 19. Jahrhundert hinein wurde Niederländisch (die verkürzte Form für Niederländisch-Deutsch) vor allem *Neder-Duits,* »Niederdeutsch«, genannt. »Vom Hochdeutschen ins Niederdeutsche übersetzt« hieß es beispielsweise in Büchern, die aus dem Deutschen übertragen wurden. Selbst der niederländische Dichter und Gelehrte Willem Bilderdijk bezeichnete in seiner »Nederlandsche Spraakleer« aus dem Jahre 1826 das Niederländische als »unser Niederdeutsch«. Als es dem Hochdeutsch im Verlauf des 18. Jahrhunderts in Deutschland definitiv gelungen war, das Niederdeutsche auch als gesprochene Sprache zu verdrängen, begann man dort, das Niederdeutsch, daß in den Niederlanden gesprochen und geschrieben wurde, als *Holländisch* zu bezeichnen und in ihm einen ursprünglich deutschen Dialekt, eine Art degeneriertes Hochdeutsch, zu sehen. Deutsche Intellektuelle äußerten sich im 18. und 19. Jahrhundert ebenso herablassend über den »Holländer« als die Verkörperung des beschränkten Kleinbürgers wie über seine Sprache, das »Holländische«:

> »Ihre Sprache ist versumpft und in Gurgellauten ausgeartet, ihr Geist ist nur der feuchte Niederschlag des Deutschen mehr.« (Ludolf Wienbarg, 1802–1872)

> »Für die niederländische Sprache gilt, daß sie irgendeinmal in Herrengesellschaft gegen drei Uhr am Morgen erfunden worden sei. Ihre Grundlage ist tölpelhaft. Wie tief dieses Tölpelhafte wurzelt, sieht man auch an der besonderen Art, wie Holländer falsch deutsch reden oder schreiben.« (Hermann Graf Keyserling, 1855–1918)

Johann Gottfried Herder (1744–1803) meinte, es sei unmöglich, Homer ins Niederländische zu übersetzen, »ohne ihn zu travestieren«.

August Wilhelm Schlegel (1767–1845) gestand, eine solche Abneigung gegen das Niederländische zu haben, »daß mir davor ekelt, ein holländisches Buch nur in die Hand zu nehmen. Indessen wären selbst in diesem Misthaufen vielleicht Perlen zu finden, womit wir unsere eigene Sprache schmücken könnten; wer nur Geduld hätte, sie heraus zu suchen.«

»Der Esel kommt mir vor wie ein Pferd ins Holländische übersetzt.« (Georg Christoph Lichtenberg, 1742–1799)

»Natürlich gibt es keine niederländische Oper! Wer hätte jemals etwas von niederländischen Komponisten, Sängern oder Sängerinnen gehört. Die Sprache, wenn sie gesungen würde, hätte einen unüberwindlich komischen Effekt.« (Albert Wild, 1862)

Heinrich Heine (1797–1856) konstatierte mit Erstaunen, daß Niederländer ihre Sprache als das ursprünglichere Deutsch betrachteten, und sah sich zu dem folgenden Seitenhieb genötigt: »Die Affen sehen auf die Menschen herab wie auf eine Entartung ihrer Rasse, so wie die Holländer das Deutsche für verdorbenes Holländisch erklären.«

Ähnliche Urteile ließen sich in den Niederlanden jedoch auch über die deutsche Sprache hören. So bezeichnete Willem Bilderdijk 1825 das Hochdeutsch als »Auswurf eines mangelhaften Deutsch, mit verschiedenen Dialekten aus dem Sorbischen und Lettischen angereichert, unverdaut und unverarbeitet wieder ausgekotzt und aufgetischt«.

Noch immer assoziieren Deutsche den Klang der niederländischen Sprache mit den plattdeutschen Dialekten aus dem Norden Deutschlands und finden sie »ulkig« oder »süß«. (Niederländer denken ähnlich über das in Südafrika gesprochene Afrikaans.) Man hat jedoch Mühe damit, eine Sprache wie das Niederländische, das in amtlichen und wissenschaftlichen Verlautbarungen und sogar in Regierungserklärungen »Dialektwörter« benutzt, ernst zu nehmen. Wörter wie *fiets* (Fahrrad), *bromfiets* (Moped), *mens-erger-je-nieten* («Mensch ärgere dich nicht« spielen), *badmintonnen* (Badminton spielen) sowie die vielen Verkleinerungswörter und idiomatischen Wendungen verleihen der niederländischen Sprache für deutsche Ohren etwas von einer Kindersprache.

Über die Herkunft des Wortes *fiets* herrschte lange Zeit Unklarheit. Jetzt vermutet man, daß *fiets* vom deutschen Wort *Zentrifuge* stammt. Diese aus Deutschland eingeführte Maschine wurde in Limburg und Brabant zur Butterherstellung benutzt und wurde mit zwei Fußpedalen angetrieben. Das Wort hierfür wurde wie *fidsche* ausgesprochen, und daraus hat sich fiets entwickelt, denn damals gab es noch kein gutes Wort für das Fahrrad, das schließlich auch zwei Pedale hatte.

Erst im Laufe des 19. Jahrhunderts gehen die Niederländer offiziell dazu über, ihre Sprache »Niederländisch« zu nennen; der bis dahin gebräuchliche Begriff »Niederdeutsch« geht verloren. Interessant ist vor diesem Hintergrund die heutige Entwicklung. Die Erfahrung lehrt, daß viele Ausländer die Begriffe *Dutch* und *Deutsch* durcheinanderbringen – verständlich, wenn man bedenkt, daß in »The New Lexicon Webster's Dictionary« von 1991 »Hochdeutsch« und »Niederdeutsch« noch als *High Dutch* und *Low Dutch* bezeichnet werden. Um Mißverständnissen vorzubeugen, haben eine ganze Reihe von Institutionen und Organisationen deshalb das Wort *Dutch* durch *Netherlands* ersetzt. Die Nederlandsche Bank heißt im Englischen offiziell *The Netherlands Bank,* das Außenministerium *Netherlands Ministry of Foreign Affairs,* die Niederländische Übersetzervereinigung *Netherlands Society of Translators* und Nijenrode University nennt sich *The Netherlands Business School.*

Bis in die 60er Jahre hinein war die Aussprache des früheren *Algemeen Beschaafd Nederlands,* also des Standard-Niederländisch, durch den zu vollen Vokal und eine fast unerträgliche Kultiviertheit gekennzeichnet. Wer diese Sprache nicht beherrschte, konnte in der Radiostadt Hilversum nicht vor das Mikrophon treten. Jüngere Generationen empfanden die Diskriminierung aufgrund der Aussprache als Übel und kokettierten mit einer Art herausgeputzter »Gossensprache«. Inzwischen haben sich die Grenzen, insbesondere durch den Einfluß der Medien, in Richtung einer »normalen Sprache« verschoben. In den Schlagzeilen der Tages- und Wochenpresse wird mittlerweile gern von dieser Toleranz gegenüber dem Straßenjargon Gebrauch gemacht: *Bouwvakkers bereid de hele klerezooi plat te gooien* (Bauarbeiter bereit, den ganzen Rotz plattzumachen), *Niet lullen jongens, gewoon poetsen* (Nicht labern, Jungs, sondern putzen), *Strontoverschot leidt tot grappen onder politici* (Scheißeüberschuß führt zu Späßen unter Politikern), *Wie niet mee wil doen, sodemietert maar op* (Wer nicht mitmachen will, soll bloß abhauen).

Die Aussprache des jetzigen Standard-Niederländisch paßt sich immer mehr der Umgangssprache in der Randstad, also der Region um Rotterdam, Den Haag, Leiden, Amsterdam und Utrecht, an. Das rollende r ist auf dem Rückzug und wird nur noch in der Gegend um Amsterdam und im belgischen Flandern gesprochen. Das »faule«, hinten im Rachen gebildete *r* hat dafür das Rennen gemacht. Das stimmhafte *v* entwickelt sich allmählich – ein Graus für das *Algemeen Beschaafd Nederlands* – zum *f*, in die Richtung einer stimmlosen Aussprache, an der die Stimmbänder nicht mehr beteiligt sind. Standard-Niederländisch ist dem flämischen Soziolinguisten Hans van de Velde zufolge »die Sprache der intellektuellen Mittelschicht jenseits des häuslichen Rahmens«. Der Adel kann sich in den Niederlanden noch immer durch zu volle Vokale oder Wortwahl (*grootmámá* statt *oma*, *taartje* statt *gebakje* [Tortenstück]) vom Normalbürger unterscheiden. Der Sprachwissenschaftler Coenraad van Haeringen sagte dazu im Jahre 1924 folgendes: »Gutes, kultiviertes Niederländisch spricht der, bei dem man nicht heraushören kann, aus welcher Gegend er kommt.« Und letzteres gilt noch immer und nahezu ausschließlich für die Regentenklasse. Die Bewohner der südlichen Landesteile und Flanderns halten an ihrem *zachte g*, ihrem »weichen g«, fest, das irgendwo zwischen dem deutschen ch und dem j liegt. Die Flamen betrachten die Niederländer als das schroffste Volk, das den Erdball bevölkert, und achten darauf, nicht wie sie zu sprechen; sie halten an ihrer eigenen Aussprache und Wortwahl fest.

Deutsche Einflüsse auf das Niederländische

Bis auf die Luther-Bibel im 16. Jahrhundert sind die sprachlichen Einflüsse des Deutschen auf die niederländische Sprache begrenzt geblieben. Niederländer zeichnen sich durch eine Phobie vor Germanismen aus, die als »verwerflicher deutscher Einfluß« gelten. Auch wenn die Sprache von Gallizismen und Anglismen nur so wimmelt, die »holländische Sprachlinie« wird bis aufs Blut verteidigt, um sie vor fremden, germanistischen Flecken zu schützen. Die niederländische Sprache kennt zwar die Wortpaare »anglophil« / »anglophob« bzw. »frankophil« / »frankophob«, jedoch nicht das Wortpaar »germanophil« und »germanophob«. Die Vorliebe für alles, was deutsch ist, findet man »manisch«, das Substantiv dazu heißt »Germanomanie«. Der *horror germanismi* kommt auf treffende Weise in dem Stoßseufzer eines Leserbriefschreibers in der »Volkskrant« aus dem Jahre 1990 zum Ausdruck: »Germanismen? Gott bewahre! Dann lieber falsches Niederländisch.«

In *Rondedans om een doodskist* (Reigen um einen Sarg), einem Gedicht aus dem Jahre 1820, warnt der Dichter Willem Bilderdijk bereits vor der »Mofferei«, vor hochdeutschen Einflüssen:

Nun mit neuer Kraft und Macht
Das Zerstörungswerk vollbracht.
Maß und Ton und viel Verstand,
Verlor'n, verbannt aus diesem Land!
Jauchzet nun, Poetenschaft:
Mit dem Hollandsch ist's vorbei,
Glänzet jetzt durch Mofferei,
Scholastier'n mit neuer Kraft!

Im Deutschen läßt sich ohne weiteres ein ungebeugtes Adjektiv mit einem Substantiv verbinden (Dunkelkammer, Großstadt, Neueinstudierung, Trockenzeit), während man im Niederländischen hierfür Wortgruppen bevorzugt *(donkere kamer, grote stad, het opnieuw instuderen, droge tijd)*. Dennoch ist der Kopplungsmechanismus auch im Niederländischen bereits seit Jahrhunderten aktiv: *nieuwbouw* (Neubau), *hoog- en laagbouw* (Hoch- und Tiefbau), *rauwkost* (Rohkost). Auch Vor- und Nachsilben werden im Niederländischen, wie im Deutschen, gern gebraucht: *sfeervol* (stimmungsvoll), *stijlvol* (stilvoll), *clichématig* (klischeehaft), *vakmatig* (fachmännisch), *cijfermatig* (zahlenmäßig), *watergekoeld* (wassergekühlt), *doorsneeprijs* (Durchschnittspreis), *neveneffect* (Nebeneffekt), usw. Vor allem niederländische Werbetexter greifen dankbar zu dieser sprachlichen Möglichkeit.

Das Deutsche sucht häufig seine Zuflucht zur sprachlichen Synthese, um komplexe Beugungsformen zu vermeiden: »Zeitarbeitsvermittlungsbüro« oder »Prüfungsgebührenbefreiung«; würde es diese Möglichkeit nicht geben, müßte es »Büro für die Vermittlung von Zeitarbeit« bzw. »Befreiung von der Zahlung der Prüfungsgebühren« heißen. Im Niederländischen läßt sich dieses synthetische Prinzip nicht immer gleichermaßen »schamlos« anwenden, dennoch ist die Sprache durchaus empfänglich für solche Konstruktionen, wie bereits am Wort *voetbalsupportersvandalismebestrijding* (Fußballanhängervandalismusbekämpfung) deutlich wird.

Auch die starke Vorliebe der Deutschen für die Substantivierung von Verben ist im Niederländischen auf dem Vormarsch: *het denken* (das Denken), *het gebeuren* (das Geschehen), *het weten* (das Wissen). Und trotz des anfänglichen Widerstands gegen – inzwischen längst eingebürgerte – Wörter wie

> *aanhangwagen* (Anhänger), *alleenverkoop* (Alleinvertrieb), *autosnelweg* (Autobahn), *beduidend* (bedeutend), *beïnvloeden* (beeinflussen), *benadrukken* (den Nachdruck legen), *buitendienst* (Außendienst), *eenakter* (Einakter), *geëigende* (geeignete), *geldontwaarding* (Geldentwertung), *hoogwaardig* (hochwertig), *inboeten* (einbüßen), *inzet* (Einsatz), *klassieker* (Klassiker), *liefdesbrief* (Liebesbrief), *meerdere* (mehrere), *minstens* (mindestens), *noodgedwongen* (notgedrungen), *opgave* (Aufgabe), *opvallend* (auffallend), *parlementariër* (Parlamentarier), *regelmatig* (regelmäßig), *school maken* (Schule machen), *speciaalzaak* (Spezialgeschäft), *spervuur* (Sperrfeuer), *stekker* (Stecker), *spitsuur* (Verkehrsspitzenzeit), *toename* (Zunahme), *voorwoord* (Vorwort), *warenhuis* (Warenhaus)

schleichen sich auch jetzt noch regelmäßig solche »Germanismen« in die niederländische Sprache ein:

> *aansprekend* (ansprechend), *afbouwen* (abbauen), *begeestering* (Begeisterung), *bemerken*, *doordrukken* (durchdrücken), *doorvoeren* (durchführen), *eerstens*, *gelijkberechtiging* (Gleichberechtigung), *glanzend* (glänzend), *inschatten* (einschätzen), *steekwoord* (Stichwort), *de tachtiger jaren* (die 80er Jahre), *totaalbeeld* (Gesamtbild), *uitproberen* (ausprobieren), *voorradig* (vorrätig), *vrouwvijandig* (frauenfeindlich), *wetenschapper* (Wissenschaftler).

Aus dem deutschen Wortschatz des Zweiten Weltkriegs haben nur wenige Wörter einen allgemein akzeptierten Platz in der niederländischen Sprache erhalten. *Bunker* hat das Wort *kazemat* verdrängt und *blindganger* den *doodloper.* Auch das Wort *kwark* findet sich erstmals 1943 verzeichnet, als Ersatz für wrongel. Dennoch wurden während des Kriegs eine ganze Reihe deutscher Wörter benutzt, die heute als Besatzungsvokabular betrachtet werden, von denen aber viele nach der Besatzung wieder in Vergessenheit geraten sind, Wörter wie: *afwerpterrein* (Abwurfterrain), *arbeidsinzet* (Arbeitseinsatz), *arbeidskamp* (Arbeitslager), *arisering* (Arisierung), *Ausweis*, *Endlösung*, *Führer*, *nazi*, *Oostfront*, *spergebied* (Sperrgebiet), *spertijd* (Sperrstunde), *stoottroepen* (Stoßtruppen), *V-man.* Als die Deutschen die Niederlande besetzten, ließen sie alle STOP-Schilder entfernen und durch HALT-Aufforderungen ersetzen, weil Stop angeblich Englisch sei. Nach der Besatzung wurde alles wieder ordnungsgemäß in STOP zurückverwandelt.

Unter welchen Voraussetzungen benutzen Niederländer dennoch vorzugsweise deutsche Lehnwörter (die sich entweder groß oder klein geschrieben eingebürgert haben)?

1. Wenn es kein Äquivalent gibt: *aha-erlebnis, draufgänger, einzelgänger, langlaufen, müsli, salonfähig, schmieren, schwalbe* (beim Fußball), *weltschmerz.*
2. Um durch Lauteigenschaften die Wortbedeutung zu verstärken: *Ausweis, Aufmachen!, Fremdkörper, gefundenes Fressen, zum Kotzen, Kampfgeist, rücksichtslos, het is schluss!*
3. Wenn das deutsche Wort international gebräuchlich ist: *fundi, Gründerzeit, Wende, Wessi, Ossi.*
4. Um Ironie auszudrücken: *gründlich, Lumpenproletariat, Macher, Übermensch.*
5. Zur Verlebendigung der Sprache: *an sich, Augenweide, ausdauer, ins Blaue hinein, fundgrube, sowieso, überhaupt.*
6. Wenn das deutsche Wort kürzer ist als das umschreibende niederländische Äquivalent: *Angstgegner, Fremdkörper, Schönfilmerei, Schöngeisterei, Fingerspitzengefühl.* Für den letzten Begriff kann man hier und da bereits das niederländische Wort *vingertoppengevoel* hören.

Der Sprachwissenschaftler Jan Kuitenbrouwer behauptet, daß die deutsche Sprache bei niederländischen Jugendlichen wieder salonfähig werden könne, da die Aversionen gegen das Deutsche zusammen mit dem allmählichen Aussterben der Kriegsgenerationen im Verschwinden begriffen sei. Und manchmal erfinden Niederländer sogar neue Wörter, die wie Deutsch klingen, es aber nicht sind: *im Frage* (statt: in Frage, denn im klingt irgendwie »deutscher«), *unheimisch* (eine Kreuzung aus »unheimlich« und »heimisch«) oder *Wichtigmacherei.*

Niederländische Einflüsse auf das Deutsche

In der Alamodezeit, wie die Zeitspanne zwischen 1600 und 1800 in Deutschland auch genannt wird, drohte das Französisch als Kultur- und höfische Sprache das Hochdeutsch im territorial zersplitterten Deutschland zu überflügeln. An den deutschen Höfen galten die Sitten und Moden des französischen Hofs, im Zuge der Hugenottenkriege suchten viele französische Flüchtlinge aus den niederen Ständen Asyl in deutschen Landen, und als Folge des Dreißigjährigen Kriegs trieb sich viel ausländisches Soldatenvolk in Deutschland herum. Nicht nur die gebildeten Schichten begannen sich des eindringenden Französisch zu bedienen, auch in die Sprache des gewöhnlichen Volks sickerten immer mehr französische Ausdrücke ein. Als Voltaire sich am preußischen Hof Friedrichs des Großen aufhielt, schrieb er 1750: »Ich bin hier in Frankreich, man spricht unsere Sprache, das Deutsch ist nur für die Soldaten und Pferde.«

Deutsche Dichter und Schriftsteller wie Gryphius, Opitz und von Zesen haben sich im 17. Jahrhundert dafür eingesetzt, den Einfluß des Französischen zurückzudrängen. So preist etwa Opitz den niederländischen Dichter Daniel Heinsius als Retter der »teutschen Poesy«, als den, der »unsre Muttersprach in ihren werth gebracht« hat. »Ich auch, weil ihr mir seyt im Schreiben vorgegangen, was ich für Ruhm und Ehr durch Hochteutsch werd erlangen, will meinem Vatterlandt bekennen, ohne scheu, das eure Poesy der meine Mutter sey.« Sie hatten in der Republik der Niederlande studiert, gelebt und gearbeitet, waren dort Mitglied der sogenannten *Rederijkerskamers* gewesen – einflußreiche literarische (und politische) Vereinigungen –

und hatten für ihre Übersetzungen der Werke niederländischer Dichter und Schriftsteller eine große Anzahl niederländischer Ausdrücke eingedeutscht, u.a. Abstand *(afstand)*, Augenmerk *(oogmerk)*, Bollwerk *(bolwerk)*, Bücherei *(boekerij)*, Gegenfüßler (*tegenvoeter* = Antipode), Sinnbild *(zinnebeeld)*, Staatsmann *(staatsman)*, Trauerspiel *(treurspel)*, Wörterbuch *(woordenboek)*, Wissenschaft *(wetenschap)*. Eine Reihe mathematischer Begriffe wurde aus didaktischen Gründen Ende des 16. Jahrhunderts von dem flämischen Flüchtling Simon Stevin verniederländischt und kurz darauf auch eingedeutscht: *middellijn* (Mittellinie) statt Diameter, *driehoek* (Dreieck) statt Triangulum, *gelijkbenig* (gleichschenklig) statt isosceles. Auch wurden über die Jahrhunderte hinweg von allen Weltsprachen, also auch vom Deutschen, viele maritime Ausdrücke sowie Begriffe aus der Wasserwirtschaft aus dem Niederländischen übernommen: baggern, Brackwasser, Brandung, Deich, Düne, Dünung, Ebbe, Gracht, Küste, Pumpe. Ferner Wörter wie Bier, Branntwein, Pottasche, die Käsesorten Gouda und Edamer, die Apfelsorte Boskop, Bakelit (nach dem in Gent geborenen Erfinder Leo H. Baekeland) sowie Fischnamen wie Anchovis, Bückling, Garnele, Hai, Kabeljau, Matjeshering, Makrele oder Pottfisch. Aus dem Niederländischen stammen schließlich auch Begriffe wie Börse *(beurs)*, Droge *(drug)*, Fernglas *(verrekijker)*, Flagge *(vlag)*, Frikadelle *(frikadel)*, Gardinenpredigt *(gordijnpreek)*, Hast *(haast)*, Imker *(imker)*, Jaß (*klaverjassen* = ein Kartenspiel), Kakadu *(kaketoe)*, Kakerlak *(kakkerlak)*, Kork *(kurk)*, Krapp (*krap* = eine Färberpflanze), Lackmus *(lakmoes)*, Muff *(mof)*, Reiter *(ruiter)*, Waffel *(wafel)* und Walroß *(walrus)*.

Darüber hinaus hat das Niederländische großen Einfluß auf den Berliner Dialekt gehabt. Nach einer Reihe furchtbarer Hochwasserkatastrophen im 12. Jahrhundert, bei der die niederländische Provinz Zeeland zum Archipel wurde und das Wattenmeer, die Zuidersee, das friesische Seengebiet sowie der Beemster-, Schermer- und Purmersee entstanden, zogen viele Bauern aus Zeeland, Holland und Friesland fort. Sie ließen sich unter anderem in The Walsh in England, im Mündungsgebiet der Gironde in Frankreich sowie in Bremen, Hamburg und in Obergeldern nieder. Auf Einladung der Markgrafen zu Brandenburg zogen sie bis ins 16. Jahrhundert hinein zu Tausenden ins Elbegebiet und die Gegend rund um Berlin, um dort die Moorgründe urbar zu machen, Deiche zu bauen, Sümpfe trockenzulegen und Flüsse zu kanalisieren. Sie wollten nicht als Hörige gelten und erhielten ausgezeichnete Niederlassungsbedingungen, Erbrechte, persönliche Freiheiten und Steuerrabatte. Im Berliner Dialekt sind eine Reihe niederländischer Spracheigenheiten erhalten geblieben. Berliner sagen nicht *ich*, sondern *icke* (niederländisch *ik*), nicht *auch,* sondern *ooch* (von *ook*), *koofen* statt *kaufen* (im Niederländischen: *kopen*), *Ooge (oog)* statt *Auge* sowie *dat* und *wat* statt *das* und *was.* Der deutsche *ei*-Laut ist im Berlinerischen wie im Niederländischen oft *ee*: *keene (geen)*, *weeß (weet)* und *Meester.* Auch der Name der Hügellandschaft Fläming, an der Grenze zwischen Brandenburg und Sachsen-Anhalt, stammt von den Kolonisten, die hier nach dem *ius flamingorum* im 12. Jahrhundert angesiedelt wurden.

Gemeinsamkeiten der beiden Sprachen

Niederländisch und Deutsch sind Schwestersprachen. Diese Verwandtschaft macht es den Niederländern und Deutschen besonders leicht, sich wenigstens ein passives Wissen über die Sprache des anderen anzueignen. Sie brauchen dabei nur ein paar einfache Regeln zu beachten:

> Wenn man das niederländische oder deutsche Wort nicht kennt, benutze man einfach dasselbe Wort in der eigenen Sprache oder dessen wörtliche Übersetzung. Das gilt für etwa 80 Prozent des niederländisch-deutschen Wortschatzes. Englische und französische Lehnwörter können in beiden Sprachen verwandt werden. Die Deutschen müssen alle Umlaute weglassen, und die Niederländer müssen die Pünktchen wieder draufsetzen. Eine niederländische Juristin brachte ihre Probleme mit dem Deutschen zum Ausdruck, als sie seufzte: »Im Deutschen weiß man nie, ob *Umläute* drauf müssen oder nicht!« Für Niederländer ist Deutsch wegen seiner komplizierten Beugungsformen und Pluralbildungen die »Mathematik der Sprachen«. Der niederländische Soziologe Chorus hat in den 1960er Jahren die Ansichten der Niederländer über die deutsche Sprache untersucht. Sein Fazit: »Die hochdeutsche Sprache ist schwerfällig, umständlich, bombastisch, mustergültig, bühnengerecht, in komplizierten Konstruktionen künstlich, in der korrekten Diktion und Akzentuierung der flektierten Formen dienstlich, schneidend oder zackig. Die deutsche Sprache

hat sogar in der einfachen Konversation etwas Didaktisches und Belehrendes.« Deutsch gilt außerdem als Synonym für *schwere Wörter* – so auch der Titel eines früher vielbenutzten Wörterbuchs deutscher Idiome.
Deutsche, die Schwäbisch, Alemannisch oder einen anderen, vom Hochdeutsch abweichenden Dialekt sprechen, haben keine Probleme mit der Schreibweise des niederländischen *ij* bzw. *ei* (die beide gesprochen werden wie *äi*). Um sie voneinander zu unterscheiden, werden sie als *lange ij* und *korte ei* bezeichnet. Das *ij* ist nur piktographisch länger, nicht aber in der Aussprache. Wörter mit einem *lange ij* werden im Schwäbischen wie *äi* ausgesprochen (*schrijven* = schräibe), Wörter mit einem *korte ei* dagegen wie *ai* (*heilig* = hailig).

In dem nachfolgenden Gedicht der niederländischen Teilnehmerin eines Abendkurses des Goethe-Instituts kommt die Angst der Niederländer vor der komplexen deutschen Grammatik – und Orthographie – schön zum Ausdruck:

Der Deutschkurs

Die Wörter die, das und der
machen die Deutsche Sprache sehr schwer.
Die Fälle eins, vier, drei und zwei
sind auch wohl immer irgendwo dabei.
Aber ein n hinter dem Adjektiv is meistens gut,
Doch nicht wenn man das bei állen Geschlechtern tut.
Was halten Sie von: wo, wohin, woher?
Und wir gehen ins Gebirge, aber ans Mer?
Wir fahren in die Schweiz, aber aus den Vereinigten Staten,
Ach manchmal soll man auch nur etwas raten.
Das kann man müssen und das kan man sollen,
ich bleibe denn noch lieber bei wollen.

Die Gans, die Gänze, die Katze, die Katzen, der Baum, die Bäume
Ja, von dem Mehrzahl kriegt man noch bösen Träume.

Wen, wem, wer?
Fragen nach jemandem ist auch noch ziemlich schwer.
Ist er in bewegung, oder steht er still?
Ich frag mir, nein mich, warum ich Deutsch lernen will.

Ein alter niederländischer Germanistenwitz über die Präposition »in« in Verbindung mit dem Kasus problematisiert diese Angst:

> Zwei Männer rudern auf der Elbe. Einer von ihnen fällt ins Wasser. Fällt er in *die* Elbe oder in *der* Elbe? In der Elbe, denn es ist *da tief.* Sie rudern weiter, nachdem der Mann wieder ins Boot geklettert ist, aber er fällt wieder ins Wasser. Fällt er in *die* Elbe oder in *der* Elbe? In der Elbe, denn es ist der *zweite Fall.* Er klettert wieder ins Boot, und sie rudern weiter. Landen sie in *die* Ostsee oder in *der* Ostsee? In die Nordsee!

Manchmal ist die Angst bei Niederländern so groß, daß sie lieber überhaupt nichts mehr sagen oder auf Englisch umschwenken.

Natürlich sind Grammatikkenntnisse wichtig. Für den niederländischen Leser ist es nützlich, den Unterschied zwischen »die Macht der Gewohnheit« und »das macht die Gewohnheit« zu kennen. Wer sich jedoch in der Sprache einfach nur unterhalten will, kann ungeniert alle Sorgen fahren lassen. »Die Stuhl worauf die Mann sitzt steht in die Ecke« ist grammatikalisch natürlich nicht ganz korrekt, doch dieses »schlechte« Deutsch wird von den Deutschen selbst ausgezeichnet verstanden, besser sogar noch als manche deutschen Dialekte. Das Hochdeutsch besticht durch seine Regeln, doch deutsche Dialektsprecher stören sich kaum an ihnen. »Nisch mit die Füße auf die Bank!« sagt der Schaffner im Zug in der Gegend von Duisburg. Und aus dem Wuppertaler Dialekt kommt das folgende: »Komm bei misch bei und spiel mit misch, dann lern isch disch wat Deutsch.«

Deutsche und Niederländer können die jeweils andere Sprache auch deshalb leicht erlernen, weil der Satzbau nahezu identisch ist. Im Niederländischen steht das Verb, ebenso wie im Deutschen, am Ende des Satzes. Deutsch und Niederländisch sind so faszinierende Sprachen, weil sie sich – anders als das Englische, das schon gleich am Satzanfang ausplaudert, worum es sich dreht – die wichtigste Information, die im Partizipium verborgen liegt, bis zum Schluß aufheben. Romanischsprachige und Engländer haben über die Jahrhunderte hinweg immer wieder darüber geklagt. Der amerikanische Schriftsteller Mark Twain hatte nicht sehr viel für die deutsche Sprache übrig und machte ein paar abfällige Bemerkungen darüber:

»Wenn ein Deutscher in einen Satz eintaucht, sieht man ihn erst wieder, wenn er auf der anderen Seite des Atlantischen Ozeans wieder an die Oberfläche kommt und das Verb im Mund hat.«

und:

»Deutsch ist eine Sprache mit endlosen Sätzen, die enden auf ... *gekonnt gewollt zu haben zu sein.*«

Eine bekannte Anekdote zu diesem Thema handelt von der Nichte Queen Victorias:

Sie will den berühmten Redner Bismarck im Reichstag sprechen hören und hat einen Dolmetscher engagiert, um seine Rede zu übersetzen. Bismarck legt los und redet und redet – doch der Dolmetscher schweigt. Unruhig stachelt sie ihren Übersetzer an und zischelt ihm schließlich zu: »Was sagt er?« Worauf der Dolmetscher antwortet: »Madame, ich weiß es nicht, er hat das Verb noch nicht genannt.«

Die große Verwandtschaft der beiden Sprachen führt jedoch zu einem bekannten Problem: den faux amis oder »falschen Freunden«. Das sind Wörter, die ähnlich oder sogar identisch geschrieben werden, jedoch oft eine völlig andere Bedeutung haben. Hier einige Beispiele:

Niederländisch	**deutsche Entsprechung**	**Deutsch**	**niederländische Entsprechung**
als	= wenn, wie	als	= toen, dan, als
bellen	= anrufen, klingeln	bellen	= blaffen
brutaal	= frech	brutal	= hard, gemeen
deftig	= vornehm	deftig	= copieus
doos	= Karton	Dose	= blikje
durven	= sich trauen	dürfen	= mogen
extra	= zusätzlich	extra	= expres, speciaal, apart
klappen	= klatschen	klappen	= lukken
mogen	= dürfen	mögen	= lusten, aardig vinden

net	= gerade, soeben	nett	= leuk, aardig
raar	= seltsam	rar	= zeldzaam
zeldzaam	= selten	seltsam	= raar
slim	= schlau	schlimm	= erg
tapijt	= Teppich	Tapete	= behang
uur	= Uhr (Zeit), Stunde	Uhr	= uur, klok
verstaan	= hören	verstehen	= begrijpen
wie	= wer	wie	= hoe, als

Manchmal können die klanglichen Übereinstimmungen für den ahnungslosen Sprecher zu peinlichen Situationen führen. Anders als im Deutschen ruft etwa das Wort *borsten* im Niederländischen erotische Gefühle wach, weil es »Brüste« bedeutet. Das Wort *reet* steht im Niederländischen für »Arsch«; der Spielplatz, der »Unterm Reetdach« heißt, löst also bei einem Niederländer leichte Verwunderung aus. Und wenn ein Deutscher fragt: »Kommst du klar?«, dann will er wissen, ob eine Sache gelingt, und nicht, ob man Orgasmusprobleme hat. Hat man dagegen *pijn in het kruis,* handelt es sich nicht um »Kreuzschmerzen«, sondern um eine Beschwerde, die sich der Urologe einmal ansehen sollte.

> Ein Deutscher, der in einem niederländischen Chor nach einer bestimmten Melodie gefragt wurde, kannte das niederländische Wort für »pfeifen« nicht und hielt sich an die Faustregel, nach der man, wenn man das niederländische Pendant nicht kennt, einfach auf den deutschen Begriff in seiner wortwörtlichen Übersetzung zurückgreift. Also sagte er: *»Ik kan het niet zingen, maar ik kan het wel pijpen.«* Die Heiterkeit, die er damit auslöste, begriff er erst, nachdem man ihm erklärt hatte, daß *pijpen* keineswegs »pfeifen« *(fluiten),* sondern »blasen« – und zwar in seiner vulgärsten Form – bedeutet.

Deutsche können vieles »total geil« finden, ein Begriff, für den das Niederländische Wendungen wie *onwijs gaaf* oder *hartstikke goed* kennt – »geil« hat hier die sehr viel engeren Bedeutungen »fruchtbar« bzw. »wollüstig«. Und Herausgeber von Lehrbüchern im Fach Deutsch lassen bereits seit vielen Schülergenerationen den »Truthahn« lieber weg, da trut im Niederländischen »dumme Kuh« bzw. »Fotze« bedeutet.

Levi Weemoedt benutzt in seinem Lyrik-Band »Ken uw klassieken!« in einem Gedicht mit dem Titel »Duits op Wintersport« eine Art Deutsch, das die meisten Niederländer aus ihren Caravan- und Skiurlauben kennen:

Hals und Beinbruch, Alpenkreuzer!
Servus! Bergheil! Wiedersehn!
Tschüss! Grüss Gott! Auf Wienerschnitzel!
*Danke schön. Auf Winterpehn!**

Und in dem berühmten pseudodeutschen Gassenhauer »Da hoch in die Berge« heißt es:

Da hoch in die Berge
Da steht ein Gerät
Da werden die Mädels
Elektrisch genäht

wobei »genäht« *(genaaid)* natürlich genau das bedeutet, was der aufmerksame Leser schon vermutet hat.

Unterschiede in der Aussprache: Allegro-legato und Stakkato

Große Unterschiede gibt es auf dem Gebiet der Aussprache. Im Gegensatz zum Deutschen ist das Niederländische durch Assimilation gekennzeichnet. Dabei finden Lautveränderungen unter dem Einfluß anderer Laute statt:

keppetem gezegd = Ik heb het hem gezegd –
Ich habe es ihm gesagt
kwaukemat = Ik wou dat ik hem had –
Ich wollte, ich hätte ihn
gegeement = op een gegeven moment –
zu einem bestimmten Zeitpunkt
dakankniezien = Dat kan ik niet zien –
Das kann ich nicht sehen
kweenie = Ik weet het niet – ich weiß es nicht
tuukwel = natuurlijk wel – natürlich!

* *Winterpenen* sind Spätmohrrüben; Anm. des Übers.

Neben diesem Allegro-legato gibt es im Niederländischen auch die Synkope, d.h. es fallen in der Mitte des Wortes Laute weg: *hoof(d)doek, vrien(d)schap, fees(t)je, lich(t)ste, pos(t)zegel, va(st)staat.*

Das gesprochene Standard-Niederländisch zeichnet sich durch den Wegfall des Schluß- und Plural-*n* aus. Es ist eine Allegro-legato-Aussprache mit einem Tonhöhenunterschied von einer halben Oktave und der Musikalität eines Truthahns. Für Außenstehende klingt es wie eine Aneinanderreihung von Kratz-, Schluck- und Räuspertönen – so wie bei dem Wort *schapenscheerdersgereedschap*, das sich anhört wie *Schraape'schreeders'chrer eed'schrapp*, oder wie in Sätzen, die man Niederländern überall auf der Welt und an den obskursten Orten hinterherruft:

> *Als ze maar geil is mag alles,*
> *Prachtig, allemachtig achtentachtig.**
> (gesprochen: *Als se maar chräil is, mach alles,*
> *Pracht'chr, allemacht'chr achtentacht'chr.*)

Im Deutschen hat man die sogenannte Silbentrennung, d.h. alle Silben werden getrennt gesprochen, das Schluß- und Plural-*n* ist gut zu hören, und das vorausgehende *e* wird verschluckt. Durch die Silbentrennung klingt das Deutsche ein wenig stakkatohaft. Jede Silbe muß gewissermaßen aufs neue geformt werden, für die Artikulation hat man mehr Energie und Muskelspannung nötig. Dadurch reden Deutsche auch tatsächlich etwas lauter, wie der französische Germanist Pierre Brachin gezeigt hat. Er verweist auf Messungen, wonach der Geräuschpegel in gutbürgerlichen Cafés und Restaurants in Deutschland mit acht Dezibel etwa 30 Prozent höher liegt als in vergleichbaren Etablissements der Niederlande, Frankreichs oder Englands, wo man immerhin noch sechs Dezibel schafft. Die Journalistin Anet Bleich schrieb am 5. Oktober 1988 in »de Volkskrant«: »Haben Sie schon mal echt bayerisch zu Mittag gegessen? […] Die Figuren um einen herum sehen aus wie Menschen, nur daß sie allesamt ein paar Nummern zu wuchtig geraten sind. Ihre Gespräche haben den Ge-

* Wenn sie nur geil ist, ist alles erlaubt/Herrlich, allmächtig achtundachtzig

räuschpegel einer Disco. Ihr Lachen klingt wie das quietschende Bremsen eines Flugzeugs. Das Geräusch ihrer Messer und Gabeln ähnelt dem Gestampfe von Elefanten.«

Die deutsche Aussprache ist dynamischer und präziser: vorne im Mund, hinter den Zähnen und über der Unterlippe, wobei die Zunge sehr aktiv ist. Das Klare, Stimmhafte und Aspirierende der deutschen Sprache (»Gepäckträgerspannband«) steht der dumpfen, weniger feuchten und weniger behauchten Aussprache des Niederländischen gegenüber. Niederländer, die Deutsch lernen, können die Laute nicht mehr brummelnd aus der Tiefe des Rachens hochgurgeln und über den Unterkiefer nach draußen rollen lassen, sondern müssen sie vorn im Mund aktiv formen. Sie schämen sich für die korrekte Aussprache des Deutschen, die so diametral der des Niederländischen gegenübersteht, daß sich das Deutsch für sie wegen des Tonhöhenunterschieds und der Aussprache vorn im Mund feminin und affektiert anhört.

Bildsprache und grammatikalische Sprache

Der deutsche Germanist Werner Abraham weist darauf hin, daß Niederländer, die eine Fremdsprache lernen wollen, sich durch allerlei Bücher mit endlosen Listen von Idiomen, d.h. Redewendungen, kämpfen und sie auswendig lernen müssen. In anderen Ländern gibt es solche Bücher nicht, auch nicht über andere Sprachen. Abraham zufolge könnte dies bedeuten, daß das Niederländisch reicher an Idiomen ist als jede andere Sprache. Hier führt die Idiomatik ein besonders dynamisches Leben. In den Niederlanden wird, viel mehr als im Deutschen, auch in der amtlichen oder formellen Sprache und in den Zeitungen Bildsprache benutzt. *Potloodventer opgepakt in het Rembrandtpark* (Hausierer in Bleistiften im Rembrandtpark verhaftet) heißt es beispielsweise in großen Lettern in der lokalen Presse. Für Nichtniederländer eine völlig unverständliche Nachricht, denn warum sollten Hausierer in Bleistiften verhaftet werden? Daß ein *potloodventer* vor allem ein Exhibitionist ist, geht aus diesem Satz nicht hervor.

Niederländer sind auch verrückt nach Abkürzungen, die sowohl in der gesprochenen als auch in der Schriftsprache den Platz des Begriffs selbst einnehmen. Menschen können *tbs'ers*

(Häftlinge in Sicherungsverwahrung) oder *AOW'ers* (Rentner), *65+'ers* (65jährige und ältere), *WAO'ers* (Invalidenrentner) oder *PvdA'ers* (Mitglieder der sozialdemokratischen Partei) sein; Schüler besuchen das *VWO, HAVO* oder *MAVO* (d.h. einen der drei Bildungsgänge im Sekundarbereich), und viele Niederländer können es nicht mehr ohne *gsm*, ihr Handy, aushalten – einer der jüngeren Neuzugänge in einer Flut allgemein verwendeter Abkürzungen.

In der niederländischen Politsprache werden Metaphern vor allem aus der Schiffahrtssprache entlehnt, wie z.B. *Het was kantje boord* (Die Sache befand sich am äußersten Rand der Reling = Das ist gerade noch einmal gutgegangen), *tussen wal en schip vallen* (zwischen Ufer und Schiff fallen = sich zwischen zwei Stühle setzen), *De wal moet het schip maar keren* (Dann muß eben das Ufer das Schiff wenden = Die Umstände müssen eine weitere unerwünschte Entwicklung verhindern), *We zien wel waar het schip strandt* (Wir schauen mal, wo das Schiff strandet = Schauen wir, wie die Sache endet), *Er is geen land mee te bezeilen* (Damit läßt sich kein Land besegeln = Etwas ist schwer handhabbar), *hoogtij vieren* (Tidehochwasser feiern = eine Blüte erleben), *Er is nog geen man-over-boord* (Noch ist kein Mann über Bord = Noch ist nichts verloren), *meevallen, tegenvallen, meezitten und tegenzitten* (»halb so schlimm« bzw. »hinter den Erwartungen zurückbleiben«, »klappen« bzw. »nicht gelingen«; all diese Ausdrücke haben mit günstigem oder ungünstigem Wind zu tun), *voet bij stuk houden* (mit dem Fuß das Geschütz [*het stuk*] abstützen = auf seinem Standpunkt beharren), *De beste stuurlui staan aan wal* (Die besten Steuermänner stehen am Ufer = Alle wissen Rat, nur der nicht, der ihn nötig hat). Sie machen auf Niederländisch geführte Gespräche und niederländische Texte für Außenstehende nicht eben transparenter, nicht einmal, wenn man den Kontext versteht. Für Niederländer sprechen die Bilder für sich, doch wer nur die Wörter und nicht die Bilder kennt, ist hoffnungslos überfordert. Die Äquivalente für das maritime Idiom sind im Deutschen die Militär- und Obrigkeitssprache sowie Wendungen, die sich um das Verb »führen« drehen: »eine scharfe Klinge führen«, »aus aller Herren Länder«, »den Sieg davontragen«, »das Regiment führen«, »von der Fahne laufen«, »Führungszeugnis«, »eine glückliche Ehe führen« oder »Führerschein«.

Dweilen met de kraan open (Wischen bei offenem Kran) ist offizielles Niederländisch für »reine Symptombekämpfung«, *op het matje roepen* (auf die Matte rufen) ist »herbeizitieren«, und *voor het zingen de kerk uit* (die Kirche vor dem Singen verlassen) ist der gebräuchliche Ausdruck für das »vorher Aussteigen«, den Coitus interruptus. Doch auch gewöhnliche Alltagswörter sind im Deutschen oft deutlicher: »Gepäckträgerspannband« ist das schöne Wort für den niederländischen *snelbinder,* unter einem »Flugschreiber« kann sich auch der Nichtzeitungsleser mehr vorstellen als unter einer *zwarte doos,* die wörtliche Übersetzung der englischen black box, und eine »Notrufsäule« bezeichnet ihren Zweck besser als ein *praatpaal,* ein »Sprechpfahl«.

Das Deutsche ist eine grammatikalische Sprache mit einem sehr umfangreichen Vokabular, in dem das Bild nur eine untergeordnete Rolle spielt. Da die Bedeutung der Wörter eindeutig ist, sind keine unterschiedlichen Assoziationen möglich. Wer die Wörter kennt, begreift den Satz. Dadurch sind die Texte oft fachlicher und konkreter, und die Information steht stärker im Vordergrund.

Im idiomatischen Sprachgebrauch, den Sprichwörtern und den Redewendungen, zeigt sich viel vom jeweiligen »Nationalcharakter«. Der distanzierte, hierarchische Umgang in der deutschen Gesellschaft äußert sich im »höfischen« Wort *höflich.* Im Niederländischen, Französischen und Englischen gibt es dazu noch eine bürgerliche Variante: *hoffelijk/beleefd, courtois/poli, courteous/polite.* Außerdem finden sich in der niederländischen Sprache auffallend viele Ausdrücke, die das Behutsame, Bedächtige, Vorsichtige, Bürgerliche und Kommerzielle akzentuieren:

Baat het niet, dan schaadt het niet (Nützt es auch nicht, so schadet es wenigstens nicht)
Doe maar gewoon, dan doe je al gek genoeg (Sei normal, dann bist du schon verrückt genug – etwa: Bleib auf dem Teppich, dann fällst du immer noch hart genug)
't Ene doen en het andere niet laten (Das eine tun, und das andere nicht lassen)
Ze dronken een glas, ze deden een plas en lieten de zaak zoals hij was (Sie tranken ein Glas, leerten die Blas und ließen alles, wie es war)
Haastige spoed is zelden goed (Große Eile ist selten gut)
Hardlopers zijn doodlopers (Schnelläufer sind Blindgänger –

etwa: Übertriebene Hast schadet nur)
Hollen is voor knollen (Rennen ist etwas für Pferde)
Ik ben maar een gewone boerenlul, maar ... (Ich bin nur ein einfacher Bauernlümmel, aber ...)
Kalmpjes aan, dan breekt het lijntje niet (Eile braucht Weile)
't Kan altijd nog slechter (Es geht immer noch schlimmer)
De kost gaat voor de baat (Die Kosten kommen vor dem Nutzen)
Nee heb je, ja kun je krijgen (Das Nein hast du schon, das Ja kannst du noch kriegen)
Niet over één nacht ijs gaan (Nicht über dünnes Eis gehen)
Pappen en nat houden (Einkleistern und naß halten – etwa: Immer am Ball bleiben)
Traag rijmt op graag (Träge reimt sich auf gern)
Het zal zo'n vaart niet lopen (etwa: Nichts wird so heiß gegessen, wie es gekocht wird)

In der deutschen Sprache gibt es viele Redensarten, die Ordnung, Pflichtgefühl und Fleiß verherrlichen:

Am Anfang war die Tat (Goethe)
Ohne Fleiß kein Preis
Dem Tüchtigen gehört die Welt
Morgen, morgen, nur nicht heute, sagen alle faulen Leute
Erst die Arbeit, dann das Vergnügen
Sich regen, bringt Segen
Arbeit adelt
Arbeit ist des Bürgers Zier
Arbeit macht das Leben süß
Rastlos vorwärts mußt du streben, nie ermüdet stille stehen, willst du die Vollendung sehen (Schiller)
Es ist mehr zu lernen und zu tun als zu genießen (Goethe)
Daß wir nicht enden können, macht uns groß (Goethe)
Wer befehlen will, muß gehorchen können
Es muß alles seine Ordnung haben
Ordnung muß sein
Ordnung ist das halbe Leben
Ordnung regiert die Welt
Ordnung ist die Seele aller Dinge
Wo keine Ordnung ist, ist auch kein Sieg
Ruhe ist die erste Bürgerpflicht

Schimpfwörter

Auch bei den Schimpfwörtern gibt es große Unterschiede. Wer sich fragt, welche der beiden Sprachen *Doutste,* die älteste, ist, kann hier vielleicht die Antwort finden. Niederländer schimpfen genital und geschlechtsbezogen: *lul!* (Schwanz, Penis), *zak!* ([Hoden-] Sack), *trut!* (Fotze), *kut!* (Möse, Muschi) in der Bedeutung des deutschen »Arschloch!«. Und sie sagen ebenfalls *kut!* oder auch *klote!* (von *kloten* = Eier, Hoden), wenn Deutschen ein »Scheiße!« herausrutscht. Im Niederländischen gibt es zwar fäkale Spitznamen, doch die sind als Kosebezeichnungen gemeint – *poepie* (von *poepen* = kacken), *scheetje* (*scheet* = Furz), als Ausruf der Freude – *Joepiedepoepie* – oder als positive Verstärkung: *retegoed* (von *reet* = Arsch). Deutsche schimpfen meist anal und nicht geschlechtsgerichtet, und wenn sie einmal genital schimpfen, dann meist, um die sexuellen Möglichkeiten des anderen in ein schlechtes Licht zu rücken: »Wichser!« Seit Freud wissen wir, daß die genitale Phase auf die anale folgt. Sollte das auch für Sprachen gelten, ist das Niederländische vielleicht die entwickeltere der beiden Schwestersprachen.

Daß es sich bei Niederländern um Kalvinisten handelt, zeigt sich an der masochistischen Art und Weise, in der sie den Namen Gottes mißbrauchen. Sie rufen den Herrn an, sie persönlich zu verdammen. Das tut man nirgendwo sonst – außer in der ebenfalls kalvinistischen Schweiz. Niederländer sagen *Verdomme!,* die Schweizer *Verdammi!* (von »Verdamm mich!«). Die Deutschen gehen auf Nummer Sicher mit ihrem »Verdammt noch mal«, ebenso wie die Engländer mit *Damn it!* bzw. *Damn you!* Kalvinisten haben es nicht leicht mit ihrem übermächtigen Herrn, der alles sieht und von dem viele gerufen, aber nur wenige auserwählt sind. Der Ausruf *Godverdomme!* ist Ausdruck der totalen Ohnmacht, ein Mißbrauch des Namen Gottes, und wer ihn benutzt, wandert geradewegs in die Hölle. Wenn man flucht, zerstört man ein wenig die Beziehung, die man zu Gott aufgebaut hat – sagt der 1917 gegründete »Bund gegen das Fluchen«. Diese interkonfessionelle Stiftung mit 25 000 Mitgliedern erhält unter anderem Spenden von den Kirchen. Wer scheinbar unschuldige Ausrufe wie *Jeetje, Ojé, Jeminee* (von »Jesus«), *Gôh, Gossie, Getsie* oder *Gatsie* (von »Gott«) ausstößt, kann seine Pläne auf ein ewiges Leben getrost vergessen. Auf den populären Plakaten des Bundes, die überall im Land hängen, sieht man etwa einen Papagei mit dem Text: »Fluchen ist angelernt – Plapper nicht alles nach«; von Gegnern wurden diese Plakate mit einem Spruch überklebt, auf dem es kurz und bündig heißt: »Beten auch«. In den 70er Jahren hatte der Bund schon einmal versucht, statt des *Godverdomme*-Fluchs den Ausruf *Rhododendron!* einzuführen.

Niederländer sind die einzigen Europäer, die das Tabu auf Krankheit und Tod durchbrechen, indem sie anderen die abscheulichsten Ansteckungskrankheiten an den Hals wünschen: *Kankerlijer, krijg de pest* (Du sollst die Pest kriegen, du Krebspatient). Sie sind Meister der »infektiven Invektive«. Die Lässigkeit, mit der ein Niederländer mehrere Leiden aneinanderreiht – wie etwa in *Krijg de cementpokken op je borst, dan kan je bunkers bouwen, vuile pestpokkenteringlijer!* (übersetzt etwa: Ich wünsch dir die Zementpocken auf deine Brust, dann kannst du Bunker bauen, du dreckiges, schwindsüchtiges Pestbeulengesicht!) –, zeigt die kabarettreife Routine des Experten, der damit zu erkennen gibt, daß er nicht wirklich böse ist, denn sonst hätte er eine Serie viel kürzerer Kraftausdrücke benutzt.

Understatement und Overstatement

Das Deutsche hat eine Vorliebe für Übertreibungen und klaren, unverhüllten Sprachgebrauch. Während Niederländer eine Schwäche für den Begriff »optimal« haben, sind Deutsche eher für das »maximal« zu haben. Auf die Frage, wie es geht, antwortet man: »Bestens!« Sie wollen ihre Couch »möglichst morgen« schon geliefert haben, finden, daß »die wenigsten« wissen, was zu tun ist, haben etwas »dringlichst« nötig und behaupten, daß man »das herrlichste« Wetter habe und zur »vollsten« Zufriedenheit bedient werde. Man sagt offen und direkt, was man zu sagen hat. Niederländer empfinden die deutsche Bestimmtheit oft als zu kraß; selbst bedienen sie sich lieber des Understatements oder benutzen Euphemismen. Deshalb auch die Popularität des Wörtchens *leuk,* das eigentlich »schön« oder »nett« bedeutet, aber im Prinzip auf alles Anwendung finden kann, von einer Weltsensation bis hin zum Begräbnis. Dem deutschen »So geht das nicht!« stellt der Niederländer sein *Moet kunnen!* – Muß erlaubt sein! – gegenüber, denn: »Wer bin ich schon, daß ich darüber urteilen darf?« Was ein Deutscher »schlimm« findet, ist für einen Niederländer *niet om over naar huis te schrijven* – nicht, um darüber nach Hause zu schreiben –, er ist »nicht froh« damit und findet, daß es »keinen Schönheitspreis verdient«. Und wenn Deutsche bereit sind, etwas von der Tagesordnung zu streichen, ist es dasselbe, als wenn die Niederländer sagen, daß sie »ein anderes Mal vielleicht noch darauf zurückkommen werden«. Deutsche bekunden einfach, daß sie mit einer Sache absolut nicht einverstanden sind, doch ein Niederländer sagt eher: *Het is maar hoe je het bekijkt* – es kommt darauf an, wie man die Sache betrachtet. Doch auf Völker, die noch indirekter sind, machen die Niederländer einen durchaus direkten Eindruck. Das zeigen die Erfahrungen von Asiaten, Afrikanern, Franzosen, Engländern oder Spaniern. Der Brite Ian McEwan etwa drückt es folgendermaßen aus: »Niederländer sind weniger witzig. Sie sagen die Dinge so direkt, daß für Nettigkeiten kein Raum bleibt. Engländer wollen in ihrer Konversation gern amüsant sein, hierbei lassen sich Niederländer und Deutsche nicht oft ertappen.« Auch in der Schriftsprache verfügt das Niederländische über eine Strategie des Indirekten. Eine Aussage wie »Alle haben sich bemüht, den Besuch von Herrn A. zu einem Erfolg werden zu lassen« wäre im Deutschen vermutlich direkter formuliert worden, nämlich »daß der Besuch von Herrn A. ein Erfolg geworden ist.« Im Niederländischen muß das positive Ergebnis aus der Handlung abgeleitet werden, im Deutschen ist es eine Tatsache.

Die überwältigende Zahl an Diminutiven, Verkleinerungswörtern mit der Endung *-je,* im Niederländischen wird gelegentlich mit dem bürgerlich-kalvinistischen Hintergrund der Niederländer in Verbindung gebracht. Die Welt besteht nur aus Eitelkeit, alles Menschliche ist vergänglich, und der Mensch ist weniger als ein Staubkorn auf der Waagschale des Herrn. Diese Vermutung wird durch die Schweizer gestützt, die ebenfalls verrückt sind nach Diminutiven – obwohl sie nur Substantive verkleinern. Dagegen spricht allerdings, daß die katholischen Belgier ebensoviele Verkleinerungswörter haben wie die Niederländer. Niederländische Frauen benutzen häufiger als ihre deutschen Geschlechtsgenossinnen Verkleinerungsworte für ihren persönlichen Besitz – *spulletjes* (Dinge), *truitje* (Pullover), *slipje* (Slip, Höschen), *sjaaltje* (Schal), *bloesje* (Bluse) –, und ebenso die

Männer, wenn sie über Frauen sprechen: *vrouwtje* (Frau), *wijffie* (Weib), *blondje* (Blondine). Wie auch immer, Niederländer und Belgier verkleinern nicht nur Substantive, sondern auch (fast) alle anderen Satzbestandteile. Hier einige Beispiele:

Vorsilben wie *uit* (aus-) oder *toe* (zu-): *uitje* (Ausflug) oder *toetje* (Nachtisch);
Adverben wie *laat* (spät), *tussendoor* (zwischendurch) oder *vlug* (schnell): *latertje* (*het zal een latertje worden* = es wird spät werden), *tussendoortje* (Imbiß), *vluggertje* (eine schnelle Nummer);
Pronomen wie *ons* (uns): *onderonsje* (Gespräch unter vier Augen);
Zahlen wie *een* (eins) oder *tien* (zehn): *in zijn eentje* (allein); *tientje* (10-Euro-Schein);
Verben wie *moeten* (müssen) oder *weten* (wissen): ein *moetje* ist eine Mußehe, ein *weetje* ist etwas, das es zu wissen lohnt;
Adjektive wie *weiß* (wit) oder *groen* (grün): ein *witje* ist ein Schmetterling, ein *groentje* ist ein Grünschnabel;
Substantive, die als Verkleinerungswort eine völlig andere Bedeutung bekommen: *telefoontje* oder *belletje* (was nicht »Telefon« oder »Klingel« bedeutet, sondern »Anruf«).

Die Deutschen finden das alles »witzig« und »niedlich«.

Wie einem der Schnabel gewachsen ist und Wissenschaftsjargon

Die niederländische Wissenschaftssprache ist eigentlich eine um Fachbegriffe angereicherte Alltagssprache. Andere Sprachen zeichnen sich dadurch aus, daß sie verschiedene Register haben: vor Gericht wird der juristische Diskurs gepflegt und beim Milchmann der »Milchmann«-Diskurs. Glaubt man dem Leidener Literaturwissenschaftler H. Steinmetz, kennt die niederländische Sprache keine unterschiedlichen Sprechkategorien: »Natürlich weicht das wissenschaftliche Niederländisch von der Alltagssprache ab, doch meine These ist, daß es ihr näher steht, als das in anderen Sprachen der Fall ist. Leute, die wissenschaftliches Niederländisch in eine andere Sprache übersetzen, klagen darüber, daß die Wortwahl so wenig ›erhaben‹ anmutet.« Das Niederländische hat so gut wie keine rhetorische Tradition.

Rhetorik hat etwas Geziertes und Theatralisches und steht im Widerspruch zu den kalvinistischen Leib- und Magensprüchen wie: *Spreek je moerstaal!* (etwa: Rede, wie dir der Schnabel gewachsen ist) bzw. *Doe maar gewoon, dan doe je al gek genoeg* (etwa: Bleib auf dem Teppich, dann fällst du immer noch hart genug). In der egalitären niederländischen Gesellschaft müssen wissenschaftliche Aussagen auch dem interessierten Laien zugänglich sein; der professionelle Jargon ist zu vermeiden. Die Kehrseite des Ganzen ist jedoch, daß Niederländer für die genaue und nuancierte Darstellung eines Sachverhalts verhältnismäßig viel Platz benötigen. Übersetzungen wissenschaftlicher und literarischer Texte aus dem Englischen ins Niederländische sind meist um ein Zehntel länger. Die mühsame grammatikalische Entschlüsselung des Deutschen, die komplexen Beugungsformen und die zahllosen Nebensätze mit dem abschließenden Verb geben Niederländern das Gefühl, daß Deutsch viel mehr Papier frißt als das Niederländische. Sie reagieren meist überrascht, wenn sie erfahren, daß dem nicht so ist und auch niederländische Übersetzungen deutscher Texte meistens etwa zehn Prozent länger sind.

Der deutsche Niederlandist Hans Combecher behauptet, daß, historisch betrachtet, die deutsche Sprache vor allem auf das Hervorbringen eines gehobenen Sprachniveaus gerichtet war und dieser Prozeß auf Kosten des »normalen Sprachniveaus« verlaufen ist. Im Niederländischen ist dieses normale Sprachniveau dagegen besonders stark entwickelt. Dies äußert sich nicht nur in der Vermeidung »gewichtiger« Sprache, sondern läßt sich auch mit dem Gebrauch der unbestimmten Pronomen *je* und *ze* (»man« – eigentlich »du«, »ihr« bzw. »sie«) illustrieren. Im Deutschen fehlen die Äquivalente für eine stärkere Nähe oder auch Distanz, die Niederländer mit den Worten *je* und *ze* ausdrücken:

Hoe zeg je dat?	=	Wie sagt man das?
Hoe doen ze dat daar?	=	Wie macht man das dort?
Men beweert …	=	Man behauptet …

In Deutschland werden wissenschaftliche Texte für Fachkollegen und Experten geschrieben. Der Sprachgebrauch bestimmt auch den Status. Der Autor beweist damit, daß er die Materie beherrscht und Thema wie Leser ernst nimmt. »Den Deutschen hat Gott die Gnade verliehen, Sätze bilden zu können, die sie selbst nicht verstehen«, zitiert der niederländische Theologe H.M. Kuitert einen Deutschen. Wie Niederländer auf ein solches Deutsch reagieren, faßt der Soziologe A. Chorus mit den folgenden Worten zusammen: »Der Deutsche [...] will immer dozieren oder unterrichten, und deshalb hat ein Großteil seiner Literatur, und sogar die Art und Weise, wie er in der normalen Konversation spricht, einen didaktischen, häufig sogar belehrenden Ton. [...] Dadurch ist der Stil vieler deutscher Bücher so ausgesprochen rechthaberisch, besserwisserisch und langatmig.« Illustrativ hierfür ist auch die folgende Anekdote des deutsch-französischen Politologen Alfred Grosser:

> Wenn die internationale Vereinigung der Elefantenspezialisten hundert Jahre alt wird und ihre Mitglieder bittet, Vorschläge für ein Jahrbuch zur Feier dieser erfreulichen Tatsache zu machen, ist die Reaktion wie folgt:
> Engländer: *History of the London Society of Elephant Experts*
> Franzosen: *Encyclopédie sur la vie d'amour des Eléphants*
> Deutsche: *Bibliographie zur Elefantenkunde* (1400 Seiten)
> Amerikaner: *Elephants – How to Make them Better and Bigger* (Broschüre, 10 Seiten)

In Deutschland wird auch die politische Diskussion sehr viel stärker als in den Niederlanden durch ideologische Terminologien aller Art dominiert, die der Laie sich zu eigen machen muß, um mitreden und -denken zu können. Fremdwörter suggerieren Fachwissen. Sie verhüllen den eigentlichen Inhalt und verheimlichen oft, was wirklich Stand der Dinge ist.

Anders ist es dagegen oft in der medizinischen Terminologie im Deutschen: Begriffe wie z.B. »Querschnittslähmung«, »Bandscheibenvorfall«, »Schwangerschaftsabbruch« und »Sterbehilfe« machen auf schockierende Weise deutlich, worum es eigentlich geht. In den Niederlanden sind nahezu alle medizinischen Fachausdrücke in die eigene Sprache übersetzt worden, doch wenn die Erkrankung oder der Eingriff schwer genug ist, bevorzugen Niederländer meist die verhüllenden Begriffe: *dwarslaesie, hernia, abortus* und *euthanasie.* Dies gilt auch für das Wort *Drionpil,* benannt nach dem Mann, der erstmals für lebensmüde, ältere Menschen eine Pille zur freiwilligen Beendigung des Lebens forderte. Im Deutschen wird diese Pille als »Selbsttötungspille« bezeichnet. Während Euthanasie im Niederländischen die »Beendigung des Lebens von Patienten, die unzumutbar leiden«, bedeutet, wird darunter im Deutschen vor allem die »Vernichtung minderwertigen Lebens« verstanden. Durch den Mißbrauch der Euthanasie in der Nazizeit ist diese mit einem Tabu belegt.

Als sich im 16. Jahrhundert herausstellte, daß Gott zwar möglicherweise die Welt, nicht aber die Sprache erschaffen hat, haben sich in einer Vielzahl von Ländern Gelehrte darangemacht, nach der Sprache des Paradieses zu suchen – denn wer diese Sprache kannte, konnte vielleicht auch die wissenschaftlichen Probleme jener Tage besser lösen. In Deutschland betrachtete man das Deutsche als die Ursprache, da die Grammatik des Hochdeutschen keine Doppeldeutigkeiten duldet. Ambivalenz wurde als Werk des Teufels betrachtet, der ja mit zwei Zungen spricht. In den Niederlanden fand man dagegen um 1600 herum heraus, daß nicht das Hochdeutsch, sondern das Niederdeutsch, also das Niederländische, die Ursprache gewesen sein müsse. Die romanischen Sprachen schieden aus, da Französisch schließlich nur ein verwässertes Latein sei. Adam und Eva hatten niederländisch gesprochen, denn das war die einfachste Sprache, d. h. die mit den meisten einsilbigen Wörtern.

An niederländischen Schulen werden noch heute für Unterrichtsfächer niederländische Bezeichnungen verwendet: *wiskunde* (Mathematik), *scheikunde* (Chemie), *aardrijkskunde* (Geographie), *wijsbegeerte* (Philosophie), *godsdienst* (Religion) und andere Disziplinen, deren Inhalt Nichtniederländer nicht auf Anhieb deuten können. Mitte des 17. Jahrhunderts wurde in den Niederlanden auch die grammatikalische Terminologie niederlandisiert (etwa *zelfstandig naamwoord* für das Substantiv oder *bijvoeglijk naamwoord* für das Adjektiv), so daß Niederländer, die keine weiteren Sprachen gelernt haben, nicht mit Ausländern über grammatikalische Probleme diskutieren können.

Gebärdensprache

Deutsche sind extrem arm, was ihre Gebärdensprache angeht. Der »Stinkefinger«, also der hochgereckte Mittelfinger, ist international. Der Zeigefinger an der Stirn oder der Schläfe bedeutet bei ihnen, daß der andere dumm ist, wohingegen Niederländer, die sich mit dem Zeigefinger an die Schläfe tippen, häufig damit sagen wollen, daß sie selbst oder andere gerade sehr schlau sind. Der Kreis mit Daumen und Zeigefinger – für »Okay« – steht in großen Teilen Deutschlands für »Arschloch!« und wird, ebenso wie der Zeigefinger an die Stirn, gern von Autofahrern als sogenannter »Autofahrergruß« benutzt. Bei Deutschen wandert der mahnende Zeigefinger von links nach rechts vor dem Gesicht, bei Niederländern von vorn nach hinten. Andere Gebärden gibt es eigentlich nicht. Verglichen mit mediterranen Völkern haben Niederländer, was Gebärden betrifft, auch nicht viel zu bieten, doch die Deutschen können noch einiges von ihnen lernen.

Niederländer vermögen beispielsweise anzudeuten, indem sie mit einer Hand den Ellbogen berühren, daß man jemandem nicht über den Weg traut. Bewegt man ein oder zwei Hände seitlich am Kopf hin und her, bedeutet dies, daß man etwas lekker findet. Als Homosexualität noch tabu war, wurden die Anhänger der griechischen Prinzipien geoutet, indem man mit den Fingerspitzen einer Hand auf den Rücken der anderen klopfte. Mit dieser unauffälligen Gebärde wurde das Tabuwort vermieden, gleichzeitig aber das Verhalten homosexueller Männer imitiert, die sich Hand in Hand in der Öffentlichkeit zeigten oder einander die Hände streichelten. Über Homosexuelle sagt man deshalb noch immer, daß sie *van het handje* oder *van de handjeklap* sind. Bevor der »Stinkefinger« die Welt eroberte, ließ sich in den Niederlanden das »Du kannst mich mal …« durch den gekrümmten Handrücken ausdrücken, den man kurz über die Schamgegend hielt. Bei einer anderen, etwas altmodischeren und verhältnismäßig unauffälligen Variante wird der Zeige- und Mittelfinger in Hüfthöhe gebracht und leicht nach oben bewegt.

Rechtschreibreform

Große Sprachen wagen sich nicht schnell an eine Rechtschreibreform. Im 19. Jahrhundert wurde das *th* zum *t* (»Thier« wurde etwa zu »Tier«), und vor einigen Jahren hat man beschlossen, die Schreibweise von Fremdwörtern einzudeutschen oder zu vereinfachen (»Rytmus« statt »Rhythmus«, »Astma« statt »Asthma«, »Majonäse« statt »Mayonnaise«) sowie das ß in einer Reihe von

Fällen in *ss* zu verändern. Dies hat gewaltige Proteste ausgelöst, die in der Losung »Laß das daß« gipfelten.

Auch das Zusammen- oder Getrenntschreiben von Wörtern wurde in Frage gestellt. Vor der Rechtschreibreform wurden »radfahren« und »teppichklopfen« zusammen- und kleingeschrieben, »Klavier spielen« und »Auto fahren« dagegen getrennt und mit einem Großbuchstaben. Um sich dies zu merken, hatte sich der deutsche Schriftsteller Walter Kempowski eine Eselsbrücke ausgedacht: wenn etwas mehr als 100 Kilo wiegt, muß man es getrennt und groß schreiben. Es stimmte immer. Jetzt ist die 100-Kilo-Regel zur Standard-Rechtschreibung geworden.

Anders als im Niederländischen fallen im Deutschen auch die Satzzeichen unter die Rechtschreibung – und damit unter die Rechtschreibreform. »Rechtschreiben« bedeutet in Deutschland also nicht nur fehlerfreies Schreiben, sondern auch den fehlerlosen Gebrauch von Satzzeichen. Und die neuen Kommaregeln sind, zumindest nach Ansicht des Nachrichtenmagazins »Der Spiegel«, so weitreichend, daß Anwender der neuen Rechtschreibung demnächst Klassiker wie Thomas Mann nicht mehr würden lesen können.

Mittlerweile sind die neuen Regeln – gegen z.T. massiven Widerstand – in den 16 deutschen Bundesländern und den übrigen deutschsprachigen Ländern und Regionen (Schweiz, Österreich, Liechtenstein, Südtirol in Italien, Eupen-Malmedy in Belgien sowie Nord-Schleswig in Dänemark) offiziell eingeführt worden, nachdem das deutsche Bundesverfassungsgericht entschieden hat, daß die Rechtschreibreform mit dem Grundgesetz vereinbar sei. An den Schulen wird die neue Rechtschreibung seither unterrichtet, in anderen Bereichen ist die Sache dagegen längst nicht so klar. So haben deutsche Spitzenautoren wie Grass, Enzensberger und andere ihre Verleger dazu aufgefordert, die neue Rechtschreibung zu negieren, und bei einigen großen deutschen Blättern wie »Der Spiegel« oder »Die Zeit« hat man sich eine sogenannte »gemäßigte neue Rechtschreibung« auferlegt, d.h., man übernimmt – je nach Gusto – manche der neuen Regeln, andere dagegen nicht. Die wohl einflußreichste deutsche Tageszeitung, die »FAZ«, ist inzwischen sogar wieder ganz zur alten Rechtschreibung zurückgekehrt. Eine offizielle Wörterliste, wie es sie mit »Het groene boekje« (Das grüne Buch) für das Niederländische gibt, existiert für die deutsche Sprache nicht – bisher bestimmten die Redakteure des Duden-Verlags die richtige Schreibweise. An der Sprache etwas zu verändern ist in Deutschland politisch riskant. Deshalb unterscheidet sich das heutige Deutsch weniger von der Sprache Goethes als das derzeitige Niederländisch von dem Niederländisch, wie es vor dem Zweiten Weltkrieg gesprochen und geschrieben wurde.

Da in kleinen Sprachräumen die Kommunikationswege kurz sind und die Zahl der Sprecher übersichtlicher ist, sind auch Änderungen in der Rechtschreibung selbstverständlicher. Im Niederländischen, in dem der Kontext wichtig ist, spielte bis vor kurzem eine einheitliche Schreibweise eine weniger große Rolle – man akzeptierte mehrere unterschiedliche Varianten. Die sogenannte *voorkeurspelling,* also die bevorzugte Schreibweise des alten »Groene boekje« ist nun durch die offizielle Schreibweise des neuen »Groene boekje« ersetzt worden. Doch daneben gibt es ein neues Rechtschreibwörterbuch aus dem Verlag van Dale, das »Rode boekje«, das eine Reihe von Wörtern mit abweichender Schreibweise enthält. Und auch in den Niederlanden haben Schriftsteller ihre Verlage verpflichtet, bestimmten neuen Rechtschreibregeln nicht zu folgen. In der – ebenfalls in Belgien existierenden – alternativen Schreibweise des Niederländischen kommt vor allem die Abkehr von französisch geschriebenen Wörtern zum Ausdruck (beispielsweise beim *k* statt dem *c: vakant/vacant* = frei, *kultuur/cultuur*). Die sogenannte »progressive« Rechtschreibung aus den 1960er Jahren mit Wörtern wie *sosjale joenit* (*sociale unit* = Sozialarbeiterteam) oder *odekolonje* (Eau de Cologne) ist inzwischen wieder auf dem Rückzug. Sie beruhte auf der demokratischen Vorstellung, daß niemand das Recht habe, Vorschriften darüber zu machen, wie man etwas schreibt. Vor einigen Jahren hat die in den 1970er Jahren gegründete *Socialistiese Partij* sich in *Socialistische Partij* umbenannt. Die neue Schreibweise ist jetzt zwar offiziell festgelegt, doch bei den Benutzern wächst die Unzufriedenheit, so daß es fraglich ist, ob sich die Niederländer daran halten werden. Vielleicht war die noch bis vor kurzem hohe Zahl unterschiedlicher Rechtschreibcodes eine Form der *taalverzuiling,* der sprachlichen Versäulung, wobei jede gesellschaftliche Gruppe das Recht auf ihre eigene Rechtschreibung reklamiert. Jetzt, da in den Niederlanden die *verzuiling* auf dem Rückzug ist, nimmt auch die sprachliche Versäulung ab.

Literaturaustausch

Der intellektuelle Austausch zwischen Deutschland und den Niederlanden war bis vor nicht allzu langer Zeit von einer starken Asymmetrie gekennzeichnet. Deutsch wird von vielen niederländischen Intellektuellen im Original gelesen, und wenn etwas aus dem Deutschen ins Niederländische übersetzt wurde, dann handelte es sich, neben einer großen Zahl von Klassikern, meist um Unterhaltungsliteratur. In umgekehrter Richtung fand wenig statt, lediglich die Zeit des Nationalsozialismus bildete eine Ausnahme: zwischen 1930 und 1940 wurden eine Reihe von Blut-und-Boden-Flamen wie Felix Timmermans und Stijn Streuvels ins Deutsche übersetzt. Das flämische Niederländisch wurde als eine bäuerliche Sprache voll ursprünglicher Kraft, kämpferisch und durch und durch germanisch betrachtet; flämische Autoren waren in dieser Sicht der Dinge unbeugsame Kämpfer gegen die französische Sprachdominanz. Die Niederlande galten dagegen im Dritten Reich als weniger interessant: man vermißte die Urkraft.

Weil niederländische Schriftsteller in Deutschland nahezu unbekannt waren, wurde das Niederländische als Literatursprache wenig geschätzt. Im »Kindler-Lexikon« der internationalen Literatur aus dem Jahre 1970 heißt es ausdrücklich, daß der niederländische Roman nicht über das Niveau einer netten, gediegenen Erzählung hinauskommt und die Ausdruckskraft der Autoren für die Darstellung der Komplexität des menschlichen Charakters, seiner Leidenschaften, Handlungen und Konflikte nicht ausreicht. Sprach man mit Deutschen über niederländische Literatur, bekam man die spöttische Frage gestellt: »Können Niederländer denn außer malen auch schreiben?«

Diese Auffassung hat man nach der Frankfurter Buchmesse 1993, bei der die niederländische und flämische Literatur das Schwerpunktthema war, gründlich revidiert. Cees Nooteboom, der wegen seiner literarischen Reisereportagen auch als der niederländische Bruce Chatwin bezeichnet wird, ist in Deutschland die absolute Nummer Eins. »Die Entdeckung des Himmels« von Harry Mulisch – »Hollands phantasievollster Essayist« – verkaufte sich in Deutschland 350 000mal. Die Niederlande haben sich einen Spitzenplatz auf dem deutschen Buchmarkt erobert: die Bücher von Hugo Claus, Leon de Winter, Maarten 'tHart,

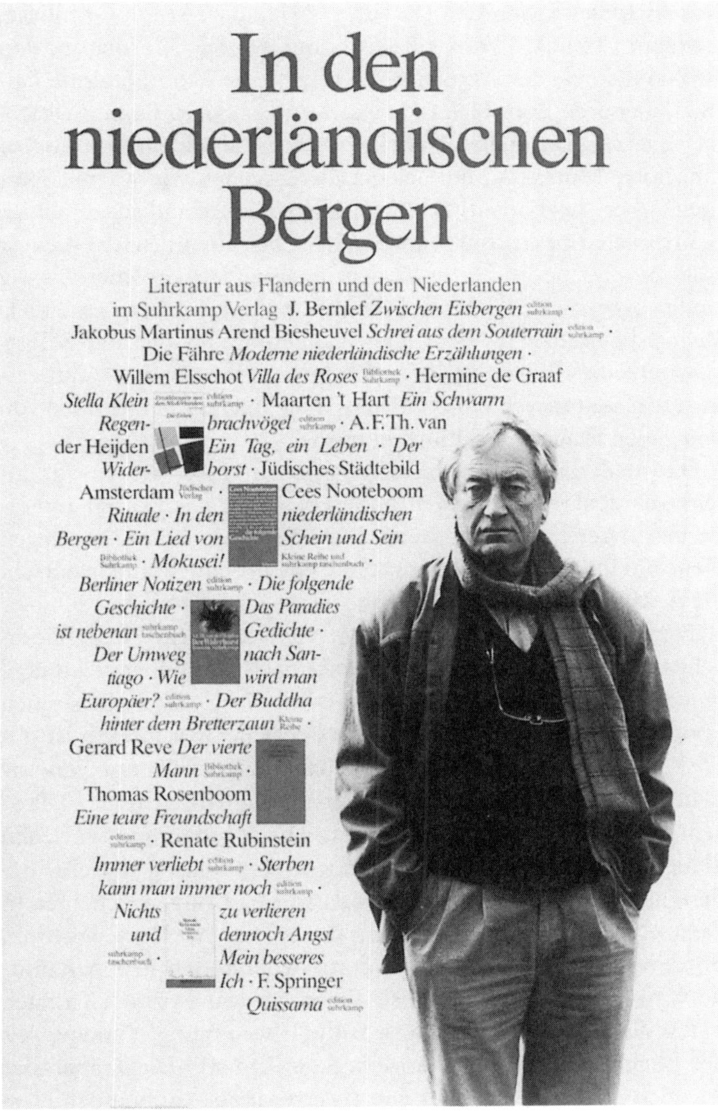

Plakat des Suhrkamp Verlages zum Schwerpunkt der Frankfurter Buchmesse 1993: Literatur aus den Niederlanden und Flandern.

Karel van het Reve, A.F.Th. van der Heijden, Arnon Grunberg, Adriaan van Dis, Thomas Rosenboom, Marcel Möring und Jan Brokken sowie der Autorinnen Margriet de Moor, Connie Palmen, Tessa de Loo, Hella Haase, Anna Enquist, Renate Dorrestein, Jessica Durlacher, Nelleke Noordervliet, Fleur Bourgogne, Charlotte Mutsaers und vielen anderen gehen wie warme Semmeln über die Ladentheke. Vor allem niederländischsprachige Schriftstellerinnen sind populär, denn sie gelten dem dtv-Lektor Lutz Wolf zufolge als besonders emanzipiert, abenteuerlustig und progressiv – und das drücke sich in ihren Büchern aus. Viele Bücher behandelten Themen wie Scheidung, Freiheit und Selbstbewußtsein. »Frauen wollten sich nicht mehr für das rechtfertigen, was sie taten. Daraus entstand eine freche Literatur, die von deutschen Frauen verschlungen wird.«

Die niederländischen Nachkriegsschriftsteller waren vor allem auf den französischen, englischen und spanischen Literaturmarkt gerichtet, doch nun schieben sie ihre Abneigung gegen Deutschland beiseite und machen einen Schnellkurs Deutsch. Geld stinkt nicht, und schließlich läßt sich damit ein schöner Batzen verdienen. Außerdem sind viele aus dem Niederländischen ins Deutsche übersetzte Bücher nach ihrem Erfolg auf dem deutschsprachigen Markt von Verlagen im angelsächsischen Sprachraum entdeckt worden. Der deutsche Sprachraum ist mit 35 Prozent der wichtigste Absatzmarkt für Übersetzungen aus dem Niederländischen (23 Prozent im englischen und 20 Prozent im französischen Sprachraum). Die sogenannten typischen niederländischen Romanciers jedoch, also solche, die ein niederländisches Lebensgefühl zum Ausdruck bringen, scheinen in Deutschland nicht anzukommen. Gerard van het Reve, Vestdijk, Bordewijk und Nescio sind in den Niederlanden sehr bekannt, doch in Deutschland waren sie Flops. So war es zunächst auch mit Willem Frederik Hermans: frühe Übersetzungen einiger seiner Bücher landeten im Ramsch. Sein Roman »Die Tränen der Akazien« erschien 1968 als autorisierte Übersetzung, doch Hermans hat sich später sowohl von dieser als auch von der Übersetzung des Romans »Nooit meer slapen« (»Nie mehr schlafen«) distanziert und weitere Übersetzungen ins Deutsche verboten. Erst 2001 ist mit Zustimmung der Erben sein Roman »Die Dunkelkammer des Damokles« aus dem Jahre 1958 in deutscher Übersetzung erschienen und von der Kritik stürmisch bejubelt worden. In der »Neuen Zürcher Zeitung« hieß es dazu: »Jetzt endlich hat man mit der deutschen Ausgabe seines Œuvres begonnen, das in der Tradition der großen europäischen Literaten steht.« Die »Süddeutsche Zeitung« nannte Hermans »den Riesen, auf dessen Schultern Zwerge stehen«.

Woher kommt die plötzliche Wertschätzung? Das große Interesse in Deutschland ist zum Teil das Ergebnis sehr guter, professioneller Übersetzungen. Heutzutage wird sehr viel stärker als früher auf die Qualität der Übertragung geachtet, auch weil es inzwischen mehr – und bessere – Übersetzer gibt und auch die Verlage über mehr Lektoren bzw. Gutachter verfügen, die sich in der niederländischen Literatur auskennen. Und wenn es angesichts der derzeitigen Nachfrage nach Übersetzungen aus dem Niederländischen einmal nicht gelingt, einen Top-Übersetzer zu engagieren, werden die Texte von den Lektoren je nach Bedarf »abgeflacht«, »versachlicht« oder »aufgemotzt«. Die deutsche Übersetzerin Helga van Beuningen erzählte einmal, daß »Mokusai!« von Cees Nooteboom gut und gern um drei Stilniveaus angehoben worden sei, bis schließlich ein so prachtvolles klassisches Deutsch auf dem Papier gestanden habe, daß Nooteboom selbst, als er es las, ausgerufen hätte: »Aber ich bin doch kein Rilke!«

Deutsche Literaturkritiker überbieten sich nun gegenseitig in ihren Lobpreisungen der niederländischen Mischung aus Intelligenz, Nüchternheit und Unterhaltungswert. Niederländische Autoren können ihnen zufolge mit dem »normalen«, d.h. dem Alltagsleben, umgehen, haben Sinn für Humor, sind spannend zu lesen, spielen sich dankenswerterweise nicht als Gewissen der Nation auf und wollen nicht tiefgründiger wirken als sie sind – gerade letzteres eine sehr undeutsche Eigenschaft. In ihren Büchern wird die Erzählung nicht dem Konzept geopfert, und auch die philosophischen Ausflüge sind keine bleischweren Gedankenübungen, sondern vor allem spielerische Einfälle. Deutsche Leser sind außerdem von der plastischen Erzählweise und der sehr viel weniger scharfen Trennung zwischen gehobener und Alltagssprache fasziniert: »locker« nennt man das im Deutschen.

Dies alles trifft auch auf einen Roman zu, der in den Niederlanden Ende der 1990er Jahre für Furore gesorgt hat: »Het Bureau« (Das Büro) von J.J. Voskuil (1926–2008). In sieben Bänden und auf über 5000 Seiten wird darin minutiös der 30jährige Berufs-

Karikatur aus dem »Börsenblatt des deutschen Buchhandels« zur Frankfurter Buchmesse 1993

alltag eines »wissenschaftlichen Beamten« an einem – real existierenden – Institut für Volkskunde in Amsterdam beschrieben, ein Institut, an dem man sich mit so obskuren Dingen wie der Verbreitung von »Wichtelmännchen-Überlieferungen«, dem Gebrauch des Dreschflegels oder der »mentalitätsgeschichtlichen« Analyse von Nachlaßinventaren beschäftigt. Seit dem Erscheinen des ersten Bandes im Jahre 1996 hat sich der Roman – mit über 350 000 verkauften Exemplaren – zum Kultbuch der Jahrtausendwende entwickelt. Überall in den Büros und Amtsstuben des Königreichs bildeten sich Fanclubs unverbesserlicher *Bureau*manen, in denen man eifrig das Leben und Treiben der Hauptfigur Maarten Koning diskutierte. Selbst auf den Sterbelagern des Landes war »Het Bureau« ein Thema: So wandte sich die bekannte Amsterdamer Stadträtin Annemarie Grewel kurz vor ihrem Tod 1998 an den Voskuil-Verleger Wouter van Oorschot mit der Bitte, ob er ihr nicht ausnahmsweise Einblick in die bis dahin noch nicht erschienenen weiteren Bände des Romans gewähren könne. Der Erfolg der Bürosaga Voskuils ist wohl vor allem der eindringlichen Schilderung des niederländischen Arbeitsalltags sowie der Tatsache zuzuschreiben, daß viele der Leser in sich selbst auch so einen Maarten Koning entdeckt haben, der jahrein jahraus versucht, einer durch und durch sinnlosen Arbeit einen tieferen Sinn abzuringen, der gelegentlich von Flucht träumt, sich im Laufe der Zeit jedoch mit den Verhältnissen halbwegs zu arrangieren lernt, aber auch einer, der über all die Jahre das Gefühl nicht los wird, daß es das allein doch nicht sein kann, was man sich vom Leben erhofft. Der Roman ist bislang noch nicht ins Deutsche übersetzt, da sich kein Verleger an dieses Megaprojekt heranwagte. Der »Spiegel« vermutet in einem Nachruf auf den Tod des Autors im Jahre 2008, daß die vielen lokalen Anspielungen dieser »Soap-Opera für Intellektuelle« schuld daran seien. Dirk Schümer von der »FAZ« glaubt dagegen zu wissen, daß es an der Muttersprache des Autors liegt: »Als Amerikaner wäre Voskuil gewiß für den Nobelpreis vorgeschlagen worden.« Wer sich selbst ein Bild über die Qualitäten des Romans machen möchte, kann entweder in eine Probeübersetzung hineinschnuppern (http://www.het-bureau.de/dokumente/hetBureau.pdf), oder er blättert ein wenig in der ersten deutschen »Het Bureau«-Monographie, die aus einer Reihe von Veranstaltungen des Hauses der Niederlande in Münster hervorgegangen ist. Sie erscheint 2010 unter dem Titel: »Het Bureau. Ein Abend mit J. J. Voskuil«.

Sprachkenntnisse: »Können wir hier vonnacht kämpfen?«

Niederländer sind dazu gezwungen, fremde Sprachen zu erlernen. Dadurch sind sie auch offener für fremde Einflüsse und weniger auf sich selbst bezogen. Sie sind stolz auf ihre Fremdsprachenkenntnisse. Gut 78 Prozent der Niederländer sprechen Englisch (gegenüber 32 Prozent bei den Deutschen), 41 Prozent Deutsch und 22 Prozent Französisch (Französisch sprechen bei den Deutschen 15 Prozent).

Diese breiten Fremdsprachenkenntnisse – auch auf den unteren Sprossen der sozialen Leiter – haben für Ausländer jedoch nicht nur Vorteile. Ausländer können noch so fließend, wenn auch vielleicht nicht ganz akzentlos Niederländisch sprechen – wenn Niederländer merken, daß sie nicht aus den Niederlanden kommen, reagieren sie in Geschäften und an den Schaltern häufig mit Eurospeak-Englisch oder Stotterdeutsch. Es scheint, als ob Niederländer mit Hilfe ihrer Sprache unter sich bleiben und eine gewisse Intimität bewahren wollen. Diplomaten beklagten sich darüber, daß das Erlernen der niederländischen Sprache für sie praktisch sinnlos gewesen sei. *»Zegt u het maar in het Duits, dan krijgen wij geen misverstanden«* – Sagen Sie es nur auf deutsch, dann kriegen wir keine Mißverständnisse – bekam ein Botschafter zu hören. Und auch Versuche, im Freundeskreis Niederländisch zu sprechen, stoßen auf wenig Beifall, da die niederländischen Gesprächspartner dann gern mit einem – nicht selten auch noch viel schlechteren – Englisch oder Deutsch reagieren.

Der Bedarf an Fremdsprachen nimmt zu, und das Niveau der Kenntnisse steigt. Die Anzahl der Sprachen, die der Durchschnittsniederländer spricht oder versteht, nimmt jedoch eher ab als zu. Die Bedeutung der deutschen Sprache wird systematisch unterschätzt. In der Wirtschaft ist der Bedarf an Deutsch und Englisch in etwa gleich groß. In einer Reihe von Branchen ist die Nachfrage nach Deutschkenntnissen sogar höher – etwa in der Metallindustrie, wo die Verkehrssprache zu 80 Prozent Deutsch ist, oder im Transportgewerbe, wo dies gar zu 85 Prozent der Fall ist. Vom gesamten niederländischen Export wandern 30 Prozent in deutschsprachige Länder, 19 Prozent in französischsprachige und 13 Prozent in englischsprachige. An den allgemein- und berufsbildenden Schulen wird Englisch als Pflichtfach unterrichtet; Deutsch und Französisch sind dagegen Wahlfächer, wobei Deutsch bei den Schülern als schwierig gilt und gern abgewählt wird. Die Vernachlässigung des Faches Deutsch im berufs- und allgemeinbildenden Schulwesen der Niederlande ist kurzsichtig – vor allem auch deshalb, weil die Verwandtschaft zwischen den Sprachen die Kommunikation mit den Nachbarn im Osten um so vieles einfacher machen könnte.

Vor dem Zweiten Weltkrieg war Deutsch die erste Fremdsprache der Niederländer, Französisch die zweite und Englisch die dritte. Auf den weiterführenden Schulen wurden zu jener Zeit mehr Stunden Deutsch als Englisch unterrichtet. Deutsch war die Sprache, in der man sich wissenschaftlich zu Wort meldete, so wie man jetzt Englisch schreibt, um ein wissenschaftlich interessiertes Publikum zu erreichen. Hatten Simon Vestdijk und

Willem Kloos einige ihrer Gedichte noch auf deutsch geschrieben, wurden nach dem Zweiten Weltkrieg Stimmen laut, das Fach Deutsch – die Sprache des Besatzers – vom Stundenplan ganz zu streichen. Der Kolumnist Jan Blokker schrieb 1986 über die deutsche Sprache: »Die Sprache Helmut Kohls ist und bleibt die Sprache von ›Arbeit macht frei‹, von Lidice und Auschwitz.« Den Einwand, auch Heine habe deutsch gesprochen, mochte er nicht gelten lassen, denn die »gute deutsche Sprache, oder die Sprache der guten Deutschen, ist zerstört, untergegangen, unwiderruflich«. Und Harry Mulisch schrieb: »Das Echo des deutschsprachigen Gebrülls von vor 55 Jahren ist noch immer nicht verklungen. Ich glaube, daß es noch immer die Hauptursache der Irritationen zwischen Niederländern und Deutschen ist. Die Deutschen sind sich dessen nicht bewußt. Im 17. Jahrhundert nahm das Spanische diese Haß-Rolle ein. Im 19. Jahrhundert, nach dem Abzug der napoleonischen Truppen, das Französisch, und nach 1945 das Deutsch.«

Das Deutsch der Besatzer war das Herrenmenschen-Deutsch des kleinbürgerlichen, aufgeblasenen, nationalsozialistischen Parvenus. Der deutsche Begriff *»heilpedagogie«* (Heilpädagogik) wurde nach dem Krieg aufgegeben, weil das Wort »Heil« als Grußformel der Nazis einen schlechten Beigeschmack bekommen hatte. Statt dessen wurde der Begriff *orthopedagogie* erfunden, den es nur in den Niederlanden gibt. Niederländische Lehrer diskutierten neulich ernsthaft über die Frage, ob ein Sprachlehrbuch mit dem Titel »Sprich und lies!« wegen der unverhüllten Verwendung der Befehlsform holländischen Schülern zumutbar sei. In der niederländischen Literatur werden der Nazi-Jargon, also die *Lingua Tertii Imperii,* und die deutsche Beamtensprache gleichgesetzt mit der deutschen Sprache. Dem deutschen Niederlandisten Bernd Müller zufolge weckt »deutsch« die Assoziationen »gefährlich«, »gewalttätig«, »verbrecherisch«, »Massenmord« und »faschistisch«. »Für viele niederländische Autoren ist Deutschland eine Metapher, ein Synonym für das Böse«, schreibt er. Und was er über die schreibende Zunft sagt, gilt auch für die Leser. Der Journalist Martin van Amerongen erzählte einmal, daß der Schriftsteller J. B. Charles ebenso antideutsch eingestellt war wie sein Verleger Bert Bakker, und wenn die Kinder von Charles mit einem »Ungenügend« oder einer Strafarbeit in Deutsch nach Hause kamen, erhielten sie von

Onkel Bert eine Belohnung von 10 oder 25 Gulden. Deutsch war ein Fach, für das man sich kaum oder gar nicht anstrengte.

Deutsch bekam in den Niederlanden keine richtige Chance mehr. Die Sprache wurde zwar nicht völlig aus dem Lehrplan verbannt, doch es wurden zwischen 20 und 30 Prozent weniger Unterrichtsstunden für das Fach aufgewendet. Während Schüler an den weiterführenden Schulen vor dem Krieg bereits in der ersten Klasse, also im Alter von etwa zwölf Jahren, Deutsch bekamen, wurde es nach dem Krieg auf die zweite Klasse verschoben. Die Universitäten lieferten so wenig Germanisten (1955 waren es nicht mehr als vier Absolventen), daß der Lehrermangel mit Deutschlehrern aus Deutschland bzw. mit Niederländern, die eine Lehrbefugnis im Fach Deutsch für die Unterstufe hatten, ausgeglichen werden mußte. Ihr Bedürfnis nach einer festen Stelle war dabei oftmals größer als ihre Liebe zur Sprache. Auch jetzt gibt es wieder Stimmen, die fordern, den Lehrermangel in den Niederlanden mit Germanisten aus Deutschland zu beheben, denn die Situation ist dramatisch. Die Existenz der sechs Germanistik-Fachbereiche an niederländischen Universitäten ist bedroht. Das Fach Germanistik gehört inzwischen zu den kleinen Sprachen, die sich studieren lassen, Sprachen wie Arabisch oder Indonesisch.

Überhaupt kein oder schlechtes Deutsch sprechen ist für viele Niederländer immer noch ein Akt des Widerstands. Ein hübsches Beispiel ist der Eintrag in einem Filmlexikon von Rogier Proper aus dem Jahre 1989:

> Kino: Deutsch für *bioscoop*. »Zum Kino gehen« bedeutet: *naar de bios gaan*. Je öfter man es sagt, um so weniger Lust hat man darauf.

Daß es »ins Kino gehen« heißen muß, ist Proper egal. Normalerweise wird jedes fremdsprachige Zitat, das von jenseits der Grenze kommt, von niederländischen Autoren genauestens auf seine Richtigkeit kontrolliert, denn man stelle sich einmal vor, es entstünde der Eindruck, man beherrsche kein Französisch oder Englisch. Für das Deutsche gilt dies nicht. Negative Ansichten über die Deutschen mit ihrer Sprache zu verknüpfen, ist eine bei Niederländern allseits akzeptierte Vorgehensweise.

Die Amsterdamer Stadträtin Annemarie Grewel trieb es dabei in einem Artikel in »De Groene Amsterdammer« vom 5. April 1988 allerdings gar zu bunt: »Es ist nicht ›kell‹, sondern ›gell‹. Ich weiß das. Aber ich finde, daß ›kell‹ besser zu den Deutschen paßt als ›gell‹. Ich weigere mich, ›kell‹ in ›gell‹ zu ändern, denn dann würde ich ja einem Volk ein nettes Wort zugestehen, das bis auf ein paar Ausnahmen – der Mensch soll niemals verallgemeinern – nicht nett ist.« Und auch den »Volkskrant«-Journalisten wird es egal gewesen sein, ob ihr Deutsch korrekt war, als sie in ihrer Fernseh- und Radiovorschau am 10. August 1996 ankündigten: *Musikstreifzuge: Jünge Kunstler auf den podium.*

Dennoch sprachen noch in den 70er Jahren sehr viele Niederländer mit einem mittleren Bildungsabschluß ein paar Brocken Deutsch. Mit dieser Selbstverständlichkeit war es in den 90er Jahren vorbei. »Auf unsere Schule lehren wir vier Zahlen«, sagte der Student stolz zu der mitreisenden Dame im Zug. Und der niederländische Camping-Urlauber fragte in der Schweiz den deutschsprachigen Platzwart: »Können wir hier vonnacht kämpfen?«, ohne daß dieser dabei eine Miene verzog. Wenn, wie 1994 geschehen, der kommerzielle Fernseh- und Radiosender Veronica mit Deutsche Welle TV in Deutschland über ein gemeinsames Programm zum Thema deutsch-niederländische Beziehungen korrespondiert, geschieht dies in holprigem Euro-Englisch. In den Niederlanden ist es um das Deutsch bereits ähnlich bestellt wie um das Französische. Beide Sprachen werden nur noch von Liebhabern gesprochen.

Ganz anders dagegen verläuft die Entwicklung des Niederländischen in Deutschland. An zahlreichen Universitäten wird Niederländisch gelehrt. Die Niederlandistik boomt und ist seit Herbst 2000 ein Numerus-Clausus-Fach. Derzeit sind allein an den Universitäten Münster und Köln mehr Niederlandistikstudenten eingeschrieben als Germanistikstudenten an allen niederländischen Universitäten und Fachhochschulen zusammengenommen.

Auf welchem der Erdteile man sich auch befindet: will man Deutsch lernen, muß man »Deutsch als Fremdsprache« studieren, nämlich als eine unter mehreren Fremdsprachen, die man vielleicht schon beherrscht. Ausländer, die Niederländisch lernen, müssen es dagegen als *tweede taal* (Zweitsprache) – so die offizielle Bezeichnung – studieren, auch wenn sie neben ihrer Muttersprache eine oder mehrere andere Fremdsprachen fließend beherrschen. Der niederländische Begriff ist dem Englischen entlehnt. Während man jedoch der Bezeichnung *English as a second language* noch eine gewisse Realitätsnähe zubilligen kann, spricht aus der Wendung *Nederlands als tweede taal* doch eher Selbstüberschätzung.

Viele Niederländer verdanken ihre Kenntnis des Deutschen vor allem dem deutschen Fernsehen – insbesondere den Sportprogrammen, die gern geschaut werden – sowie niederländisch untertitelten deutschen Serien wie »Derrick« und »Der Kommissar«; der niederländische Fernsehzuschauer ist ein Leser. Die Untertitel geben niederländischen Kindern und Erwachsenen einen enormen Vorsprung vor ihren Altersgenossen aus großen Sprachräumen, in denen alles synchronisiert wird. Untertitel fördern das Lesen, eine multikulturelle Einstellung und den Kulturimport – und sind viel preiswerter als das Synchronisieren. Viele deutsche Fans berühmter Filmstars haben noch nie die Originalstimme ihres Idols gehört.

Bei der deutschen Synchronisation insbesondere englischsprachiger Filme werden die Lippenbewegungen der Sprecher perfekt nachvollzogen. Dadurch feiert in Deutschland die unvollendete Vergangenheitsform, die es in der gesprochenen Sprache zugunsten der vollendeten Vergangenheit eigentlich kaum noch gibt, ein triumphales Comeback. Aus: *I saw him yesterday, Sir! He bought a book,* wird dann nicht: »Ich habe ihn gestern gesehen, Sir! Er hat ein Buch gekauft«, sondern: »Ich sah ihn gestern, Sir! Er kaufte ein Buch.«

Gesellschaft

Diskutieren und streiten

In einer Konsensgesellschaft wie der niederländischen mit ihrer bürgerlich-kalvinistischen und egalitären Kultur kann niemand den anderen vor vollendete Tatsachen stellen. Alles muß besprochen werden, jeder muß überall seinen Senf dazugeben können. Der Historiker Willem Frijhoff weist darauf hin, daß es in einer solchen Gesellschaft eine fundamentale Verpflichtung und häufig auch eine Bereitschaft zur Diskussion gibt, »zur Kenntnisnahme der Meinung des anderen im Vorfeld der Entscheidungsfindung, sowie das Bedürfnis nach einer Abwägung des Für und Wider [...] bei der Meinungsbildung in allen Bereichen des Lebens und der Kultur«. Es geht darum, die Dinge am Verhandlungstisch zu diskutieren, auch wenn dabei nicht immer gleich Entscheidungen fallen. Wenn jeder seine Meinung beigesteuert hat, kann langsam die Basis für eine Übereinkunft gelegt werden. Frijhoff benutzt die Metapher der Treckschute, des Zugschiffs, für die niederländische Diskussionskultur. Die Passagiere saßen dabei stundenlang zusammen in einem geschlossenen Raum. Da es keine Zensur gab, brauchte man keine Angst vor dem Äußern der eigenen Meinung zu haben – alles ließ sich besprechen. Außerdem war man unter seinesgleichen, denn im Zugschiff reisten fast nur die Mittelschichten. Man mußte sich allerdings jeder Form körperlicher und verbaler Aggression enthalten, Handgreiflichkeiten und Geschrei waren nicht erlaubt. Man befleißigte sich deshalb einer taktvollen Wortwahl und zeigte Respekt vor den Gefühlen des anderen.

Die niederländische Spielart des Kalvinismus verstärkte noch die Bereitschaft seiner Anhänger zum Schließen von Kompromissen. Dies galt jedoch nicht für die Religion selbst: hier waren sie zu keinerlei Zugeständnissen bereit und steckten all ihre Energie in den Kampf für die Reinheit der Lehre – von daher auch die vielen Kirchenspaltungen sowie die zahllosen Sekten und abweichlerischen Strömungen. Der Historiker Hermann von der Dunk behauptet, daß die Kalvinisten, um die Anarchie zu vermeiden, in ihrer weltlichen Domäne durchaus bereit waren, Kompromisse zu schließen. Wenn alles Irdische Nichtigkeit ist, braucht das Ergebnis nicht unbedingt perfekt zu sein. Nur Gott ist perfekt, der Lehrer bekommt ein »sehr gut« und der gelehrsame Schüler ein »gut«, wie es früher schon in der Schule hieß – das Streben nach absoluter Perfektion ist eine verwerfliche Form des Götzendienstes. Aus dieser realistischen Grundhaltung heraus huldigt man einer »Mentalität der guten Absicht« – von daher auch die Vorliebe für einen Begriff wie »optimal«. Und sie erklärt auch die Lässigkeit, mit der Niederländer es hinnehmen, wenn geschäftliche Planungen und Strategien einmal danebengehen. Zur Bestürzung ihrer deutschen Kollegen und Geschäftspartner stellen sie notfalls alle halbe Jahre einen neuen Dreijahresplan auf – so lange, bis die Sache klappt.

Die heutige parlamentarische Debattierkultur in den Niederlanden ist ein Abbild des kalvinistischen Zugschiffdiskurses. Diskussionen zwischen den Oppositionsparteien gleichen eher einem Kaffeekränzchen oder Gesprächen in einem Oberseminar. Behäbigkeit, Langeweile und Phlegma sind dort Trumpf, wo es keine Debattiertradition gibt und man nicht bis zum Äußersten gehen muß. Die ungeschriebenen Gesetze des Zugschiffdiskurses werden bis heute fast nie übertreten, und wenn es dann doch einmal geschieht, steht das ganze Land kopf. Niederländer sind im allgemeinen lieb und nett zueinander, versuchen in Diskussionen nicht den Bogen zu überspannen und die Würde des anderen zu verletzen. In der Politik ist es lebensgefährlich, den Gegner herunterzumachen – schließlich kann man hinterher schlecht sagen, daß man es nicht so gemeint habe, wenn man wieder eine Koalition mit ihm eingehen muß. Freundschaften und selbst Ehen zwischen politischen Gegnern sind deshalb in der niederländischen Kultur durchaus nicht ungewöhnlich.

Die Kehrseite dieses pragmatischen, wenig aggressiven Umgangs miteinander ist der Mangel an Rhetorik und ein verhüllender Sprachgebrauch. Der Schriftsteller Godfried Bomans faßte dies, mit einem Seitenblick auf die deutsche Kultur, in die Worte: »In den Extremen hat das Leben seine Würde, in der Mitte findet es seinen Halt.« Und auch der Historiker E. H. Kossmann bedauerte die niederländische Ästhetik des Mittelmaßes. Niederländer können lange und intensiv miteinander diskutieren und sich dennoch nicht festlegen. Als echte Mittelpunktsucher stehen sie dem Himmelhoch-jauchzend-zu-Tode-betrübt der Deutschen argwöhnisch gegenüber. Ihr Konfliktlösungsmodell ist die breite gesellschaftliche Diskussion und die endlos scheinende Beratung, bei der den Teilnehmern die Kompromißlösung behutsam durch den Hals massiert werden muß. Dieses Modell ist die Alternative zu Blockbildung, Streiks, öffentlichen Konflikten, körperlicher Gewalt und Barrikaden.

Deutsche Politiker gehen anders vor. Bei ihnen kann Polemik ohne weiteres in persönliche Verletzungen einmünden. Im Parlament greifen sie fortwährend ihre Gegner an und sagen einander die ungeschminkte Wahrheit. Sie schrecken nicht einmal vor – in den Niederlanden völlig inakzeptablen – Zwischenrufen wie »Drecksau«, »feiger Hund«, »Harzer Roller«, »Hilfsabgeordneter«, »Klugscheißer«, »Leichenfledderer«, »Obertünnes«, »Pöbelkönig«, »Schleimer« oder »Schwätzer« zurück. Und auch in deutschen Talkshows geht es anders zur Sache als in den Niederlanden, wo die Gesprächspartner sich gemütlich Schulter an Schulter um einen schmalen Tisch drängen und sich die Worte von den Lippen ablesen: in Deutschland sitzen die Opponenten auf doppeltem Degenabstand voneinander entfernt in komfortablen Sesseln, der Talkmaster stochert nach besten Kräften in den schwärenden Wunden, und ehe man sich's versieht, machen sie einander zur Schnecke, drohen mit ihren Anwälten und rufen fortwährend »Unverschämtheit, Unverschämtheit«.

»Da hast du recht, aber ...« und »Nein, denn ...«

Die niederländische Diskussionstechnik ist klar: man schont die Gefühle des anderen, gibt ihm in bestimmten Punkten recht und geht auf den Rest etwas tiefer ein. Man beurteilt alles nach seinen Meriten, akzeptiert das Gemeinsame und schließt hinsichtlich der verbleibenden Streitpunkte pragmatische Kompromisse. Die Kraft objektiver Argumente wiegt schwer, ist jedoch nicht allesentscheidend. Das erste, was Niederländern auffällt, wenn sie mit Deutschen in eine Diskussion eintreten, ist die Tatsache, daß diese einem fast nie recht geben, nicht einmal in untergeordneten Punkten. Für Deutsche bedeutet rasche Zustimmung einen

Mangel an kritischer Intelligenz. Fortwährend kommen sie mit zudringlichen Fragen oder spöttischen Bemerkungen, ständig fragen sie: »Wie meinst du das?«, und das ist für Niederländer bereits eine Form von Mißtrauen, wohingegen den Deutschen ein wankelmütig-niederländischer *soft approach* als Unwissenheit gilt. Niederländer wissen weder, wie sie mit der scheinbaren Emotionalität und dem herausfordernden polemischen Stil der Deutschen umgehen sollen, noch, ob es sich bei all den vermeintlichen Mißtrauensvoten um Diskussionstechniken oder um fundamentale Meinungsverschiedenheiten handelt.

Der niederländischen »Da hast du recht, aber«-Technik steht die deutsche »Nein, denn«-Methode gegenüber. Bei inhaltlichen Diskussionen wird kein Argument des anderen einfach so akzeptiert. Deutsche gehen von einer einzigen, unteilbaren Wahrheit aus, *ihrer* Wahrheit, und versuchen, recht zu bekommen. In den Diskussionen betonen sie vor allem die Meinungsunterschiede. Deutsche diskutieren dadurch eindringlicher, vertiefen ihre Standpunkte besser, führen mehr Fakten an und erläutern ihre Informationsquellen. Bei ihrer Suche nach Wahrheit und Erkenntnis geben sie ihren Standpunkt weniger schnell auf, bleiben länger in allen Punkten uneins, äußern Zweifel an der Richtigkeit des gegnerischen Quellenmaterials und halten sich in ihrer Kritik nicht zurück. Niederländer müssen in Diskussionen mit Deutschen anders argumentieren lernen und sich ihr Recht erkämpfen, denn auch das Gemeinsame wird nicht unbesehen als solches akzeptiert. Bei Niederländern dagegen ist der Kompromiß schon in Sicht, bevor das Gespräch begonnen hat, Diskussionen mit Deutschen haben für sie denn auch anfänglich viel von einem Streit. Deutsche führen ihre Sprachduelle auf des Messers Schneide und suchen die Erklärung für die entgegenkommende Haltung der Niederländer in einem Mangel an Wissen und Tiefgang. Ihnen erscheinen Niederländer als ein wenig oberflächlich und, jedenfalls in Diskussionen, als arme Tröpfe. Deutsche stehen mit dieser Meinung übrigens nicht allein da: die französische Publizistin Sophie Perrier, verheiratet mit einem Niederländer, schreibt, daß niederländische Männer alles in der Beziehung bereden bzw. ausdiskutieren wollen und dadurch ihren natürlichen Instinkt verlieren. »Man kann sich nicht mit ihnen streiten, ohne daß für sie die Welt zusammenstürzt. Dann muß man sich mit ihnen an den Tisch setzen und reden.«

Pragmatismus und Idealismus

In Deutschland mit seinen adligen und militärischen Traditionen stehen Prinzipientreue und kompromißloses Festhalten an der eigenen Überzeugung in hohem Ansehen. Das niederländische Konsensstreben ist Deutschen fremd, denn Fürsten konferierten nicht, sondern erbaten oder bekamen höchstens einen Rat. Im deutschen Luthertum herrschte das Prinzip der Zwangsstaatskirche – die Religion wurde zu einer Privatangelegenheit. Durch diese Privatisierung des Glaubens konnten die Lutheraner ihre religiösen Energien nicht in den Kampf um die rechte Lehre investieren, formulierten ihre Absolutheitsansprüche deshalb im weltlichen Bereich und erwiesen sich darin als ebenso kompromißlos wie die Kalvinisten in Glaubensangelegenheiten. Außerdem lag die politische Macht bis zur Weimarer Republik fest in den Händen des Adels; die Bürger waren bekanntlich von politischen Betätigungen weitgehend ausgeschlossen, was zur Trennung von Geist und Macht, zur Entpolitisierung der bürgerlichen Elite und zu einem übertriebenen bürgerlichen Idealismus und Lauterkeitsstreben führte. Die Ohnmacht der politischen Parteien in der Kaiserzeit hatte zur Konsequenz, daß alles, was nach Kompromiß roch, abgelehnt wurde. Noch immer wird der Begriff »scheißliberal« abwertend für eine Haltung benutzt, die nicht unzweideutig und allzu entgegenkommend ist. Ein Parlament, das sich aufs Verhandeln und die Suche nach Kompromissen verlegt, war für viele bis vor kurzem noch eine »Schwatzbude«. Der Kompromiß ist aus dieser Sicht Verrat an der eigenen Überzeugung und wird als »Kaufmannslösung« betrachtet, als das Ergebnis von Oberflächlichkeit und Krämergeist. In einer ursprünglich hierarchisch und idealistisch denkenden Gesellschaft besitzt der Kompromiß einen niedrigen Status. Deutsche schließen keine »faulen« Kompromisse – vor allem nicht im Hinblick auf das Arbeitsethos. Über den Arbeitsauftrag und das Produkt läßt sich, soweit es sie betrifft, ausschließlich in Kategorien »maximaler Leistung« sprechen. Im Jahre 1887 verpflichtete die britische Regierung deutsche Fabrikanten zur Kennzeichnung der von ihnen hergestellten Waren mit dem Vermerk »Made in Germany«, um die englische Öffentlichkeit vor der minderwertigen Qualität dieser Produkte zu warnen. Er wurde jedoch binnen kürzester Zeit zu einem Gütesiegel.

Deutsche haben eine stark vorausschauende Fähigkeit entwikkelt – mit der Kehrseite eines quälenden Strebens nach Vollkommenheit. Wenn alles wichtig ist, kann nichts von untergeordneter Bedeutung sein. »Daß wir nicht enden können, macht uns groß« und »Es gibt mehr zu lernen und zu tun als zu genießen«, hat Goethe dazu einmal gesagt. Aus deutscher Sicht ist die Notwendigkeit zur Improvisation das Ergebnis schlechter Vorbereitung und fast etwas, wofür man sich schämen muß, während Niederländer Improvisationstalent gerade als eine wichtige zusätzliche Qualität betrachten. Wenn in Deutschland etwas schiefläuft in der Organisation, können die Nachbarn ihre Schadenfreude darüber oft kaum unterdrücken. Doch häufig überzeugen die Deutschen auch durch ihre Planung und Strukturiertheit.

Als nach dem Sturz des rumänischen Präsidenten Ceauşescu beispielsweise die Besatzung eines niederländischen Konvois mit Hilfsgütern durch das Chaos im Land nicht in Erfahrung bringen konnte, wo man die Waren ausladen sollte, raufte man sich in der Hilfsorganisation die Haare. Ihre deutschen Kollegen hatten die Sache besser geregelt: sie hatten einen Bus voll mit Kommunikationsapparatur an der ungarischen Grenze stehen und konnten so über Sender mit ihren Vorposten in Rumänien Kontakt halten.

In der Wirtschaft ist bei deutschen Managern die Angst groß, eine zu hohe Wertschätzung der kommunikativen Fähigkeiten und eine zu starke Orientierung auf Konsensbildung könne letztlich dazu führen, daß sie keine eigene Meinung mehr übrigbehalten und nichts mehr ohne Mitsprache läuft. Führung muß erkennbar bleiben, und zuviel Beratung steht einer tatkräftigen Beschlußfassung im Wege. Das gegenseitige Vertrauen ist gering, und um zu verhindern, daß man zu überhaupt keiner Lösung findet, haben sich Arbeitgeberorganisationen und Gewerkschaften auf die Institution des »Schlichters« verständigt. Die Parteien können so ihrer Basis vermitteln, daß sie keinen Millimeter von der Linie abgewichen sind, und entgehen durch den Schlichterspruch einem drohenden Gesichtsverlust.

Versuche in Deutschland, das niederländische Poldermodell zu imitieren, laufen aus Mangel an gegenseitigem Vertrauen und aufgrund fehlender bi- oder tripartiter Instanzen, in denen die Konsensfindung institutionalisiert werden könnte, regelmäßig ins Leere. Ende der 60er Jahre mißlang die sogenannte »Konzertierte Aktion«, ein mit den Niederlanden vergleichbares Kooperationsmodell zwischen den Sozialpartnern und der Regierung, und auch dem jüngsten »Bündnis für Arbeit« war kein Erfolg beschieden.

Brettspiele: »Ich, ich, ich« und
»Zusammen für eine gemeinsame Sache«
In der Realität des Lebens muß sich jeder an die vorgeschriebenen gesellschaftlichen Normen halten. Spiele bieten die Möglichkeit, dem zu entgehen und spontan zu reagieren. Weil Niederländer doch schon ihr ganzes Leben lang nett und freundlich zueinander und immer einer Meinung bzw. kompromißbereit sein müssen, tut es gut, zur Abwechslung einmal vernichtend zuzuschlagen und den Gegner vom Brett zu schubsen. Im Spiel ist es nicht nur erlaubt, sich unsozial zu verhalten, sondern man muß es sogar, um zu gewinnen. Deshalb auch der anhaltende Erfolg von Brettspielen wie »Risiko« oder »Monopoly«, bei denen man nur dann eine Chance auf Sieg hat, wenn man noch durchtriebener und hinterhältiger ist als seine Gegenspieler.
In Deutschland dagegen wurde das Greenpeace-Spiel »No Time to Waste« 1994 zum »Spiel des Jahres«. Es ist ein braves und liebes Spiel, bei dem die Spieler Multiple-Choice-Fragen beantworten müssen. Bei jeder richtigen Antwort darf derjenige, der am Zug ist, ein wenig »die Welt verbessern«. Die Spieler kämpfen gemeinsam für den Erhalt der Natur und eine saubere Umwelt. Solche, auf Zusammenarbeit angelegte Spiele sind dort so populär, weil Deutsche im täglichen Leben gerade sehr viel konfliktorientierter und weniger kompromißbereit sind.

Fokker – DASA
»Das Kronjuwel der niederländischen Industrie«, die Firma Fokker, stand mehr als 25 Jahre lang permanent am Rande des Bankrotts. Als jedoch die deutsche DASA 1994 eine Mehrheitsbeteiligung an dem Unternehmen erwarb, wurde von einem »Ausverkauf des nationalen Erbes« gesprochen. Die Verhandlungen der notleidenden Firma Fokker mit der DASA verliefen äußerst zäh. Innerhalb des Unternehmens gab es starke Befürworter für die Zusammenarbeit mit einer englischen oder amerikanischen Firma – auch deshalb, weil die frühere Fusion mit der deutschen Flugzeugfabrik VFW zum Fiasko geraten war. Jannetje Koelewijn, Redakteur beim Wochenblatt »Vrij Nederland«, zitierte 1994 während der Verhandlungen mit der DASA Mitglieder des Verwaltungsrats, die

ihre Verhandlungspartner »die Moffen«, »Meneer Dasa« oder, noch zynischer, »unsere deutschen Freunde« nannten. Kaum einmal sprachen sie über »die DASA«, sondern fast immer über »die Deutschen«. »Und bei den Deutschen muß man aufpassen. Alles, was man von ihnen nicht Schwarz auf Weiß bekommt, wo sie nicht ihre Klaue druntergesetzt haben, benutzen sie gegen einen. Und ehe man es sich versieht, wird man vom großen deutschen Stiefel zermalmt.« Gegenüber den deutschen Verhandlungspartnern mußte man »an jedem Buchstaben festhalten, den man vereinbart hatte. Das war das einzige, wovor die Deutschen Respekt hatten, nur dann zogen sie sich in ihre Ecke zurück«. Koelewijn behauptete, daß die antideutsche Haltung und der Argwohn der Medien einen ungünstigen, verzögernden Effekt auf das schließlich erreichte Verhandlungsergebnis gehabt hätten. Siggi Weidemann, der deutsche Korrespondent der »Süddeutschen Zeitung« in den Niederlanden, zitierte einen deutschen Diplomaten in Den Haag: »Jeder deutsche Schritt wurde per definitionem negativ ausgelegt.« Und ein DASA-Sprecher sagte: »Es war die schwierigste Aufgabe unseres Lebens. Hätten wir vorher gewußt, mit wieviel Steinen wir beworfen werden würden, hätten wir es uns dreimal überlegt.« Bei der DASA zeigte man sich perplex, daß die deutsche Vergangenheit in den Niederlanden noch so gegenwärtig war und man ihr selbst wirtschaftliche Interessen unterordnete. Im Jahre 1996 ging Fokker dennoch bankrott, weil der damalige niederländische Wirtschaftsminister Wijers und sein Verhandlungsführer Maljers steif mit dem Rücken Richtung Osten standen. Sie sahen in den Gesprächen mit der DASA von Anfang an ein Tauschgeschäft, ein Spiel des Bietens und Feilschens. »Ich hatte geglaubt, daß wir von beiden Seiten Konzessionen machen und uns dann irgendwo in der Mitte einigen würden« und: »Ich habe noch nie erlebt, daß jemand während einer Verhandlung nicht bereit war, sich zu bewegen«, sagte Maljers in einem Interview mit Journalisten vom »NRC Handelsblad«. Und: »Es ist nicht klug, ein Angebot zu erhöhen, wenn der andere nichts tut.« Der deutsche Verhandlungsführer der DASA, Bischoff, tat jedoch genau das: er bewegte sich keinen Millimeter. Er kommentierte Maljers Verhandlungstaktik mit den Worten: »Professor Maljers ist gewiß ein erfahrener Unternehmer, ein erfahrener Industrieller und ein Ehrenmann. Ich möchte jedoch betonen, daß die DASA nicht im Pferdehandel tätig ist.« Nachdem die Deutschen entdeckt hatten, daß Maljers bei den Verhandlungen als Vertreter von Minister Wijers fungierte, zeigten sie sich brüskiert, daß Wijers nicht persönlich auftrat. Denn nach ihrem Selbstverständnis waren sie ebenso wichtig wie der Minister.

Niederländische Bürger vertrauen felsenfest auf ihren Staat und seine Repräsentanten. Dieses Vertrauen in die Aufrichtigkeit der Motive ihrer Mitmenschen äußert sich auch in der hohen Wertschätzung des Polizei- und Justizapparats. Der Staat ist nicht von oben aufgezwungen und kein gesellschaftlicher Fremdkörper, sondern er gehört allen Niederländern. Genmanipulation, Lebensmittelkontrolle oder die Speicherung und Verwaltung von personenbezogenen Daten sind in anderen Ländern heiße Eisen – in den Niederlanden sind es dagegen Randthemen: nicht der Mißbrauch sensibler Technologien steht im Vordergrund der Diskussion, nicht die ethische Abwägung, sondern das Verhältnis zwischen Kosten und Nutzen. Darin äußert sich der sprichwörtliche Gegensatz zwischen dem Moralismus des Pfarrers und dem Pragmatismus des Kaufmanns. Die vom Frieden verwöhnte niederländische Bevölkerung, der von ihrem eigenen Staat kaum je etwas Böses angetan wurde, lebt in dem naiven Glauben, daß hier alles aufs beste geregelt sei. Der Kaufmannsgeist scheint sich in der niederländischen Gesellschaft für immer durchgesetzt zu haben, denn die Bürger haben kaum Interesse an den ethischen Aspekten. Niederländer sind nun einmal ein Volk von Händlern, das gelernt hat, Fragen der Ethik dem Pfarrer zu überlassen.

Dilettanten und Wirrköpfe

Wenn Deutsche diskutieren, ändern sie häufig den Tonfall und sprechen lauter, um das eigene Gefühl und die Verbundenheit mit der Sache zu demonstrieren. Wenn aber jemand die Stimme erhebt, deutet das für einen Niederländer auf Verärgerung und eine geringe Bereitschaft hin, zu einer Übereinkunft zu gelangen – das »Sich gegenseitig niederschreien« gilt in den Niederlanden als ganz und gar inakzeptabel. Des weiteren verwenden Deutsche vorzugsweise die Sprache des von den Gesprächsteilnehmern gewünschten Niveaus – aus Respekt vor dem Gesprächspartner kann dies die Sprache der Experten sein –, womit sie zum Ausdruck bringen, daß sie das Thema ernst nehmen. Das Akademische ist dabei häufig das Maß der Dinge, und wer dem nicht zu folgen vermag, ist fehl am Platze oder hätte in der Schule besser aufpassen sollen. Eine solche Art des Diskutierens, bei der viele Fachbegriffe fallen und Wissen zum Besten gegeben wird, betrachten Niederländer als Imponiergehabe, als stillos, gekünstelt und aufgeblasen. Der Journalist Marcel Metze zitiert den ehemaligen Shell-Vorstand Willem Göebel, der sagte, daß es in seinem Unternehmen nur eine Regel gebe: »*Don't take yourself so goddamn serious!*« (Nimm dich selbst nicht so verdammt wichtig!)

Sprich, wie dir der Schnabel gewachsen ist, so lautet das Motto. Der Redner, der sein Anliegen nicht in einfacher Menschensprache vorbringen kann, versteht vielleicht nicht so viel von der Sache und ist für diejenigen, die ihn nicht begreifen, ein Wirrkopf. Das Akademische bleibt aus Respekt vor eventuell anwesenden Nichtakademikern in der Schublade, denn auch Laien müssen einbezogen und dürfen nicht ausgegrenzt werden. Dies führt gelegentlich sogar dazu, daß Experten ihrer Zuhörerschaft auf dem Niveau einer Gute-Nacht-Geschichte begegnen. Kommunikation erfordert große Genauigkeit, findet man; also muß man sich herabbeugen, um sich dem Laien gegenüber verständlich zu machen.

Der den Niederländern eigene, bescheidene und indirekte Diskussionsstil mit Zweifeln, Selbstkritik sowie hier und da eingestreuten Scherzen wird von Deutschen gern als Dilettantismus und Mangel an Wissen und Engagement gedeutet. Deutsche haben einen sehr direkten Stil, gehen mit der Sprache geradewegs auf ihr Ziel los und haben die starke Neigung, Hypothesen als Fakten zu präsentieren.

Grundsatzdiskussionen und Grundsatzentscheidungen

Das deutsche Entweder-Oder-Denken strebt nach intellektueller Klarheit, ist auf objektive Fakten fixiert und schließt das subjektive Urteil aus. Für Niederländer ist die deutsche Art des Denkens eine Form der intellektuellen Haarspalterei, die nicht per se zu klugen Entscheidungen führen muß. Niederländer argumentieren eher auf der Basis menschlicher Bedürfnisse und Beziehungen als auf der von Prinzipien, d.h. eher kontextuell und nicht abstrakt. In der pragmatischen Auffassung rechtschaffener Niederländer führt ein Handeln auf der Grundlage absoluter ethischer Prinzipien zu Realitätsverleugnung und Streit.

Solche Prinzipien findet man außerdem äußerst verdächtig. Niederländer denken viel mehr in Kategorien des Sowohl-als-auch, sie haben es gelernt, mit einem mehr oder weniger »geordneten Chaos« umzugehen, das sie dazu zwingt, nach ausgefallenen Lösungen Ausschau zu halten. Bindende Vereinbarungen werden von ihnen deshalb auch gern in unerwarteten Momenten getroffen, en passant, in kleinem Kreis oder während des Essens. Das ist auch ohne weiteres möglich, denn anders als in Deutschland sind mündliche Absprachen im Beisein von Dritten ebensoviel wert wie schriftliche.

Wenn in Deutschland erst einmal eine Entscheidung gefallen ist, wird daran nicht mehr gerüttelt. In den Niederlanden sieht das ganz anders aus: jeder beurteilt persönlich und für sich, ob die getroffenen Vereinbarungen mit dem angestrebten Ziel in Einklang stehen – auch wenn dabei komplizierte Verfahren durchlaufen worden sind. Projekte stehen grundsätzlich auch weiterhin zur Diskussion. J.D. Hooglandt, ehemaliger Generaldirektor des früheren deutsch-niederländischen Stahlkonzerns ESTEL (Hoogovens/Hoesch), hat festgestellt, daß sich Niederländer bei der Diskussion eines Papiers lieber mit einem Konsens trennen, den jeder auf seine Weise auslegen kann, als mit konkreten, schriftlich festgehaltenen und verbindlichen Beschlüssen. »Holländer lieben Grundsatzdiskussionen, Deutsche Grundsatzentscheidungen.«

Die Niederlande sind ein Land, in dem Entscheidungen fortwährend neu überdacht und hinterfragt werden, denn die Zeit vergeht schnell, und die Wahrheit ist nun einmal an die Zeit gebunden. Ob die Sache bereits abgeschlossen ist oder man sich noch auf halber Strecke befindet – man evaluiert. Die Mehrheiten setzen sich in diesem Land aus mehr oder weniger liberalen Minderheiten zusammen, die in ständig wechselnden Koalitionen den Ton angeben. Die Kabarettisten Koot und Bie behaupten, daß die Niederlande ein Land mit gleichwertigen Minderheiten sind, in dem die Bewohner darüber abstimmen müssen, ob die Mehrheit recht hat. Die Erfahrung hat gezeigt, daß in den Niederlanden einmal gefaßte Beschlüsse bis zum Augenblick ihrer tatsächlichen Umsetzung – und selbst noch danach – umgestoßen werden können. Deshalb bleiben die Gegner am Ball und machen auf ausländische Beobachter, die die niederländische Methode nicht kennen, häufig den nörgelnd-klagenden

Eindruck des schlechten Verlierers, der seine Niederlage nicht akzeptieren kann. In Deutschland gilt dagegen die Mehrheitsregel: an einmal getroffenen Entscheidungen wird nicht mehr gerüttelt, und sie werden auch von der oppositionellen Minderheit loyal umgesetzt.

Teamarbeit und Hierarchien

Die jahrhundertealte republikanische Konsensgesellschaft hat dafür gesorgt, daß Niederländer stets und zu allen Zeiten sagen konnten, was sie wollten. Die tatsächliche Mitsprache und Mitbestimmung von Arbeitnehmern in den Betrieben und der Bürger in den amtlichen Strukturen ist eine Folge der Emanzipation und der Demokratisierung der Gesellschaft in den 60er Jahren des 20. Jahrhunderts. In der niederländischen Tradition können verschiedene Meinungen problemlos nebeneinanderstehen, ebenso wie unterschiedliche konfessionelle Gruppen nebeneinanderher existierten. Man kann nicht nur von verhältnismäßig harmonischen Beziehungen zwischen Vorgesetzten und Untergebenen, sondern auch zwischen jung und alt sprechen. In den – vielfach flachen – Organisationsstrukturen sind die Chefs eine Art *primus inter pares* und sozusagen ihre eigenen besten Mitarbeiter. Sie müssen auf vielen verschiedenen Ebenen mit ihren Untergebenen über die Durchführung der Tätigkeiten beraten und verhandeln. Anordnungen haben in den Niederlanden nun einmal eine ziemlich schwache Wirkung, und auch der Respekt vor Hierarchien ist nicht sonderlich stark ausgeprägt. Reale und formale Hierarchien brauchen dabei auch nicht unbedingt deckungsgleich zu sein: abhängig vom beabsichtigten Ziel und um die Umsetzung von Beschlüssen zu beschleunigen, geht man schnell einmal zu einem »Prokura-Management« über, bei dem die Entscheidungsgewalt an Mitarbeiter delegiert wird, die auf ihrem Gebiet Spezialisten sind, hierarchisch jedoch tiefer stehen. Bei geschäftlichen Verhandlungen kann dies zu Mißverständnissen führen, denn bei ihren deutschen Verhandlungspartnern ist die Befehlsgewalt zumeist an die – jeweils höchste – hierarchische Position gekoppelt. Deutsche denken viel stärker in formalen Strukturen – das dient der Berechenbarkeit und Beherrschbarkeit –, Niederländer, mit ihrem ausgeprägten Pragmatismus, arbeiten viel mehr mit Strukturen, die sie ihren Bedürfnissen anpassen. Der Flame Gerard Mortier, einige Jahre künstlerischer Leiter der Salzburger Festspiele, stieß in Österreich auf ähnliche hierarchische Strukturen und meinte dazu: »Österreicher müssen lernen, daß das Organisieren von Festspielen eine gemeinsame Verantwortung erfordert, kein Befehlen von oben nach unten, sondern Teamarbeit.«

Niederländisches Sicheinmischen und deutsche Fügsamkeit

Niederländer sind echte Teamarbeiter und werden von ihren Kollegen im Ausland für ihr ständiges, penetrantes Sicheinmischen kritisiert.

> Abwesende Kollegen bekommen nach ihrer Rückkehr zu hören, daß andere in der Zwischenzeit mal eben eine Entscheidung für sie getroffen haben. Man erteilt ungefragt Rat, wie der andere seine Arbeit am besten organisieren oder überhaupt besser bewältigen kann. Als Chef kann man nicht einfach anordnen, was die Mitarbeiter zu tun haben, denn diese wollen mitdenken. Und wenn sie nicht mitdenken dürfen, wenn sie sich übergangen fühlen, ist die Folge eine Art passiver Widerstand. Aufträge ohne nähere Begründung, ohne daß alle Parteien gehört worden sind, werden manchmal sogar einfach negiert, aus der tiefen Überzeugung heraus, daß der Auftraggeber es nie und nimmer so gemeint haben kann. In einem solchen Fall handelt man nach eigenem Gutdünken, weil man davon ausgeht, daß der Chef sich in Unkenntnis der Situation geirrt haben muß.

Man wird auf die eigene Meinung und das eigene Engagement hin beurteilt, denn Fügsamkeit genießt keine hohe Wertschätzung. In Arbeitsbesprechungen sind Chefs nicht unfehlbar, sondern zählen darauf, daß ihre Untergebenen ihnen widersprechen, wenn sie anderer Meinung sind. Eine polnische Sekretärin in einem niederländischen Betrieb erzählte schockiert, daß sie bei einer Sitzung von ihrem Chef mit der Bemerkung angestoßen worden sei: »Ich weiß, daß du etwas sagen willst!«

Niederländer sind auch arrogant genug, um sich nicht durch einen Mangel an Sachkenntnis bremsen zu lassen. Sie brauchen ihren Platz in der Hierarchie nicht unbedingt zu kennen, können frecher auftreten und häufiger widersprechen als Deutsche. Auffallend ist die Bereitschaft, der Gruppe bei Sitzungen auch noch die magerste Idee als tiefe Einsicht zu verkaufen. Man platzt einfach mit allem heraus, denkt regelmäßig laut nach und geht davon aus, daß auch, wenn der größte Unsinn verzapft wird, jeder Wortbeitrag hilft, die Argumente zu schärfen. »Das Nein hast du schon, ein Ja kannst du noch kriegen« und: »Nicht probiert ist auch daneben.«

Duzen und Siezen

Für das Duzen benutzen Niederländer die Begriffe *jijen* en *jouen* (von *jij* und *jou* – »du« und »dir/dich«) bzw. *tutoyeren* (vom französischen *tu-toi,* »du-dir/dich«), doch das einzige Wort für das Siezen, *vousvoyeren* (vom französischen *vous*, »Sie«), ist in erster Linie ein soziologischer Begriff. Ab den 60er Jahren wurden die Umgangsformen zwischen Fremden sowie zwischen Vorgesetzten und Untergebenen zunehmend informeller, eine Entwicklung, die 1973 sogar zur Abschaffung der Grußpflicht in der Armee führte. Dem 1995 gegründeten deutsch-niederländischen Armeekorps in Münster bereiteten die Unterschiede im Grußverhalten so große Probleme, daß zum 1. Januar 2000 die allgemeine Grußpflicht wieder eingeführt wurde. Niederländische Soldaten dürfen seit jenem Tag ihren General nicht mehr mit einem *Doei!* (»Tschüß«, ausgesprochen etwa: *Du'iehhh!*) verabschieden.

Bis in die 70er Jahre kannte man im Standard-Niederländisch lediglich die formellen Begrüßungs- und Abschiedsformeln *Dag* (Guten Tag) und *Tot ziens* (Auf Wiedersehen). Die letztere Formel wird heute vor allem noch bei förmlichen Anlässen, bei Fremden sowie bei Leuten, die man nur flüchtig kennt, benutzt. Inzwischen ist, ebenso wie in Deutschland, der Mangel an informellen Abschiedsfloskeln behoben: aus dem nordholländischen Dialekt hat in den 80er Jahren das umgangssprachliche *Doei* (Tschüß, als Nachfolger des *Doeg*) seinen Siegeszug durch das Land angetreten. Auf der Straße kann man inzwischen sogar schon *Doeidoei* hören. Der Widerstand vor allem älterer Niederländer aus besseren Kreisen blieb ein Kampf gegen Windmühlenflügel. *Doei* ist das Äquivalent zum in Deutschland inzwischen vollständig eingebürgerten »Tschüß« und »Ciao«, eine Art Verhunzung des »Adieu« oder »Grüß Gott«, das im Brabanter Dialekt übrigens zum *Houdoe* (Behüt dich Gott) geworden ist. Auch die Begrüßung *Dag* ist dabei, sich zu informalisieren. Vor allem Jugendliche benutzen immer öfter Formen wie *Hai, Hoi* und *Hé*.

Unsicherheit und Sicherheit

Im Hinblick auf den Gebrauch von *u* und *jij*, »Sie« und »du«, bestehen in den Niederlanden keine Sicherheiten, denn obwohl es offizielle Regeln gibt, muß man jedesmal aufs neue herausfinden, ob der andere sie auch einhält. Die unterschiedlichen Landstriche haben ihre eigenen Gewohnheiten, und wer umzieht, wird erst durch Schaden klug werden können. Infolge der Unklarheiten kann es leicht zu Asymmetrien in der gegenseitigen Anrede kommen, nicht nur zwischen Älteren und Jüngeren, sondern auch zwischen Höher- und Tiefergestellten. Die niederländische Höflichkeitsstrategie zielt vor allem darauf ab, dem anderen so schnell wie möglich ein Gefühl der Behaglichkeit zu vermitteln. Und Niederländer finden das »Du«-Register dafür sehr geeignet, da es schließlich eine Annäherung erlaubt, bei der man – wenn auch auf einer künstlichen Ebene – von gleich zu gleich miteinander umgehen kann. Den Gebrauch von Vornamen darf man dabei jedoch nicht mit dem freundschaftlichen Umgang unter Gleichen verwechseln. Wenn Deutsche in einem niederländischen »Du«-Biotop am »Sie« festhalten, haben sie ein Problem. Ein solches Verhalten wird als Zurückhaltung, Distanziertheit oder sogar Feindseligkeit gewertet. Heutzutage wird das »Sie« hauptsächlich in geschäftlichen Beziehungen benutzt und um Distanz zu schaffen, während die »Du«-Form in der persönlichen Beziehung Anwendung findet. Niederländer brauchen keine Angst vor einem von Deutschen gefürchteten Fauxpas zu haben: dem »Schnaps-Du«, nachdem man etwa »Brüderschaft« getrunken hat. Niederländer setzen die Du-Beziehung auch in nüchternem Zustand einfach fort, während Deutsche sich keinen Rat wissen und grübeln, wie sie nun mit dem leichtfertig angebotenen – und angenommenen – »Du« umgehen sollen.

Als Höflichkeitsform und als Ausdruck des Respekts vor dem anderen ist »Sie« noch immer gebräuchlich. Der geschäftliche

Gebrauch des »Sie« ist jedoch abhängig von der jeweiligen Branche, in der man tätig ist. Bei Banken und Versicherungen ist etwa das »Sie« ein Muß, doch ansonsten ist alles möglich, und auch das Milieu (großstädtisch: »du« oder provinziell: »Sie«) spielt eine wichtige Rolle. Es gibt jedoch eine eherne Regel und die betrifft das »Sie« für Ältere: ist man 25 oder 30 Jahre älter als der Gesprächspartner, kann man stets auf ein »Sie« rechnen. Wem dies zum ersten Mal widerfährt, denkt mit einer gewissen Wehmut an das verflossene »Du« zurück. Fremde müßten der Regel zufolge eigentlich auch mit »Sie« angesprochen werden, doch das geschieht häufig nur, wenn der Angesprochene alt genug dafür ist.

Die niederländische Gesellschaft ist verhältnismäßig egalitär, und von daher ist auch der Abstand zwischen formell und informell sehr viel kleiner als in Deutschland. Nach der »Prädestinationslehre« der Kalvinisten entscheidet nicht der Glaube, sondern einzig und allein der Wille Gottes über das ewige Heil. Die Gläubigen haben deshalb ein ziemlich distanziertes Verhältnis zu ihrem Herrn: Gott wird gesiezt. Die Mitglieder der kalvinistischen Gemeinden registrierten jedes Zeichen der »Gnadenwahl« mit Argusaugen. Dieses Mitverantwortlichsein für die anderen führte zu sehr vertraulichen und intensiven Umgangsformen, zu Nachbarschaftshilfe und Nachbarschaftskontrolle – die Offene-Gardinen-Kultur ist ein Beispiel dafür –, wobei das »Du« zur Normalität wurde. Der informelle Umgang untereinander hat sich am Arbeitsplatz unter den Kollegen erhalten und wurde Ende der 1960er Jahre auf die Vorgesetzten ausgedehnt. Das vertrauliche »Du« kann Deutsche, die zum ersten Mal mit der niederländischen Besprechungskultur zu tun bekommen, gelegentlich schon mal in die Irre führen.

Man sagt »du« zu allen, die man auch mit Vornamen anspricht, also etwa zu Freunden, Kollegen, Leuten, die man auf einer Feier trifft (dies gilt jedoch nicht für offizielle Feiern!), Vereinskameraden und Familienangehörigen. Letzteres tun Niederländer aber noch nicht so lange: der Umschwung vom »Sie« zum »Du« innerhalb der Familie setzte um 1955 herum ein und war erst in den 80er Jahren abgeschlossen. Viele Niederländer in der mittleren Generation werden von ihren Kindern mit »du« angeredet, sprechen die eigenen Eltern, Onkel, Tanten und Großeltern aber noch mit »Sie« an. Aus einer Untersuchung von J. A. M. Vermaas aus dem Jahre 1987 ergab sich, daß zu diesem Zeitpunkt noch etwa zehn Prozent der niederländischen Kinder »Sie« zu den Eltern sagte. Dies geschieht vor allem in streng katholischen und kalvinistischen Familien, die sich eng an die Lehre halten und stärker an der Tradition der Anredeformen festzuhalten scheinen, in großen Familien, wo es einen höheren Bedarf an Autorität gibt, sowie in Familien, in denen der Vater niedrig- oder unqualifizierte Tätigkeiten verrichtet und nur noch innerhalb der Familie seinen Status geltend machen kann. Als ich im Jahre 1970 die Familie meiner Frau in Deutschland kennenlernte, verursachte mir die Entdeckung, daß jeder geduzt werden mußte, einen gewaltigen Kulturschock.

In Großstädten wie Rotterdam, Den Haag, Leiden, Amsterdam und Utrecht ist das »Sie« wieder auf dem Vormarsch, wenngleich auch das »Du« nach wie vor überwiegt. In den Bildungsstätten – vom Kindergarten bis hin zur Universität – duzen Kinder, Schüler, Auszubildende und Studenten ihre Erzieher, Lehrer, Ausbilder und sogar die Dozenten. Professoren werden in jedem Fall von ihren Mitarbeitern beim Vornamen genannt bzw. geduzt und von ihren Studenten bestenfalls mit *meneer* (Herr) oder *mevrouw* (Frau) angesprochen. Niederländern liegt weniger an Titeln, die dennoch meist auf der Visitenkarte stehen. Auch in der Adressierung und der Anrede bei offiziellen Briefen wird in den Niederlanden genauestens auf den richtigen Titel geachtet und vorher nachgesehen, ob auch alles stimmt: hierfür gibt es in allen niederländischen Taschenkalendern Listen für die richtige Anrede bei Adligen, Geistlichen und Wissenschaftlern. Doch auch damit geht es seit einiger Zeit bergab.

Auf deutschen Visitenkarten steht vor dem Nachnamen nicht nur der Titel, sondern auch der Vorname. In Telefonbüchern und bei den Namensschildern auf den Briefkästen ist dies ebenfalls üblich. Die Deutschen befinden sich damit auf einer Linie mit den Engländern, den Amerikanern, den Franzosen und anderen Völkern. Nur die Niederländer benutzen meist keine Vornamen, sondern stellen ausschließlich deren Initialen vor den Nachnamen.

Das Weglassen des Vornamens könnte eine Frage der Privatsphäre sein: in einer Gesellschaft, in der es keine Sicherheit über den Gebrauch des »Sie« und »Du« gibt, haben Fremde mit dem eigenen Vornamen nichts zu schaffen – sie müssen sich schon mit dem Nachnamen begnügen. Vielleicht ist die Verwendung von Initialen aber auch eine Folge der damaligen Versäulung: an der Zahl und der Art der Initialen konnte man nämlich ersehen, ob jemand katholisch oder protestantisch war. Vier Initialen mit einem »Th.« oder »M.« (Theodoor oder Maria) darin deuteten auf einen katholischen Hintergrund hin, ein oder zwei Initialen auf einen protestantischen. Den Frauen bietet das Unerwähntlassen des Vornamens einen wesentlichen Vorteil: in den umringenden Ländern können obszöne Anrufer aufgrund der Vornamen in den Telefonbüchern ihre Opfer identifizieren, in den Niederlanden finden sich in den Telefonbüchern keine Informationen über das Geschlecht.

Im Jahre 1811 ordnete Napoleon per Dekret an, daß Niederländer sich einen Familiennamen zulegen mußten, sofern sie noch keinen hatten. An den Namen, die man sich damals gab, wird deutlich, daß man die Sache oft nicht sehr ernst nahm: *Agsteribbe* (Achterippe), *Billepeuter* (Arschpuler), *Huilbroek* (Heulsuse), *Komtebed* (Kommzubett), *Kortgehuwd* (Kurzvermählt), *de Kwaadsteniet* (Nichtderschlechteste), *Natvantranen* (Tränennaß), *Poen* (Kohle), *Simpelaar* (Einfacher), *Van 't Zelfde* (vom Selben), *Vroegindeweij* (Frühaufderweide), *Zeldenthuis* (Seltenzuhaus), *Zoen* (Kuß). Auch bei den Kindern, die weiße Kolonisten in Indonesien mit ihren einheimischen Konkubinen zeugten, gab es eine niederländische Eigenheit: ihre Nachnamen waren häufig Verhunzungen oder die rückwärts gelesenen Namen der Väter: *Rhemrev* (Vermehr), *Vodegel* (de Vogel), *Ednenov* (von Ende).

Niederländische Minister sind einfach meneer oder mevrouw, doch während Königin Juliana sich noch mit mevrouw anreden ließ, möchte ihre Tochter Beatrix »Majestät« genannt werden. In Deutschland genießen adlige und akademische Titel nicht mehr den Stellenwert wie noch vor einigen Jahren. Man wird zwar noch damit angeredet und benutzt sie selbst ebenfalls, doch nicht jeder ist glücklich damit. Titel sind Teil des Namens, nicht nur für den Adel, sondern auch für den Bürger, der damit zu erkennen gibt, daß er auch nicht aus der Gosse kommt. In Deutschland werden Professoren mit »Herr« oder »Frau Professor« angesprochen. »Für Sie noch immer Doktor Kohl«, schnauzte der deutsche Altkanzler auf dem Höhepunkt der Schwarzgeldaffäre einen Journalisten an. Von Kohl handelt auch der Witz, in dem er Präsident Reagan das »Du« mit den Worten anbietet: »*You can say you to me.«* Mit der Weimarer Regelung von 1919 sind bestimmte Adelsprädikate und akademische Titel zum Bestandteil des Namens geworden. Was die Titelsucht betrifft, so gibt es im deutschsprachigen Raum ein starkes Nord-Süd-Gefälle – mit dem äußersten Extrem in Österreich, wo Visitenkarten ohne Titel den anderen in Verlegenheit bringen können.

Deutsche verhalten sich aufgrund der stärkeren hierarchischen Unterschiede formeller, wahren eine größere Distanz zum anderen und haben daher mehr Sicherheit bezüglich der zu verwendenden Anrede. Niederländer haben im Umgang mit Deutschen Probleme damit: ihre Strategie ist nun einmal nicht auf Distanz gerichtet, und sie verstehen nicht, daß ihr gedankenloses »Du« von ihren deutschen Gesprächspartnern als plumpe, aufdringliche Vertraulichkeit gedeutet wird. Philip Remarque, Deutschlandkorrespondent der »Volkskrant«, beschreibt einen Alt-68er-Nachbarn, jemand, der große Bewunderung für die ungezwungenen niederländischen Umgangsformen hat. Philip genießt die Begegnung, und durch das angenehme Gespräch in Sicherheit gewiegt, beginnt er sein Gegenüber zu duzen. Falsch! Der Alt-68er schaut verstört und bleibt seinerseits beim »Sie«.

In Deutschland finden professionelle und persönliche Autorität ihren Niederschlag in den Umgangsformen; in den Niederlanden muß man seine Autorität beweisen und sie sich verdienen. Niederländische Sekretärinnen duzen ihre Chefs mit einer ebensolchen Selbstverständlichkeit wie die Chefs ihre Sekretärinnen. In Deutschland ist so etwas in vielen Betrieben nicht nur undenkbar, es ist auch nicht erwünscht. Arbeitskollegen siezen sich. Wer »Sie« sagt, zeigt Respekt vor dem anderen und akzeptiert die bestehenden Verhältnisse. Das »Sie« ermöglicht es, am Arbeitsplatz auf eine vernünftige Weise Distanz zu wahren, und kann dazu beitragen, daß die Zusammenarbeit mit Kollegen nicht unter Druck gerät. Die größere Distanz an deutschen Arbeitsplätzen hat vor allem mit dem Unterschied in der Definition von Freundschaft zu tun. Während Niederländer nette Kollegen rasch in den eigenen Freundeskreis aufnehmen, bleiben in Deutschland Freundeskreis und Kollegenschaft eher voneinander getrennt. Diese Trennung zwischen Freizeit und Arbeit kommt auch darin zum Ausdruck, wie die Deutschen das Ende ihres Arbeitstages bezeichnen: »Feierabend«. Wenn Deutsche krank sind und nicht arbeiten können, spricht man auch von krankfeiern.

Das Siezen von Kollegen ist inzwischen kein unumstößliches Gesetz mehr. »Sie dürfen mich duzen, Herr Kollege«, hieß es Ende der 80er Jahre in einer Anzeige der deutschen Tabakindustrie. Um einen weniger distanzierten, eher kollegialen und freundschaftlichen Umgang miteinander zu befördern, ist man in einer Reihe von Betrieben dazu übergegangen, das »Du« als Teil der Unternehmensphilosophie obligatorisch einzuführen. Der Betriebsleiter einer deutschen Filiale des schwedischen Bekleidungskonzerns Hennes & Mauritz klagte dagegen beim Arbeitsgericht – und verlor, da der Richter der Ansicht war, daß das »Du« einen festen Bestandteil der Betriebskultur schwedischer Unternehmen ausmache; denn auch bei Ikea ist das Unternehmens-Du bereits seit 1974 üblich. Anderseits erhielt ein Beschäftigter bei Mannesmann recht, der gegen das »Du« als Anredeform in seinem Betrieb geklagt hatte. Dennoch: unter dem Einfluß amerikanischer Firmen ist als Kompromißlösung der Gebrauch des Vornamens in Verbindung mit dem »Sie« immer häufiger anzutreffen. Infolge der zunehmenden Internationalisierung gerät das »Sie« dagegen stärker unter Druck: Arbeitnehmer, die in Amerika ihren Chef »Harry« nennen »müssen«, können in Deutschland nur schwer wieder zum »Sie, Herr Müller« zurückfinden. Der Soziologe Werner Besch unterscheidet zwei in Deutschland gängige Zwischenformen: das »Hamburger Du« (Sie, Karl) und das »Münchener Du« (Du, Frau Aichinger). Die Österreicher mögen zwar ziemlich titelsüchtig sein, mit dem »Du« gehen sie jedoch sehr viel lockerer um. Ein österreichischer Offizier fragte während des Zweiten Weltkriegs einen anderen Offizier, mit dem er im selben Zug saß: »Herr Kamerad, sind Sie Preuße oder bist Du Österreicher?«

Für deutsche Jugendliche und Studenten ist es selbstverständlich, sich zu duzen. Wenn Schüler mit etwa 16 Jahren die Oberstufe erreichen, werden sie an vielen Schulen von diesem Moment an mit »Sie« angesprochen. In den Niederlanden benutzen Lehrer an Fachhochschulen und Universitäten noch häufig den Begriff *kinderen,* Kinder, wenn sie über ihre Studenten reden, und bei vielen niederländischen Studenten heißt »ein Seminar besuchen« einfach »zur Schule gehen«. In Deutschland wäre so etwas undenkbar.

Der deutsche Gott wird mit »Du« angesprochen, er ist ein Gott der Liebe: wer an ihn glaubt, ist sich des ewigen Lebens sicher. Der Vater in der deutschen Familie war bereits ein halbes Jahrhundert vor seinem niederländischen Widerpart »Du« für seinen Nachwuchs. Bei den meisten Gewerkschaften und in der SPD ist das Solidaritäts-Du bis zum heutigen Tag üblich. Und auch in der ehemaligen DDR duzten sich die Parteigenossen der herrschenden SED untereinander. Auf dieses sogenannte »Genossen-Du« legte Wolf Biermann nach seiner Ausbürgerung aus der DDR im Jahre 1976 absolut keinen Wert. Als er von Nico Haasbroek für das Wochenblatt »HP« interviewt werden sollte, wollte er erst wissen, aus welcher »Ideologie« heraus sein Interviewer das »Du« verwendete, denn in seinem Land sei es die gängige Anredeform der Funktionäre.

Umgangsformen

Wer sich in den Niederlanden öffentlich auf seine Herkunft, Bildung oder seinen Status beruft, wird mitleidig angeschaut. Niederländer »dürfen« aufgrund ihres Gewöhnlichkeitskults kein Interesse am Ungewöhnlichen, Besonderen zeigen: »Bloß nicht auffallen« und, vor allem, »Keine Exzesse« – so lautet die Devise. Teure Autos, Gold und Juwelen, Pelzmäntel, Haute Couture – damit fangen Niederländer gar nicht erst an, das gehört sich nicht, das »dürfen« sie nicht wichtig finden. Überflüssiger Luxus hat etwas Angeberisches und Proletenhaftes. Der niederländische Bürger schöpft Existenzberechtigung und Status aus seinem Verhalten, seiner Wortwahl und seiner Aussprache. Niederländische Geschäftsleute müssen im Ausland darauf achten, daß Kleidung und äußeres Erscheinungsbild dort eine wichtige Rolle spielen. In Deutschland werden sie gelegentlich als »Bata-Männer« bezeichnet: sie tragen zwar einen anständigen Anzug, doch ihr Schuhwerk macht regelmäßig einen billigen Eindruck und ist nicht geputzt.

In einem Land wie Deutschland wurden, ebenso wie in Frankreich und England, die herrschende Mode und die Kleidungssitten von den adligen Hofkreisen bestimmt – und der Bürger orientierte sich daran. Deshalb spielt die äußere Erscheinung dort eine so wichtige Rolle, daß man bereit ist, viel Geld dafür auszugeben. »Wie aus dem Ei gepellt« lautet das Motto, Anzug und Krawatte bilden die männliche Standardbekleidung. Der gesellschaftliche Status wird an der Kleidung, dem Make-up, dem Schmuck und dem Auto erkennbar. Niederländer bestimmen selbst, was sie tragen, und die Kleidervorschriften bei offiziellen Anlässen werden darauf oft abgestimmt. Kleidungsstücke sind in den Niederlanden fast völlig losgekoppelt vom sozialen Status. Doch es gibt Ausnahmen: bei Promotionen sind an niederländischen Universitäten Talar und Frack wiedereingeführt worden.

Durch den egalitären Charakter der niederländischen Gesellschaft herrscht auch ein spontaner, lockerer Umgangston, in dem direkte Kritik keinen Platz hat. Lob oder ein, mit einem Schulterklopfen verpackter, kritischer Kommentar ist nun einmal viel angenehmer als offene, unverblümte Kritik, denn dagegen sind Niederländer schlecht gewappnet. Kritik zu äußern ist ein unfreundlicher Akt, auf dem ein Tabu ruht. Alle geben ihr Bestes, alle sind gleich, und deshalb gelten Kritiker, die kein Blatt vor den Mund nehmen, vor allem als ärgerlich und unangenehm. Kritik muß entsprechend eingekleidet werden, das Positive ist zu betonen. Das darf übrigens auch wieder nicht zu demonstrativ geschehen, denn allzu große Freundlichkeit ist verdächtig. Auf übertriebene Höflichkeit reagieren Niederländer mit dem Gedanken: »Was will dieser Typ von mir? Hand aufs Portemonnaie, er will dir was andrehen.«

Im deutschen Wirtschaftsleben, aber auch auf der Straße und in den Geschäften ist Freundlichkeit gegenüber Fremden weniger selbstverständlich als in den Niederlanden. In einem Land, in dem Distanz eine normale Haltung ist, wird spontane Herzlichkeit als Zeichen der Schwäche gewertet: wer freundlich ist, wird auch wohl keine Macht haben, so die Argumentation. Öffentliche Macht- und Statusdemonstration mag in den Niederlanden verpönt sein, in Deutschland erfreut sich die Pose des »Machers«, des starken Mannes oder des Mannes der Tat, großer Wertschätzung. Der spontane, lockere Umgang bleibt auf die Familie, gute Bekannte, Freunde und bestimmte Kollegen beschränkt. Ein lockerer Umgangston gegenüber Fremden, Geschäftspartnern und sogar Kollegen zeugt von schlechten Manieren, eine gewisse Reserve ist oberstes Gebot. Spontan kann man in seinem Verein, in der Stammkneipe oder in der Wohngemeinschaft sein, denn dort spielen soziale Unterschiede keine Rolle, so daß man nicht so sehr auf die Umgangsformen achten muß.

Da Niederländer und Deutsche stark unterschiedliche Auffassungen über Hierarchien oder Rangordnungen haben, schlägt das auch auf die Etikette durch. In Deutschland ist es möglich, vor dem Beginn einer Veranstaltung einen Sitzplatz zu reservieren, indem man ein Kleidungsstück auf den Stuhl legt, und wenn in den Ferien schon vor dem Frühstück Handtücher auf den Liegestühlen am Schwimmbad des Hotels liegen, dann stammen sie meist von Deutschen. Wer als erster kommt, hat ein von jedem Deutschen akzeptiertes Recht auf diesen Platz. In den Niederlanden, mit ihrem Gleichheitsethos, muß man sich dagegen nicht wundern, wenn man bei der Rückkehr seine Jacke oder das Handtuch in einer Ecke wiederfindet und ein anderer den Platz für sich reklamiert hat. Die einfache Tatsache, daß man zu einem früheren Zeitpunkt bereits dort war, spielt in der niederländischen Sicht eine untergeordnete Rolle – an symbolische Handlungen sind keine Rechte geknüpft. Man erwirbt sich erst dann ein wirkliches Recht auf einen Platz, wenn man eine Reservierung hat oder in Fleisch und Blut auf diesem Platz sitzt.

Grüße und Küsse

Das Händeschütteln beim Begrüßen ist in den Niederlanden ebenso gebräuchlich wie in Deutschland, doch es wird mehr geküßt. Wildfremde, die einander gerade eben erst kennengelernt haben, verabschieden sich wenig später mit dem inflationären dreifachen Luftkuß, bei dem die Wangen sich berühren, der Rest des Körpers jedoch in respektvollem Abstand bleibt. Dies ist ein Erbe der 80er Jahre, dem man sich ebenso schwer entziehen kann wie der selbstverständlichen Duzerei. In Deutschland gibt es keine Luftküsse, obwohl sich Familienangehörige und gute Freunde in den Augen der Niederländer gelegentlich erschütternd herzlich und kräftig – Körper an Körper – umarmen.

Niederländer sind Händeschüttler, doch verglichen mit den Deutschen geschieht dies auf einem eher bescheidenen Niveau. Im Gegensatz zu Niederländern tun Deutsche es dauernd, auch etwa unter Kollegen, die sich auf der Arbeit täglich sehen. Die Erklärung muß man in dem jahrhundertealten, äußerst differenzierten deutschen System hierarchischer Ränge und Titel suchen. Ob man eine Hand angeboten bekommt oder nicht, kann von den Betroffenen falsch gedeutet werden. Deshalb gibt man vorsichtshalber jedem, beim erstmaligen Betreten und gegebenenfalls beim Verlassen des Raums, die Hand. Eine in den Niederlanden vollkommen unbekannte Gruppenbegrüßung ist das Klopfen mit den Knöcheln einer Hand auf den Tisch – meist begleitet von dem Satz: »Ich mach mal *so*«. Damit begrüßen später Eintreffende die Gesellschaft an einem vollen Tisch, bevor sie sich einen leeren Stuhl suchen – ein kluger Brauch, der viel mühsames Aufstehen und Händeschütteln vermeiden hilft und dafür sorgt, daß einzelne sich nicht übergangen fühlen. Ebenso unniederländisch ist dasselbe Klopfen, wenn ein deutsches Publikum einem Redner, sozusagen als Ersatz für den Applaus, zu erkennen gibt, daß das Gesagte den Geschmack getroffen hat.

Unterschiede in der Rechtskultur

In einem Land wie Deutschland mit seiner Ge- und Verbotskultur ist alles klar und eindeutig geregelt: man weiß, wie weit man gehen kann oder darf. In den Niederlanden mit ihrem Egalitätsdenken und ihrer Tradition der Beratung, des Konsenses und des gegenseitigen Vertrauens dagegen sind Verbote die Wurzel allen Übels. Die übliche Reaktion auf Verbote ist: »Das bestimme ich selbst!« Deshalb werden in den Niederlanden auch bei Ge- oder Verboten stets ausdrücklich die Ausnahmen aufgezählt und Handlungsalternativen empfohlen – unter Einbahnstraßenschildern steht dann beispielsweise der Hinweis: »Außer Fahrradfahrer«. Institutionen oder Gruppierungen werden dazu aufgefordert, sich selbst einen Verhaltenskodex zu geben, um diesen nicht von oben auferlegen zu müssen. In vielen Bereichen werden von betroffenen Organisationen, etwa in der Landwirtschaft, der Fischerei, dem Transportwesen und anderen Branchen, entsprechende Vereinbarungen abgeschlossen.

In Deutschland dagegen wird dem Gesetz Respekt gezollt: egal, ob es sich um seine Vertreter handelt, um Verkehrsschilder oder sonstige Schilder mit begründeten oder unbegründeten, meist aber gebieterisch formulierten Mitteilungen. Verbotsschilder werden von Deutschen nahezu kritiklos akzeptiert; sie gehen davon aus, daß solche Schilder nicht ohne Grund aufgestellt werden. Niederländer spüren im allgemeinen wenig Neigung,

Warn- und Verbotsschilder im Naturschutzgebiet des Emslandes mit ausführlicher Erklärung für niederländische Besucher.

festgeschriebenen Regeln zu folgen. Sie stellen sie zur Diskussion und betrachten sie oft als nicht mehr als eine unverbindliche Empfehlung. In Deutschland gelten die Regeln für alle, und die Gesetze werden auch tatsächlich immer angewandt. Im deutsch-niederländischen Grenzgebiet hat der Kreis Emsland in Naturschutzgebieten neben den Warn- und Verbotstafeln für die eigenen Untertanen spezielle Schilder für niederländischsprachige Besucher aufgestellt. Auf ihnen wird in freundlichem Ton erläutert, warum etwas gefährlich, ge- oder verboten ist.

Deutschland hat eine andere Rechtskultur als die Niederlande. Es ist nur wenig übertrieben zu sagen, daß in Deutschland alles verboten ist, was nicht ausdrücklich erlaubt ist. Und weil Deutsche sehr konfliktorientiert sind und ein Nachgeben Gesichtsverlust bedeutet, landet selbst die kleinste Bagatelle vor dem Richter. In Deutschland ist der Einfluß des Gerichts nahezu grenzenlos, Rechtsschutzversicherungen gehören dort schon fast zum normalen Versicherungsstandard. Mehr als 60 Prozent der deutschen Autofahrer besitzen eine, in den Niederlanden sind es nur 15 Prozent. In Deutschland landen auch dreimal so viele Streitfälle vor Gericht, denn nur im Richter findet man den notwendigen neutralen Dritten, den offiziellen Schlichter. Das erklärt auch, weshalb es in Deutschland im Verhältnis doppelt so viele Anwälte und Staatsanwälte und dreimal so viele Richter gibt. Der Richterspruch bietet einen akzeptablen Ausweg für denjenigen, dem das Schließen von Kompromissen als Zeichen der Schwäche, als Verrat an der eigenen Überzeugung gilt. Doch es gibt noch einen weiteren Grund, weshalb in Deutschland mehr Rechtsstreitigkeiten ausgetragen werden: Anwälte werden dort nach einer offiziellen Gebührenordnung honoriert – der Mandant weiß also genau, woran er ist. In den Niederlanden erhält der Anwalt ein Stundenhonorar, und die Verfahren dauern dreimal so lange wie in Deutschland – was einen enorm kostentreibenden Effekt haben kann. Niederländische Klienten überlegen es sich deshalb zweimal, ob sie ihr Recht vor Gericht suchen.

Als Alternative für den Gang zum Richter gibt es in den Niederlanden bei zivilrechtlichen Angelegenheiten ein Schlichtungsverfahren. Die Konfliktparteien unterwerfen sich freiwillig dem Schlichterspruch oder gehen anschließend vor einem Gericht in Berufung. Streitigkeiten zwischen Verbrauchern und Produzenten, Mietern und Vermietern, Auftraggebern und Auftragnehmern, Arbeitgebern und Arbeitnehmern usw. werden ebenfalls sehr viel häufiger vor Schlichterausschüssen ausgetragen. Die private Konfliktregelung durch die *Stichting Geschillencommissies Consumentenzaken* (Stiftung Schlichterausschüsse Verbraucherangelegenheiten) ist nirgendwo so gut entwickelt wie in den Niederlanden: Streitigkeiten landen kaum einmal vor dem Richter, denn die Ausschüsse arbeiten schnell, effizient, ohne viel Risiko, und die Kosten betragen nur den Bruchteil eines regulären Gerichtsverfahrens. In Deutschland stehen sich die Parteien eher diametral gegenüber. Illustrativ für die Unterschiede in den Mentalitäten sind die folgenden Beispiele.

Anfang der 1960er Jahre mußte im niederländischen Enschede eine Umgehungsstraße gebaut werden, doch eine Eisenbahnlinie der *Nederlandse Spoorwegen* (NS) stand den Arbeiten im Wege. Der deutsche Ökonom Th. M. Metz, der sowohl an der Universität Frankfurt als auch in den Niederlanden lehrte, legte seinen Studierenden diese Frage vor. Die deutschen Studenten antworteten en bloc, daß die Entscheidung beim Richter liege, in den Niederlanden war man hingegen im selben Maße überzeugt, daß man sich an den Tisch setzen müsse, um in Beratungen zu einer für alle Parteien befriedigenden Lösung zu kommen.

Wenn niederländische Arbeitnehmer streiken wollen, kann ihnen der Richter einen gehörigen Strich durch die Rechnung machen. Als 1903 in den Niederlanden der erste Eisenbahnerstreik ausbrach, ließ Ministerpräsident Abraham de Kuyper Streiks von Eisenbahnarbeitern per Strafgesetzbuch verbieten – ein Verbot, das erst 1980 wiederaufgehoben wurde. Die Abneigung gegen harte Konflikte sowie die Orientierung am Beratungs- und Konsensmodell haben dazu geführt, daß das Streikrecht zu einem Fremdkörper im niederländischen Gesetzeswerk wurde. Es gibt so wenig gesetzliche Regelungen auf diesem Gebiet, daß die Streikparteien die Zulässigkeit eines Streiks nur per Gerichtsbeschluß regeln lassen können.

In Deutschland gibt es die Möglichkeit, vom Parlament verabschiedete Gesetze dem Bundesverfassungsgericht zur Prüfung vorzulegen. Ein solches Gericht, das vom Parlament angenommene Gesetze im nachhinein für nicht verfassungsgemäß erklären kann, gibt es in den Niederlanden nicht. Die Bundesrepublik hat das Verfassungsgericht nach dem Zweiten Weltkrieg aus der amerikanischen Verfassung übernommen. In der Bundesrepublik haben nicht die Volksvertreter, sondern die Richter das letzte Wort über ein neues Gesetz. Die Deutschen empfinden es als einen Vorteil, wenn die echten Spezialisten mit ihrem juristischen Sachverstand umstrittene Gesetze noch einmal überprüfen.

Fahrradfahrer und das Gesetz

Fast überall auf der Welt hat der Rechtsverkehr Vorfahrt. Als die Niederlande 1940 von den Deutschen besetzt wurden, fuhr man dort vor allem Fahrrad, denn es gab noch verhältnismäßig wenig Autos. Der Rechtsverkehr bestand deshalb vor allem aus Radfahrern und deutschen Armeefahrzeugen. Um das Problem zu beseitigen, schaffte die deutsche Besatzungsmacht die Vorfahrtregelung für Radfahrer ab. Dieses Kriegsgesetz wurde erst zum 1. Mai 2001 aufgehoben. Bis dahin waren von den Verkehrsministern alle Vorschläge, Radfahrern die Vorfahrt wieder zurückzugeben, als zu gefährlich immer auf Eis gelegt worden.

Im Straßenverkehr kommt das legalistische Denken der Deutschen maximal zur Geltung. Sich nicht an die Verkehrsregeln zu halten kann äußerst riskant sein: einfache Bürger spielen Polizisten und nehmen, notfalls auf einem Bein humpelnd und dabei heftig mit den Krücken fuchtelnd, die Verfolgung von Fahrradfahrern in der Fußgängerzone auf; Autofahrer treiben hupend, blinkend und mit dem Fuß auf dem Gas Radfahrer in die Enge, die sich von der falschen Seite in die Einbahnstraße gewagt haben. Doch die deutsche »Straßenverkehrsordnung« hat auch ihre Vorteile: für niederländische Fußgänger ist es eine Wohltat zu entdecken, daß in Deutschland die Autofahrer bereits anhalten, wenn man sich einem Zebrastreifen auch nur nähert.

Vor dem deutschen Gesetz sind alle Verkehrsteilnehmer gleich, anders als in den Niederlanden gibt es hier keine positive Diskriminierung des Schwächeren, des Fußgängers und Fahrradfahrers. Wenn man als Autofahrer in den Niederlanden einen Fahrradfahrer anfährt, der jünger als 14 Jahre ist, hat man grundsätzlich Schuld; ist das Unfallopfer älter als 14, muß der Autofahrer seine Unschuld beweisen. Für Deutsche ist die virtuelle Straffreiheit der niederländischen Radfahrer völlig inakzeptabel. Niederländische Stadtplaner müssen bei der Planung von Verkehrsverbindungen stets den Sicherheitsaspekt für die schwächeren Verkehrsteilnehmer – Fußgänger und Radfahrer – berücksichtigen, da das Gesetz die Schaffung von Fahrrad- und Fußwegen auch außerhalb geschlossener Ortschaften vorschreibt. In Deutschland hat es auf diesem Gebiet in den letzten 15 Jahren einen enormen Aufholprozeß gegeben, doch in vielen Städten und Gemeinden ist es für Radfahrer noch immer ein echtes Abenteuer, sich auf den Drahtesel zu schwingen. Niederländische Autofahrer sind fast immer zugleich auch Fahrradfahrer, und obwohl sie sich über das anarchische Verhalten von Fahrradfahrern schwarz ärgern, wissen sie nur allzugut, daß sie als Radfahrer selbst Teilzeitanarchisten sind.

Das Verhalten von Fahrradfahrern hat sich im Laufe der Geschichte kaum verändert, und auch die staatlichen Autoritäten reagieren heute nicht anders als früher. Den Soziologen Friso Roest und Jos Scheren zufolge klagten bereits die deutschen Besatzer im Jahre 1940 über das undisziplinierte Verhalten der Radfahrer: »sie streckten ihre Hand nicht aus, fuhren zu dritt nebeneinander. Die Polizeibeamten, die eigentlich dagegen etwas hätten tun müssen, gaben ebenfalls kein Handzeichen. Damit hatte Schluß zu sein.« Der Vorschlag, bei Verkehrssündern

Vom Fahrrad in den Zug: Die große Fahrradgarage am Amsterdamer Hauptbahnhof.

zur Strafe die Luft aus dem Reifen zu lassen, wurde schließlich fallengelassen, da Schlauch und Ventil dabei kaputtgehen konnten und wegen des Krieges ein Mangel an Rohstoffen herrschte.

Die Gleichheit vor dem Gesetz führte in Deutschland vielerorts zu der Praxis, daß, um Unfälle zu vermeiden, die Fahrbahn für die Autofahrer reserviert ist. Radfahrer müssen sich den Bürgersteig mit Fußgängern und parkenden Autos teilen. Der konsequent umgesetzte Gleichheitsgrundsatz im Straßenverkehr, die Unantastbarkeit der Regel und das legalistische Denken führen aus Sicht der Niederländer dazu, daß das deutsche Straßenverkehrsrecht vor allem ein Recht des Stärkeren, des Autofahrers, ist.

Die Überzeugung, daß Regeln dazu da sind, um befolgt zu werden, ist im deutschen Denken fest verankert. Dort, wo Niederländer stärker in Begriffen wie »Bürgersinn«, »Anstand« und »gegenseitige Verantwortung« denken, ist das Denken bei Deutschen eher von Gesetzesparagraphen geprägt. Viele Deutsche haben eine Kontrollinstanz im Kopf, die sie als Fußgänger warten läßt, wenn die Ampel auf Rot steht – selbst dann, wenn es weit und breit keinen Verkehr gibt. Es ist deutlich, daß Deutsche hiermit dem verinnerlichten kategorischen Imperativ Kants folgen: einem allgemeingültigen Gebot darf man sich nicht entziehen, nicht einmal aus pragmatischen Gründen. Auf die Frage nach dem Warum ihres Rote-Ampel-Verhaltens erhält man jedesmal dieselbe Antwort, nämlich daß sich Kinder an diesem asozialen Verhalten von Erwachsenen ein Beispiel nehmen und dadurch zu Schaden kommen könnten. In deutschen Cartoons – wie zum Beispiel bei Guido Sieber – wird dieses Stereotyp fortwährend auf die Schippe genommen.

Opportunitäts- und Legalitätsprinzip

Für die legalistisch denkenden Deutschen gelten Ge- und Verbotsschilder immer und überall – Vorschriften werden schließlich nicht ohne Grund erlassen. Wenn es eine Regel gibt, gilt sie für alle, egal, ob jung oder alt, reich oder arm, vom Porsche-Fahrer über den Fahrradfahrer bis zum Fußgänger. Wie streng Regeln interpretiert werden, wird an den Bußen deutlich, die Autofahrer in Deutschland aufgebrummt bekommen, wenn sie ohne Benzin auf dem Standstreifen der Autobahn erwischt werden. Der Standstreifen darf nur in Notfällen benutzt werden, die die Folge höherer Gewalt sind. Für ein subjektives Argument wie den Mangel an Treibstoff hätte die niederländische Polizei volles Verständnis, doch ihre deutschen Kollegen lassen sich dadurch nicht beirren: ein leerer Tank läßt sich vorhersehen, ist also keine höhere Gewalt, sondern zeugt von schlechter Planung.

Bei Übertretungen erhalten Verkehrsteilnehmer Strafpunkte. Wenn Fußgänger oder Radfahrer bei Rot über die Ampel gehen bzw. fahren oder Autofahrer mit einem zu hohen Alkoholpromillegehalt einen Unfall verursachen, gibt es – je nach dem Schweregrad der Übertretung – neben einer Buße und dem eventuellen Entzug der Fahrerlaubnis »Punkte«. Im Flensburger Verkehrszentralregister (im Volksmund »Verkehrssünderkartei«) sind mehr als acht Millionen Namen solcher Verkehrssünder gespeichert. Je nach der Höhe der Strafpunkte bekommt man eine Verwarnung, muß an einem Nachschulungskurs teilnehmen oder eine verkehrspsychologische Beratungsstelle aufsuchen, und wenn man mehr als 18 Punkte hat, wird der Führerschein eingezogen. Die Schwere der Übertretung oder des Straftatbestands entscheidet darüber, nach welcher Frist – zwei, fünf oder zehn Jahre – die Akte vernichtet wird. Wer seine Fahrerlaubnis zurückhaben möchte, muß an einem psychologischen Test – dem sogenannten »Idiotentest« – teilnehmen, womöglich sogar Therapie akzeptieren oder erneut eine Führerscheinprüfung ablegen. Ein derart allumfassendes Punktesystem würde in den Niederlanden zu großer Rechtsungleichheit führen, da ein niederländischer Polizeibeamter subjektiv entscheidet, ob er gegen eine Verletzung der Straßenverkehrsordnung einschreitet oder nicht. Nur in einem Land, in dem gegen jede Regelverletzung eingeschritten werden muß, ist ein solches System auch »gerecht«. Dennoch wurde auch in den Niederlanden ein Anfang gemacht, indem man zum 1. April 2002 ein neues System für Verkehrssünder einführte. Wer ab diesem Zeitpunkt seinen Führerschein macht, erhält eine vorläufige Fahrerlaubnis; sammeln sich innerhalb von fünf Jahren drei Strafpunkte an, muß man eine Prüfung beim *Centraal Bureau voor Rijvaardigheidsbewijzen* (Zentralamt für Fahrtauglichkeitsprüfungen) ablegen.

Ein wichtiger Unterschied zwischen dem deutschen und dem niederländischen Rechtssystem besteht auch darin, daß die Staatsanwaltschaft in den Niederlanden bei der Verfolgung von Strafverfahren aus dem Opportunitätsprinzip heraus handelt. Man stellt das Verfahren ein, wenn das erwartete Strafmaß in keinem Verhältnis zum verübten Delikt steht, und behandelt bestimmte Kategorien von Übertretungen oder Verbrechen nicht vorrangig. Das bedeutet, daß ein Staatsanwalt, solange keine ausdrückliche Weisung eines Gerichts, der Staatsanwaltschaft oder des Justizministeriums vorliegt, nicht von vornherein verpflichtet ist, eine strafbare Handlung zu verfolgen. Dieses Opportunitätsprinzip gilt nicht nur für die Staatsanwaltschaft, sondern auch für die Polizei. Niederländische Polizisten sehen sich selbst in erster Linie als eine Art Sozialdienstleister und entscheiden bei eventuellen Übertretungen an Ort und Stelle selbst, ob ein Eingreifen geboten ist. Sie haben als Bürger auch Schwierigkeiten damit, wenn eine allgemeine Regel in individuellen Fällen nicht logisch ist (z.B. Radfahrer, die rechts abbiegen und dabei durch Rot fahren, da sie niemanden behindern).

In der heutigen postmodernen Gesellschaft spielen Individualisierung und Rationalisierung eine immer bedeutsamere Rolle, und das *Gedogen* (Dulden) ist eine äußerst praktische Methode, um unter Beibehaltung der Regeln Möglichkeiten für diejenigen zu schaffen, die in Einzelfällen von dieser Regel abweichen wollen. Dem niederländischen Soziologen Kees Schuyt zufolge bedeutet *gedogen* das Tolerieren des Übels, da seine Bekämpfung zu einem noch größeren Übel führen würde. Die niederländische Politik des *Gedogens* zielt darauf ab, die Regeln so anzuwenden, daß auch die Werte von Minderheiten und schwächeren Parteien zu ihrem Recht kommen. Dies hat auf allen Ebenen des gesellschaftlichen Lebens zu einer verhältnismäßig toleranten Gesetzgebung mit einem stark symbolischen Charakter geführt, einer Art »Kautschuk-Gesetzgebung«, da man möglichst viel erlauben und wenig verbieten möchte.

In Deutschland handelt man auf der Grundlage des Legalitätsprinzips: alles, was strafbar ist, muß auch verfolgt werden. Das Gesetz wird ohne Wenn und Aber respektiert, was auf dem Papier verboten ist, ist rücksichtslos zu bestrafen. Eine legalistisch denkende Gesellschaft wie die deutsche kann mit einem Begriff wie *gedogen* nichts anfangen, da es dem deutschen Rechtsempfinden bzw. dem deutschen Entweder-Oder-Denken zuwiderläuft – »weil nicht sein kann, was nicht sein darf«, so das Motto. Die deutsche Polizei sieht sich selbst als eine Instanz, die Übertretungen verhindern muß. Der deutsche Beamte mit Ermittlungsbefugnis muß einschreiten, wenn er einen Verdacht hegt oder belastende Fakten konstatiert. Aus diesem Grund wurde 1990 etwa eine deutsche Frau, die in den Niederlanden eine Abtreibung hatte vornehmen lassen, bei ihrer Rückkehr an der deutschen Grenze festgenommen. Um den Beweis für einen Schwangerschaftsabbruch zu führen, ist auf Anweisung der deutschen Staatsanwaltschaft sogar die Untersuchung der Gebärmutter erlaubt. Der Schriftsteller Heinrich Böll machte 1974 bei der Diskussion über die Reform des Abtreibungsgesetzes in Deutschland eine sehr »undeutsche« Bemerkung, als er sagte: »Ich bin gegen Abtreibung, aber ich bin dafür, daß es jedem freisteht, darüber selbst zu entscheiden.« Das neue deutsche Abtreibungsgesetz, das seit 1995 in Kraft ist, ersetzt das restriktivere westdeutsche Gesetz und die sehr viel großzügigeren ostdeutschen Regelungen. Schwangerschaftsabbruch ist bis zur 13. Schwangerschaftswoche möglich, und wer sich dazu entschließt, muß sich von einem sozialmedizinischen Team betreuen lassen. Nach der 13. Woche ist die Abtreibung nur noch in einer medizinischen oder psychosozialen Notfallsituation erlaubt. In den Niederlanden hat der Gesetzgeber die moralische Verantwortlichkeit voll und ganz in die Hände der Frau gelegt, egal, welche Gründe sie zu ihrem Schritt bewegen. Ärzte haben auf der Grundlage des Gesetzes über den Abbruch von Schwangerschaften aus dem Jahre 1981 die Frau lediglich auf alternative Möglichkeiten hinzuweisen, um der unerwünschten »Notsituation« zu begegnen. Sie müssen sich vergewissern, daß die Frau den Entschluß zum Schwangerschaftsabbruch »freiwillig, nach sorgfältiger Abwägung und im Bewußtsein ihrer Verantwortung für das ungeborene Leben und die Folgen für sich selbst und die ihren« getroffen hat. Zusätzlich ist eine Bedenkzeit von fünf Tagen zwischen der Bitte und der Durchführung des Eingriffs vorgeschrieben. Die Anzahl der Schwangerschaftsabbrüche in den beiden Ländern unterscheidet sich nicht sonderlich stark voneinander: während 2002 in den Niederlanden acht von 1000 Frauen in gebärfähigem Alter abtreiben, liegt die Zahl in Deutschland bei sieben Promille.

Ähnlich ist es auch in puncto Drogen. In Deutschland werden Konsumenten weicher Drogen inzwischen zwar nicht mehr als Kriminelle behandelt, doch von einer Politik der Duldung selbst im Hinblick auf den Verkauf kleiner Mengen weicher Drogen kann keine Rede sein. Der bekannte deutsche Sänger Konstantin Wecker erhielt 1998 für den Besitz von Kokain eine Haftstrafe von zweieinhalb Jahren. Schwere Trinker und Alkoholiker können dagegen durchaus auf Verständnis für ihre Sucht rechnen; die Entziehungskuren des bekannten Entertainers Harald Juhnke wurden deshalb auch jahrelang mit großer Sympathie von den Medien begleitet. In den Niederlanden war der Popmusiker und Maler Herman Brood bekannt für seine Kokain- und Heroinsucht, was seiner Berühmtheit jedoch keinen Abbruch tat – im Gegenteil: er trug seine Sucht öffentlich zur Schau, war ein geschätzter Experte bei Podiumsdiskussionen über Drogenkonsum, und seine Bilder verkauften sich ausgezeichnet. Im Jahre 2001 unternahm der niederländische »Schmusejunkie« einen Versuch, von der Droge loszukommen, doch das gefiel ihm so schlecht, daß er seinem Leben ein Ende setzte und vom Amsterdamer Hilton-Hotel in die Tiefe sprang.

Euthanasie und die Reaktionen in Deutschland

Als echte Pragmatiker sorgen Niederländer selbst auf solchen Gebieten für Regelungen, auf denen in anderen Ländern keine Gesetzgebung möglich ist, da sie zu den tabuisierten Grauzonen gehören: Euthanasie, die Homo-Ehe, der Verkauf weicher Drogen, Prostitution, usw. Nach einer 30 Jahre dauernden breiten gesellschaftlichen Diskussion wurde am 10. April 2001 das Gesetz mit dem Titel »Regelung der Lebensbeendigung auf Wunsch und Hilfe bei der Selbsttötung« – auch »Euthanasie-« oder »Sterbehilfegesetz« genannt – von der Ersten Kammer des Parlaments verabschiedet. Das Gesetz, das am 1. April 2002 in Kraft trat, schafft keine neuen Normen, sondern bestätigt im wesentlichen die seit 1985 bestehende Praxis. Das Gesetz macht keinen Unterschied zwischen aktiver Sterbehilfe (der Arzt verabreicht das tödliche Mittel) und Hilfe bei Selbsttötung (der Patient nimmt das vom Arzt gereichte Mittel selbst ein). Die Altersgrenze für den Wunsch nach Sterbehilfe wurde auf 16 Jahre festgelegt; Jugendliche unter 16 haben die Zustimmung eines Elternteils nötig. Mit dem Gesetz wurde ein Versuch unternommen, durch die Einführung einer ausgewogenen Regelung Sterbehilfe transparenter und kontrollierbarer zu machen, wo es vorher nur eine große Lüge gab und die Euthanasie im verborgenen geschah. Das Gesetz schützt den Arzt vor Strafverfolgung, wenn er sich an eine Reihe von Sorgfaltskriterien hält:

> Er muß sich davon überzeugt haben, daß der Patient freiwillig und wohlüberlegt um den Tod bittet und das Leiden des Patienten aussichtslos und unerträglich ist. Ferner muß er den Patienten umfassend über dessen Situation und die Aussichten aufklären, und er muß gemeinsam mit ihm zu der Überzeugung gelangt sein, daß es keine andere vernünftige Alternative zu dieser Situation gibt als die Euthanasie. Er muß einen zweiten medizinischen Fachmann um Rat fragen, und er muß sein Handeln schriftlich begründen und einer Prüfungskommission melden.

Es gibt fünf regionale Prüfungskommissionen, in denen außer dem vorsitzenden Juristen ein Arzt und ein Ethiker sitzen. Zweifel muß die Kommission der Staatsanwaltschaft melden.

Das unnötige Hinauszögern des Lebens ist in den Niederlanden bereits seit Mitte der 80er Jahre kein Thema mehr, doch das

Gesetz sagt nichts über Lebensmüdigkeit als Kriterium. Ärzte dürfen bei Menschen, die »mit dem Leben abgeschlossen haben«, weder aktiv noch passiv lebensbeendend handeln, entschied der Amsterdamer Gerichtshof im Dezember 2001. Eine Kommission der KNMG, der Königlich-Niederländischen Gesellschaft zur Förderung der Heilkunst, untersucht derzeit, ob die Sorgfaltskriterien für Euthanasie auf existentielle Leiden – das Leiden an Einsamkeit, Leere und Sinnlosigkeit der eigenen Existenz – erweitert werden müssen. Solche Menschen müssen für ihr selbst gewolltes Lebensende derzeit Zuflucht zu extremen Mitteln nehmen: Aufhängen etwa, aus dem Fenster springen oder sich vor den Zug werfen. Huib Drion, ehemaliges Mitglied des Obersten Gerichtshofs, behauptete 1991, daß alte Menschen, die lebensmüde seien, ein Recht auf humanere Mittel haben müßten – unter der Bedingung, daß sie die »fatale« Tat selbst verübten. Seither spricht man von der *Drionpil,* der Selbsttötungspille, obwohl Drion selbst nicht so sehr an eine einzige »Pille« dachte, sondern an »eine Kombination von Mitteln, die in kurzer Abfolge nacheinander eingenommen werden müssen«.

Der selbstgewählte Tod bildet einen Bestandteil des Curriculums bei der Hausarztausbildung. Die Bereitschaft zu lebensbeendendem Handeln droht inzwischen sogar in den Rang einer Berufsqualifikation erhoben zu werden. Euthanasie hat ein starkes Gewicht in Personalprofilen und Bewerbungsgesprächen bekommen; der orthodox-christliche *Nederlands Artsenverbond* (Niederländischer Ärztebund) hat seine Empörung darüber zum Ausdruck gebracht, daß Hausärzte, die grundsätzlich gegen Euthanasie seien, in Kürze vielleicht nicht mehr arbeiten könnten. Die sehr viel größere, allgemeine *Landelijke Huisartsenvereniging* (Nationale Hausärztevereinigung) behauptet, daß durch die zunehmende Vergreisung der Gesellschaft die Zahl der Bitten um Sterbehilfe zunehmen werde und der Arzt, der Euthanasie ablehne, seine Kollegen in Probleme bringen werde.

Die Niederlande praktizieren ein konsequentes Hausarztmodell mit dem klassischen Familiendoktor, und das ist dem niederländischen Strafrechtsprofessor Eugène Sutorius zufolge auch der Grund, weshalb die Entwicklungen um die Euthanasie gerade in diesem Land stattgefunden haben. Die Hausärzte stehen in engem Kontakt zur Familie und werden häufig zu Vertrauenspersonen. Sie handeln weniger medizinisch-technisch, sondern bieten vielmehr umfassende Hilfe von der ärztlichen Behandlung bis zum vertraulichen Gespräch. Es herrscht große Solidarität der Niederländer mit ihren Hausärzten, und wenn der eigene Hausarzt vor dem Richter steht, werden sich die Menschen des ethischen Dilemmas unmittelbar bewußt. Der niederländisch-amerikanische Historiker James Kennedy weist auf die auffallend große Zahl prominenter Christen, vor allem aus protestantischem Hause, unter den Befürwortern der Euthanasie hin. Die katholische Kirche lehnt Euthanasie ab, doch Altbischof Bär, der zuvor ein Gegner gewesen war, sprach sich vor einigen Jahren zugunsten der Euthanasie aus: »Am Anfang haben wir gedacht, daß Ärzte sagen würden: ›Sie bitten, und wir tun es.‹ Dem ist nicht so. Stellen Sie sich vor, daß es nicht geregelt wäre, das könnte zu Tragödien führen.«

Der Begriff Euthanasie ist in Deutschland verbraucht. Da er an die verbrecherische Weise erinnert, in der das Nazi-Regime in einem Euthanasie-Programm Zehntausende »unproduktive«, »asoziale«, geistig und körperlich Behinderte, Kranke und Alte ermorden ließ, ruht ein so starkes Tabu darauf, daß es unbesprechbar geworden ist. Die Meinung in Deutschland ist dazu eindeutig. Vom Kölner Erzbischof Meissner heißt es etwa: »Eine Gesellschaft, die ein Euthanasiegesetz erläßt, ist ›krank und psychisch degeneriert‹.« Die »FAZ« schreibt am 17. April 2001: »Sterbehilfe besteht in der Begleitung Sterbender auf ihrem natürlichen Weg in den Tod. Was in den Niederlanden praktiziert wird, ist Beförderung in den Tod.« Und Robert Leicht läßt sich in der »Zeit« vom 19. April 2001 unter dem Titel »Der Tod in Weiß« mit den Worten vernehmen: »Wenn es ans Sterben geht, hoffe wohl auch ich, nicht zuletzt, auf einen gnädigen Arzt. Aber leben in einem Land, in dem daraus ein Gesetz wird? Nein.« Doch es gibt in Deutschland auch andere Auffassungen, so etwa die von Richard Herzinger in einer Replik auf den Beitrag von Leicht: »Die Selbstgerechtigkeit, mit der deutsche Ethikwächter [...] einer tief in demokratischen Freiheitstraditionen verankerten Nation wie den Niederlanden vorhalten, sie liefere sich blind der latenten Willkür eines menschenverachtenden Prinzips aus, ist befremdlich.«*

* »Die Zeit« vom 26. April 2001

Michel Kerres, Korrespondent der niederländischen Tageszeitung »NRC Handelsblad« in Deutschland, zitiert am 2. März 2002 einen hohen deutschen Beamten auf der 6. Deutsch-Niederländischen Konferenz in Potsdam: »Wir haben gelernt, wie unglaublich schnell etwas auf grauenhafte Weise aus dem Ruder laufen kann. Diese Bürde tragen wir mit uns herum. Deshalb steht die Angst vor dem Mißbrauch im Vordergrund und die Chancen, die neue Techniken und neue Wege bieten, im Hintergrund.« Das niederländische Gesetz stößt im politischen Spektrum der Bundesrepublik auf breiten Widerstand, doch 70 Prozent der Bevölkerung äußern sich positiv dazu (64 Prozent in Westdeutschland und 80 Prozent in Ostdeutschland).

Niederländer finden, daß das deutsche Trauma der Eugenik einen unverstellten Blick auf die Frage verhindert. Auch Genmanipulation und Stammzellenforschung bilden in diesem Zusammenhang heikle Themen. Allerdings hat inzwischen der hessische Landesgerichtshof entschieden, daß Gerichte der Beendigung lebensverlängernder Maßnahmen zustimmen können, wenn dies der Wille des Patienten ist und es keine Chance auf bewußtes Leben mehr gibt.

Das Hausarzt-Prinzip

Niederländer warten lieber mit dem Gang zum Spezialisten. Der wird nämlich pro vorgenommener Handlung bezahlt, und ehe man sich's versieht, hat er etwas getan, das vielleicht gar nicht nötig war – denn operieren lassen kann man sich immer noch. In den Niederlanden dominiert das Hausarztmodell: Mitglieder der Gesetzlichen Krankenversicherung müssen erst zu ihrem Allgemeinarzt, um sich eine Überweisung zum Spezialisten zu holen. Obwohl es bei Privatversicherten nicht notwendig ist, gehen viele von ihnen dennoch gern erst bei ihrem Hausarzt vorbei, um alles zu besprechen. Während in Deutschland mehr mit Medikamenten gearbeitet wird, verschreiben niederländische Hausärzte vorzugsweise Ruhe und Diät. Prävention ist ein wichtiger Bestandteil der medizinischen Versorgung, denn vermeiden ist besser als heilen – von daher auch etwa die halbjährlichen Kontrolluntersuchungen beim Zahnarzt, die das Gros der Versicherten klaglos über sich ergehen läßt.

In Deutschland haben – im Unterschied zu den Niederlanden – auch Allgemeinärzte weiße Kittel an: es sieht hygienisch aus, wirkt professionell und weckt Vertrauen. Deutsche gehen, etwas überspitzt formuliert, nur dann zum Allgemeinarzt, wenn es sich um Kleinigkeiten handelt oder sie nicht genau wissen, welcher Spezialist für ihre Beschwerden zuständig ist. Das Fach des Allgemeinmediziners ist verwässert, und die Praxis des Arztes ist auch nicht, wie in den Niederlanden, der Ort, an dem die zentrale Registrierung des Arzneimittelverbrauchs des Patienten vorgenommen wird. Aus niederländischer Sicht wäre hier die Gefahr riesengroß, daß der Patient bei verschiedenen Spezialisten für verschiedene Krankheiten die unterschiedlichsten Medikamente verschrieben bekäme, die möglicherweise kontraindikativ sind, ohne daß die Spezialisten untereinander darüber in Kontakt stehen. Und weil Deutsche ihre Rezepte bei jeder willkürlichen Apotheke einreichen können, kann diese ebensowenig als zentrale Registrierungsinstanz dienen und eventuell warnen. Niederländische pflicht- und privatversicherte Patienten haben eine feste Apotheke, und auf Kontraindikationen wird vom Apotheker scharf geachtet.

Krank sein und krankfeiern

Wenn man sich in den Niederlanden telefonisch bei seinem Arbeitgeber krank meldet, ist man krank. Es ist vernünftig, sich dann ein paar Tage ins Bett zu legen und sich auszukurieren, denn halbe Wracks laufen schon genügend herum. In Deutschland wird trotz Krankheit häufig weitergearbeitet, da es als nicht kollegial gilt, der Arbeit fernzubleiben, bloß weil man nicht richtig »auf dem Damm« ist. In den Niederlanden wird es akzeptiert und geduldet, daß Arbeitnehmer gelegentlich keine Lust haben zu arbeiten, und aus diesem Grund hat man in den 70er Jahren den sogenannten *baaldag* eingeführt (von *balen,* was soviel bedeutet wie »die Nase gestrichen voll haben«) – *baaldagen* oder auch *snipperdagen* waren frei wählbare Urlaubstage. Durch die Arbeitszeitverkürzung – die gesetzliche Reduzierung der Wochenarbeitszeit mit dem Ziel der Schaffung neuer Stellen – hat der vollzeitbeschäftigte niederländische Arbeitnehmer heute durchschnittlich etwa sechs sogenannte *adv-dagen* (*arbeidsduurverkortingsdagen* = Arbeitszeitverkürzungstage) im Jahr, die er zum Teil frei wählen kann, zum anderen Teil jedoch an den sogenannten »Brückentagen«, etwa zwischen Himmelfahrt und dem nachfolgenden Samstag, nehmen muß. Dadurch ist der *baaldag* überflüssig geworden und inzwischen wieder aus dem Sprachgebrauch verschwunden. Solche Extra-Urlaubstage sind ein in Deutschland weitgehend unbekanntes Phänomen, aber weil deutsche Arbeitnehmer gelegentlich auch einmal aus der täglichen Tretmühle herauswollen, bietet für sie die »Kur« – eine in den Niederlanden nahezu unbekannte Form der Therapie – eine wohltuende Alternative: um ein mehr oder weniger vage umschriebenes Leiden auszukurieren, besucht man für ein paar Wochen einen »Kurort«, läßt sich dort massieren, wälzt sich in »Heilerde«, stapft ein paarmal täglich durch eiskaltes »Kneipp-Wasser«, genießt Natur, Amüsement und das gute Essen – allein oder mit seinem »Kurschatten« – und kann es anschließend wieder eine Weile in der Arbeitswelt aushalten.

In Deutschland liegt der Medikamentenkonsum 75 Prozent über dem in den Niederlanden, denn gesunde Deutsche tun alles, um auch gesund zu bleiben, und ihre kränkelnden Landsleute wollen so schnell wie möglich wieder gesund werden. Prophylaktisch stopfen sie ihre Arzneikästen mit Pillen, Pülverchen und Tinkturen voll und wissen meist auch genau, wofür und in welcher Zusammenstellung sie das alles einnehmen müssen. Nach einer Apotheke braucht man in Deutschland nie lange zu suchen; als Faustregel gilt: findet man in den Niederlanden an jeder Ecke eine Bank und in Belgien ein Café, steht dort in Deutschland eine Apotheke. Die deutsche Apotheke ist eine Art Supermarkt für Medikamente und vorbeugende Arzneien. Enorme Schränke mit gigantischen Schubfächern auf Teleskopschienen enthalten Tausende von Vitaminpräparaten in allen Formen und Farben sowie ausgedehnte Sortimente an regulären und alternativen Medikamenten für eine Vielzahl von (realen und imaginären) Gebrechen und Zipperlein. Deutsche decken ihren gesamten Medikamentenbedarf beim Apotheker, denn er hat sein Fach studiert und genießt einen dementsprechenden Status. Im Vergleich zu Deutschland ist die niederländische Apotheke ein unscheinbarer Laden. Niederländer kaufen dort nur Medikamente, die ihnen der Arzt verschrieben hat, alles andere holen sie sich in der Drogerie.

Wenn Deutsche zu wissen glauben, was ihnen fehlt, gehen sie vorzugsweise sofort zum Spezialisten, und Frauen suchen am liebsten den Gynäkologen auf – Frauenärzte sind in Deutschland eine Art Hausärzte für Frauen. In den Niederlanden verschreibt nicht der Frauenarzt, sondern der Hausarzt die Pille, macht Abstriche, führt Brustkrebsuntersuchungen durch und ist oft auch für Schwangerschaft und Geburt zuständig. Im allgemeinen begeben sich in Deutschland die Frauen zur Entbindung eher in ein Krankenhaus, denn dort steht ihnen ein Facharzt zur Seite. Frauen, die eine Hausgeburt wünschen, sind noch die Ausnahme (ca. 5 Prozent). In den Niederlanden ist die Zahl der Hausgeburten von 70 Prozent im Jahre 1965 auf derzeit 31 Prozent gesunken, doch seit 1999 läßt sich wieder eine leichte Steigerung verzeichnen. Die Frauen werden dabei vom Hausarzt oder der Hebamme betreut und begeben sich erst, wenn Komplikationen auftreten, zum Spezialisten ins Krankenhaus.

Durch den Mangel an Hausärzten und Hebammen in den Niederlanden hat sich in den letzten Jahren eine Alternative zur Hausgeburt entwickelt: das »Geburtshotel«, in dem bewußt Wert auf eine wohnliche Atmosphäre gelegt wird. Diese Form der Entbindung wird sowohl bei Schwangeren als auch bei Hebammen und Wochenpflegerinnen immer populärer. Aus der Sicht niederländischer Schwangerer ist ein Krankenhaus ein Ort für Kranke, wo man als gesunde Schwangere nichts zu suchen hat. Sie fühlen sich in der intimeren Atmosphäre der eigenen vier Wände geborgener, können herumgehen, duschen, sich die Zeit vertreiben, kurzum: sie entscheiden, was sie tun wollen, und brauchen sich nicht anzupassen. Außerdem kommt es weniger häufig zu medizinischen Eingriffen als im Krankenhaus. Die Hausgeburt wird in den Niederlanden vollständig von der Krankenkasse erstattet, während die Krankenhausentbindung zuzahlungspflichtig ist.

Als 1962 die Antibabypille auf den Markt kam, stürzten sich sofort alle darauf, auch die Hausärzte. Sie haben die Indikation und Verschreibung dieses Schwangerschaftsverhütungsmittels schnell an sich gezogen, eine Aufgabe, die in Deutschland den Gynäkologen vorbehalten blieb. Die Pille ist Teil der primären Gesundheitsfürsorge geworden und dadurch in den Niederlanden besonders leicht zugänglich. Weltweit werden nirgends so viele Antibabypillen genommen wie in den Niederlanden:

43 Prozent der Frauen entscheiden sich für die Pille, aber nur zwei Prozent verhüten mit der Spirale; in Deutschland entscheiden sich zwölf Prozent der Frauen für eine Spirale.

Overspannen und Kreislaufstörung

Die typisch niederländische Berufskrankheit heißt *overspannen zijn*, was man mit »überspannt« oder »überreizt sein« übersetzen könnte. *Overspannenheid* ist eine Störung des Gleichgewichts zwischen dem, was jemand zu leisten gerade imstande ist, und dem, was er eigentlich leisten könnte und müßte. Niederländische Arbeitnehmer, die es erwischt hat, sprechen selbst allerdings lieber von »überarbeitet«, da es weniger beängstigend klingt. Der Hausarzt verschreibt bei *overspannenheid* Ruhe, leichte Therapie und manchmal Medikamente. Es gibt kaum ein Land in Europa, das es in puncto Produktivität und Konkurrenzvermögen mit den Niederlanden aufnehmen könnte. Dies bedeutet, daß Arbeitnehmer verhältnismäßig hart arbeiten müssen und Streß daher ein wesentlicher Faktor im Arbeitsalltag ist.

In Deutschland müssen Krankheiten medizinisch überprüfbar sein. Es herrscht deshalb wenig Verständnis für ein »psychisches« Leiden wie die *overspannenheid*, denn das ist etwas für »Weicheier« und führt automatisch zu einem »Karriereknick«. Um dies zu verhindern, wird von allen Betroffenen so lange nach einer körperlichen Ursache gesucht, bis man beispielsweise einen »Verdacht auf Magengeschwür« diagnostiziert hat und der Patient sich in den Wartezimmern der Spezialisten genügend ausgeruht hat, um die Arbeit wiederaufnehmen zu können. Eine typisch deutsche Krankheit ist dagegen die »Kreislaufstörung«, eine leichte Form des Kollapses, die Niederländer als »sich nicht *lekker* fühlen« umschreiben würden und die in niederländischen Ohren einen höchst ominösen Beiklang hat. »Kreislaufstörung« ist ein medizinisch-technischer Begriff, der einen physischen und keinen psychischen Ursprung andeutet und dessen Symptomatik allen Deutschen genauestens bekannt ist. Deutsche, die in den Niederlanden arbeiten und an einer Kreislaufstörung leiden, stoßen auf eine so verwirrte und hilflose Reaktion ihrer Umgebung, daß sie aufhören, darüber zu klagen, und statt dessen vorzugsweise an *overspannenheid* erkranken.

Essen: Manschen und Stechen

In den Niederlanden ißt man zum Mittag, egal, ob zu Hause oder auf der Arbeit, Brot; erst abends, zwischen 18 und 19 Uhr, gibt es dann eine warme Mahlzeit. Wenn Niederländer gefragt werden, was es am nächsten Tag bei ihnen zu essen gibt, nennen sie das Gemüse – Deutsche antworten auf dieselbe Frage mit der Art des Fleisches –, in den Niederlanden ißt man nun einmal 16 kg mehr Gemüse pro Person und pro Jahr, in Deutschland dafür 10 kg mehr Fleisch. Niederländer sind »Manscher«, von daher ihre Vorliebe für mehligkochende Kartoffeln, die, wenn man einmal kurz nicht aufpaßt, prompt zu Brei zerkochen. Deutsche sind dagegen »Stecher«, und deshalb sind ihre Kartoffeln fest und ausgezeichnet dazu geeignet, um daraus »Kartoffelsalat« zu machen. Die »Knödel« und »Klöße« sind nie über den Rhein hinweggekommen. Als echte Manscher haben Niederländer deshalb auch große Probleme mit der Konsistenz der federnden Kloßkugeln; sie lehnen sie ab, weil sie nicht akzeptieren können, daß etwas, das so sehr einer Kartoffel ähnelt, nicht wie eine Kartoffel behandelt werden kann. Deshalb machen sie sich darüber lustig und nennen es typisch deutsch, Kartoffeln erst feinzuraspeln, um davon anschließend wieder eine Art Kartoffel zu modellieren. Noch argwöhnischer stehen sie jedoch den aus Brot hergestellten »Kartoffeln«, den Semmelknödeln, gegenüber. In der niederländischen Gesellschaft mit ihrer genügsamen, kalvinistischen Lebensauffassung galt in protestantischen Kreisen der Fleischgenuß bis in die 1950er Jahre als Ausgeburt der Eitelkeit: nur am Sonntag kam Fleisch auf den Tisch. Das in dünne Scheiben geschnittene Fleisch wurde den ganzen Tag geschmort, bis es als *draadjesvlees*, als Faserfleisch, auseinanderfiel. Die Prozedur hatte zum Ziel, am Schluß einen großen Topf Bratensaft zu erhalten, der in der Woche danach über den Kartoffel- und Gemüsebrei gegossen wurde. Berühmt, oder vielmehr berüchtigt, ist noch die kleine Kuhle, die Mutter in das Essen drückte.

Essen war eine interessante Beschäftigung für niederländische Kinder, denn mit ihrer Gabel konnten sie Kanäle und Brücken in ihrem zermanschten Essen anlegen, um anschließend den Bratensaft hindurchströmen zu lassen. Für ältere Niederländer ist die Selbstverständlichkeit, mit der Deutsche große Stücke Fleisch verdrücken – »Bratstücke«, »Haxen« oder »Eisbein« –,

ein ursprünglich sündiger Genuß, dem sie sich noch immer nicht ganz ohne Schuldgefühle hingeben können. Da Niederländer neben den Mineralien und Vitaminen aus dem Gemüse auch noch Kalk und Fette benötigen, sind sie Weltmeister im Konsum von Milch und *toetjes* (Desserts). Das Wort *toetje* ist ein Understatement; die Verniedlichungsform hat nämlich nichts mit der geringen Menge zu tun, in der man seine Nachspeise zu sich nimmt, sondern sehr viel mehr mit dem Vergnügen, das man beim Essen empfindet. In Deutschland werden die Nachspeisen in winzigen Bechern verpackt, in den Niederlanden kommen Joghurt und *vla* aus Literpackungen, denn ein toetje kann nie groß genug sein. *Vla* ist eine großartige und außerordentlich kinderfreundliche Erfindung, ein in gigantischen Zentrifugen hergestellter, dickflüssiger Pudding, der in einer Vielzahl Geschmacksrichtungen erhältlich ist.

Von allen Europäern geben die Niederländer am wenigsten für Essen aus. Schnell und billig ist besser als lecker.

> Als ein niederländischer und ein deutscher Betrieb miteinander fusionieren wollten, empfingen die Deutschen ihre neuen niederländischen Verhandlungspartner und servierten mittags ein ausgezeichnetes Vier-Gänge-Menü. Beim Gegenbesuch reichten die Niederländer ihren deutschen Gästen weiche Semmeln und eine Tasse Suppe, die im Stehen gelöffelt wurde. Nachdem die Mitarbeiter des deutschen Unternehmens ein interkulturelles Training absolviert hatten, bekamen ihre niederländischen Kollegen bei der nächstfolgenden Fusionsbesprechung ebenfalls Brötchen mit Suppe.

Auch die geschmacklose niederländische Tomate ist die direkte Folge von billiger Massenproduktion und dem Mangel an Eßkultur. Als die niederländischen Tomatenzüchter entdeckten, daß ihr Produkt in Deutschland nicht nur nach dem Preis, sondern auch nach dem Geschmack beurteilt wurde, war das Kind bereits in den Brunnen gefallen. Die niederländische Tomate galt in ganz Deutschland als »Wasserbombe« und war Zielscheibe allerlei böser Witze.

> Was benutzen Niederländer als Wasserbett? Zwei Kisten Tomaten.

Inzwischen haben die erschrockenen Tomatenproduzenten den Geschmack wieder in ihr Produkt hineingezüchtet – mit Erfolg: 2001 wurde die holländische Tomate bei Geschmackskontrollen in Deutschland als die leckerste beurteilt. Es wird wohl noch einige Zeit dauern, bis das deutsche Publikum diesem Urteil aus eigener Erfahrung zustimmen wird, denn in Deutschland steht man Genmanipulationen sehr ablehnend gegenüber und ist – übrigens völlig zu Unrecht – davon überzeugt, daß es sich bei der Tomate aus den Niederlanden um eine »Frankenstein-Tomate« handelt.

Die Konsequenz aus der Unwissenheit, was leckeres Essen ist, und das Verlangen nach preiswerter Nahrung ist das typisch niederländische Essen »aus der Mauer«, d. h. den aus mehrfach gesättigten Fettsäuren bestehenden Snacks, die man sich in speziellen Imbißstuben aus den an einer Zwischenwand angebrachten Klappfenstern »ziehen« kann (die jedoch in der Restaurant- und Konditoreiversion vortrefflich sein können).

Kroketten werden meist aus Fleischragout, Bouillon und Mehl gemacht, in Paniermehl gerollt und anschließend frittiert. In einer kleineren, kugelförmigen Variante werden sie als *bitterballen* bezeichnet und bilden Teil der sogenannten *bitterballengarnituur*, die man als Häppchen beim *borrelen*, also bei Umtrünken aller Art, zu sich nimmt.

Nasi- und *Bami*kugeln oder -scheiben werden aus *nasi goreng*, gebratenem indonesischem Reis oder *bami goreng* (gebratenen Nudeln) gemacht und häufig mit Sambal, einem scharfen indonesischen Gewürz, gegessen.

Frikandellen sind wurstförmige Stücke gebratenen Hackfleischs, die so schmecken, wie sie aussehen. Eine *frikandel speciaal* wird mit Mayonnaise, Ketchup und Zwiebeln gegessen.

Loempia's sind eine Art aufgerollter Pfannkuchen, gefüllt mit einer Mischung aus Gemüse, Ei und Fleisch (chinesische Variante) oder Gemüse und Kräutern (vietnamesische Variante). In Deutschland heißen sie »Frühlingsrollen«. Sie werden mit Sambal oder Chilisauce gegessen.

Niederländer gingen früher nicht oft zum Essen aus, und jetzt, da sie genügend Geld haben und weniger kalvinistisch sind, stellen sich die Mittelklasse-Restaurants mit einer holländisch-französischen Küche im allgemeinen als nicht besonders gut, dafür aber teuer heraus. Weil die niederländische Küche nicht viel hermacht, sind internationale Gerichte und Restaurants überrepräsentiert.

Durch den Zustrom ausländischer Arbeitnehmer und den gestiegenen Wohlstand sind die Eßkulturen sowohl in den Niederlanden als auch in Deutschland internationaler geworden und haben sich einander angeglichen. Dennoch gibt es Unterschiede in den Geschmäckern, beispielsweise was das Brot betrifft: deutsches Brot ist fester und sehr viel intensiver im Geschmack, da es häufig aus Sauerteig und nicht, wie in den Niederlanden, aus Hefeteig besteht. Da das deutsche Brot kräftiger schmeckt, ist auch der Brotbelag, der sogenannte »Aufschnitt«, dicker geschnitten: auf niederländischem Brot kann selbst das dünnste Scheibchen Wurst oder Käse noch seinen Eigengeschmack entfalten. Niederländer empfinden deutsches Brot als zu hart, zu sauer und zu körnig, für die Deutschen ist dagegen das niederländische Brot pappig und ohne Geschmack. Ihnen zufolge gibt es beim niederländischen Brot nur eine Qualitätsnorm: zusammengedrückt muß es innerhalb von acht Sekunden wieder in seine ursprüngliche Form zurückgekehrt sein. Wenn deutsche »Gastarbeiter« in den Niederlanden ihren Heimaturlaub antreten, nehmen sie gern *vla* (cremiger Pudding), Sirupwaffeln und alten Genever mit nach Deutschland; zurück kommen sie mit »gutem Brot«, Knödeln, bestimmten Wurstsorten, deutschem Wein und, in der Adventszeit, Lebkuchen. Niederländische *expats* (»Gastarbeiter«) nehmen Leckereien wie *drop* (Lakritzen), *hagelslag* (Schokoladenstreusel) und *pindakaas* (Erdnußcreme) mit nach Deutschland.

Thee en een koekje – Kaffee und Kuchen

Niederländische und deutsche Tee- und Kaffeerituale unterscheiden sich stark voneinander. Deutsche trinken morgens und nachmittags Kaffee oder (auffallend oft Kräuter-) Tee. Was den Tee betrifft: sie haben nicht, wie die Niederländer, spezielle Zeiten dafür, doch wenn sie Tee trinken, kann man davon ausgehen, daß es starker Tee ist – in den Niederlanden würde ein deutscher Tassenbeutel dagegen für die ganze Familie reichen. Niederländer trinken meist einen sehr dünnen Tee, und zwar morgens zum

Frühstück und nachmittags um halb vier, wenn die Kinder aus der Schule kommen. Dieses aus England übernommene Teeritual gibt es vor allem im Norden und Westen der Niederlande, im südöstlichen Brabant und Limburg neigt man eher zu Kaffee und Kuchen.

Im allgemeinen gilt jedoch, daß die Niederlande eine ausgesprochene Kaffeekultur haben. Morgens um zehn und abends nach dem Essen bis etwa halb zehn wird überall Kaffee getrunken, egal, ob zu Hause, im Kino oder auf der Arbeit; so ist es undenkbar, daß eine Sitzung oder Arbeitsbesprechung eröffnet wird, bevor nicht der Kaffee auf dem Tisch steht. Kaffee und Smalltalk sind der Schmierstoff im niederländischen Gesellschaftsgefüge; von daher ist es auch nicht verwunderlich, daß die Niederlande die höchste Kaffeeautomatendichte der Welt haben. Deutsche dagegen lehnen Kaffee nach sechs Uhr abends zumeist ab, denn dann können sie nicht mehr schlafen.

Sonntagnachmittags ist in ganz Deutschland die Zeit für »Kaffee und Kuchen«. Weil dann jedoch alle Geschäfte dicht sind, hat man für diesen Umstand bei den »Ladenöffnungsgesetzen« eine besondere Ausnahme für Bäckereien und Konditoreien geschaffen: sie dürfen auch am Sonntag öffnen. Ist man in Deutschland zu Kaffee und Kuchen eingeladen, erwartet der Gastgeber, daß man viel Appetit mitbringt und den Kuchen bis zum letzten Krümel verspeist.

In den Niederlanden ist die Sache etwas komplizierter: hier spielt die *koekjestrommel,* die Keks- oder Gebäckdose, eine zentrale Rolle. Wird man zu einem *kopje koffie,* einer Tasse Kaffee, eingeladen, kommt unweigerlich die Gebäckdose auf den Tisch. Früher reichte man dem Gast die geöffnete Trommel, und er durfte sich ein Plätzchen nehmen – das Kramen nach seiner Lieblingssorte war nicht erlaubt. Anschließend wurde die Trommel wieder zugemacht und wanderte zurück in den Schrank. Heutzutage bleibt die Trommel offen auf dem Tisch stehen, und man darf inzwischen auch mehr als ein Plätzchen nehmen. Gibt es Kuchen oder Torte, beispielsweise zum Geburtstag, sind die einzelnen Stücke abgezählt; bleibt dennoch etwas übrig, wird es in die Tortenschachtel zurückbefördert. Doch auch diese Regel weicht allmählich auf. Auf einer sonntäglichen deutschen Kaffeetafel stehen oft verschiedene, meist selbstgebackene Kuchen

Koffie me gebak – Eine Verlockung nicht nur für Niederländer.

und Torten, so daß es nicht bei dem in den Niederlanden obligatorischen Apfelkuchen bleibt, sondern die Gastgeberin sich mit den herrlichsten Obst-, Käse-, Quark-, Schokoladen- und Sahnetorten ein Denkmal setzt – eine enorme Versuchung und ein Kulturschock für den arglosen Niederländer, der an ein einziges Tortenstück gewöhnt ist und nun von seinem deutschen Gastgeber oder der Gastgeberin zur Maßlosigkeit verführt wird.

Erziehung und Bildung

Niederländer sind ein ziemlich lax erzogenes Volk. Eine über die Jahrhunderte hinweg immer wieder gehörte Klage ausländischer Besucher bezieht sich auf die freie Erziehung niederländischer Kinder durch die Eltern. Niederländer, so sagen sie, hätten keine guten Manieren, weil ihr Gleichheitsethos bereits bei den Kindern beginne. Wenn wir den ausländischen Beobachtern glauben dürfen, bleiben niederländische Kinder in den ersten Lebensjahren von jeglicher Disziplin verschont und dürfen machen, wonach ihnen der Sinn steht. Durch den großen Wohlstand im 17. Jahrhundert kam es in den Niederlanden bereits frühzeitig zu einer Trennung von Beruf und Familienleben. Auf Genrebildern jener Tage sieht man, wie niederländische Mütter zu Hause ihre Kinder versorgen. Der britische Historiker Simon Schama weist auf die frühe Domestizierung des niederländischen Vaters und seine Integration in den häuslichen Kreis hin: »Die patriarchalische Familie wird von einem strengen, distanzierten und auf den Fortbestand des Geschlechts fixierten Vater regiert. Vielleicht trifft diese Vorstellung auf adlige Familienverhältnisse oder sogar Bourgeoisfamilien in anderen Kulturen zu, doch bezogen auf die niederländische Bürgergesellschaft ist sie mit Sicherheit irreführend.« Adlige Beobachter klagten nach ihrem Besuch beim Bürgermeister von Alkmaar darüber, daß seine Kinder mit am Tisch aßen und vorzeitig aufstanden. Schockiert erzählten sie, daß ihr Gastgeber seine Frau während des Essens sogar geküßt habe, um ihr für die leckere Mahlzeit zu danken.

Niederländer sind traditionell kinderfreundlich, Kinder bekamen und bekommen im allgemeinen mehr Freiheiten als in anderen Ländern: sie durften und dürfen ungezogen sein. Die junge niederländische Republik betrachtete sich als unschuldig im Vergleich zu den umringenden absoluten Königreichen, und dem lag eine bestimmte Sicht auf das Kind zugrunde, in der das Kind als bei der Geburt unschuldig an den Sünden der Vergangenheit galt. Die Erziehung war darauf gerichtet, diese Unschuld zu bewahren, nicht aber, den Willen des Kindes zu brechen, denn das stand im Widerspruch zur Mäßigung, die ihren Stempel auf die humanistische niederländische Gesellschaft jener Zeit drückte. Im Niederländischen ist ein Kind, das unartig ist, *stout,* was »ungezogen«, »verwegen« und »tapfer« bedeutet und dem hochdeutschen »stolz« verwandt ist. Im Deutschen ist das Kind »böse«, wenn es ungezogen ist, in der Bedeutung von »schlecht«, »dumm« und »verdorben«.

In Deutschland sind Kinder weniger lange Kind als in den Niederlanden und besuchen, je nach Bundesland, bereits ab dem 10. Lebensjahr eine Schule im Sekundarbereich. Den Vorteil dieser relativ frühen Entscheidung über die weitere schulische Laufbahn des Kindes sieht man darin, daß Kinder sich so bereits vor den schwierigen Jahren der Pubertät an ein Schulsystem gewöhnen können, das mehr Selbständigkeit und Disziplin verlangt.

Ab dem 16. Lebensjahr sind Kinder als »Jugendliche« auch im Sprachgebrauch keine Kinder mehr. Viele Deutsche haben ein Bild des Kindes, das interessante Übereinstimmungen mit der reformierten, kalvinistischen Sicht auf den Erwachsenen hat: aus deutscher Sicht müssen Kinder zu ihrem »Glück« gezwungen werden, denn sie neigen zum Unvernünftigen bzw. Bösen und sind zum Guten von sich aus nicht in der Lage. Niederländische Grundschulen sind stärker als ihre deutschen Pendants vom Rousseauschen Glauben an das Gute im Kind geprägt. Wenn man dies nur stark genug fördert, braucht man keine disziplinarischen Maßnahmen zu ergreifen. Diese Haltung äußert sich u. a. in der Toleranz gegenüber linkshändigem Schreiben, das in den Niederlanden bereits 1949 offiziell an den Grundschulen akzeptiert wurde. In Deutschland wurde Linkshändigkeit bis vor einigen Jahren noch in den Schulen umtrainiert. Man steuerte bereits in der Wiege dagegen, indem man den Säuglingen alles in das »gute« Händchen gab. Bis heute sieht man in Deutschland daher tatsächlich weniger Linkshänder.

Niederländische Kinder bekommen, anders als in Deutschland, an ihrem ersten Schultag keine Schultüte voller Süßigkeiten, doch dafür brauchen sie auch keinen Ranzen mit Schulbüchern auf ihrem Rücken zu tragen: die Bücher bleiben in der Schule, und es gibt auch keine Hausarbeiten auf. In den Niederlanden besteht eine Schulpflicht ab dem 5. Lebensjahr; Vorschule und Primarstufe sind zu einem Schultyp, der *basisschool* (Grundschule), zusammengefaßt, die im Ganztagsunterricht betrieben wird. Weil die meisten Kinder jedoch bereits an ihrem 4. Geburtstag eingeschult werden, besteht diese Schulform aus acht Klassen. Im 12. Lebensjahr wird über die weitere schulische Entwicklung entschieden. Entweder besuchen die Kinder dann das vierjährige VMBO *(Voorbereidend Middelbaar Beroepsonderwijs = Hauptschule)*, das auf eine Berufsausbildung im dualen System oder an beruflichen Vollzeitschulen vorbereitet, das fünfjährige HAVO *(Hoger Algemeen Voortgezet Onderwijs)*, das zum Studium an einer Fachhochschule berechtigt, oder das sechsjährige VWO *(Voorbereidend Wetenschappelijk Onderwijs)*, das mit der Allgemeinen Hochschulreife abgeschlossen wird. Die Abschlußprüfungen werden in den meisten Fächern zu 50 Prozent von den Schulen und zu 50 Prozent über ein zentrales landesweites schriftliches Examen abgenommen.

Im Jahre 1848 wurde die Unterrichtsfreiheit in den Verfassungsrang erhoben. Folgende Freiheitsrechte wurden definiert:

1. Die »Gründungsfreiheit«, das Recht jedes Bürgers, eine Schule zu gründen. Bedingung ist, daß eine solche Schule innerhalb von fünf Jahren mindestens 300 Schüler haben und auch halten können muß.
2. Die »Richtungsfreiheit«, d.h. die Freiheit des Unterrichts auf religiösem oder lebensanschaulichem Gebiet (70 Prozent der Schulen befinden sich in »privater«, 30 Prozent in staatlicher Trägerschaft). Eine niederländische Schule in privater Trägerschaft ist nicht dasselbe wie eine »Privatschule« in Deutschland, sondern wird wie die öffentlichen Schulen vom Staat finanziert. Protestanten, Katholiken und Juden besitzen traditionell ihre eigenen Schulen, doch auch andere Religionen und Weltanschauungen haben inzwischen die Richtungsfreiheit entdeckt: Anthroposophen, Moslems, Hindus, Rosenkreuzer und sogar die Transzendental Meditierenden. Staatliche Schulen erteilen, anders als die konfessionellen Schulen, keinen Religionsunterricht.
3. Die »Einrichtungsfreiheit« bietet den Schulen die Möglichkeit, ihren Lehrplan nach dem eigenen pädagogischen Modell zu gestalten. Nicht der Bildungsminister, sondern die Lehrer gemeinsam mit den Eltern entscheiden also darüber, wie unterrichtet wird. Deshalb herrscht auch völlige Lehrmittelfreiheit, d.h. die im Unterricht benutzten Bücher und Materialien müssen nicht vom Ministerium genehmigt worden sein.

Aufgrund dieser Freiheiten herrscht eine starke Konkurrenz unter den Schulen. Wenn eine Schule Unterricht anbietet, der bei den Eltern nicht ankommt, wird sie feststellen, daß sie über kurz oder lang keine Schüler mehr hat; Schulen in den Großstädten, denen es in den 1970er und 80er Jahren nicht gelungen war, den Übergang vom klassischen zum individuellen Unterricht zu bewerkstelligen, wurden von erfolgreicheren »konkurrierenden« Nachbarschulen regelrecht »aufgefressen«. So kam es zu einer großen Bandbreite an pädagogisch-didaktischen Ansätzen und entsprechenden Schulen nach der Montessori-, Dalton- oder Jenaplan-Methode bzw. Mischformen daraus.

Im zweisprachigen »Vademekum für deutsch-niederländische Schulpartnerschaften« heißt es, daß deutsche Besucher niederländischer Schulen immer wieder feststellen, »daß die Schule außen und innen bunter und die Atmosphäre lockerer, entspannter ist als an deutschen Schulen – und zwar sowohl zwischen Schulleitung und Lehrerkollegium als auch zwischen Lehrern und Schülern.« Den Grund hierfür sieht man im kollegialen Umgang miteinander: »Generell duzen Schulleitung und Lehrer sich und die Schüler, und an manchen Schulen dürfen die Schüler auch die Lehrer duzen. [...] Zudem ist in den Niederlanden das soziale Denken und Handeln sehr stark ausgeprägt: Schulleiter räumen selbstverständlich auch Kaffeetassen weg; Lehrer achten besonders darauf, daß ein breites Mittelfeld im Unterricht gut vorankommt.« Als negativ wird beurteilt, »daß der Unterricht vor allem im Sekundarbereich immer noch lehrerzentriert und frontal abgehalten wird. Dabei orientiert sich der Lehrer fast ausschließlich an dem Lehrbuch, das deshalb auch bezeichnenderweise *methode* genannt wird.«

In der Sekundarstufe müssen die Lehrmittel von den Schülern selbst bezahlt werden. Ab dem 16. Lebensjahr, wenn die Schulpflicht erlischt, müssen niederländische Schüler Schulgeld bezahlen (gut 850 Euro pro Jahr). In Deutschland ist zumindest die Bildung, also der Schulbesuch, gratis; die Kosten für Lehrmittel müssen vielfach von den Schülern selbst getragen werden; auch die Immatrikulationsgebühren an den Universitäten sind verhältnismäßig niedrig. Unterricht wird in Deutschland als eine »Investition in Bildung« betrachtet und nicht nur als Möglichkeit, später gut zu verdienen. Niederländische Studenten ohne staatliches Stipendium zahlen derzeit etwa 1400 Euro Studiengeld pro Jahr.

In den Niederlanden findet die berufliche Ausbildung haupsächlich schulisch statt: das duale System der Berufsausbildung steht nur den VMBO-, d.h. Haupt-/ Realschulabsolventen offen, nicht aber denen mit einem HAVO- oder VWO-Abschlußzeugnis. Weil die niederländische Wirtschaft sich nicht an der Finanzierung der beruflichen Erstausbildung von HAVO- und VWO-Absolventen beteiligen will, geht diese voll zu Lasten des Steuerzahlers. Als die niederländische Tochter der Deutschen Bank in den 1990er Jahren eine Gruppe Bankkaufleute nach deutschem Modell ausbildete, wurden diese mit Dank von der niederländischen Konkurrenz »weggekauft«.

Vor ein paar Jahren hat man damit begonnen, das niederländische Berufsbildungssystem auf das »kompetenzorientierte Lernen« umzustellen. Seither werden offiziell keine (Teil-)Qualifikationen mehr vermittelt, sondern – mit Hilfe von Projekt- und Selbstlernunterricht – berufliche »Handlungskompetenz«. Die schlecht vorbereitete Reform war von Anfang an starker

Kritik insbesondere von seiten der Schüler und Auszubildenden ausgesetzt. An vielen berufsbildenden Schulen (ROC genannt), so klagten sie, habe sich die Ausbildung nach der Umstellung derart verschlechtert, daß sie damit begonnen hätten, den Unterricht selbst zu organisieren. Doch auch in der Lehrerschaft machte sich Unmut breit. So ergab 2003 eine Umfrage unter ROC-Lehrern, daß ein Drittel von ihnen ernsthaft über einen Ausstieg aus dem Lehrerdasein nachdenkt. Inzwischen ist das »kompetenzorientierte Lernen« flächendeckend eingeführt worden, doch die Kritik daran ist immer noch nicht verstummt und führt regelmäßig zu lautem Rauschen im Blätterwald und Protesten auf den Straßen.

In den niederländischen Geistes- und Sozialwissenschaften dauert ein Studium vier Jahre, in den Naturwissenschaften fünf und in Medizin sechs Jahre. Pro Studienjahr können die Studenten 42 »Studienpunkte« sammeln; wer am Ende des Jahres weniger als 21 Punkte hat, muß die Studienbeihilfe (200 Euro pro Monat) bzw. das staatliche Stipendium (400 Euro im Monat zuzüglich Studiengeld) für das gesamte Jahr zurückzahlen, sobald er dazu finanziell in der Lage ist. Früher gab es ein System der »gewichteten Auslosung« von Studienplätzen: Schüler mit Spitzenzeugnissen, die ein Numerus-clausus-Fach studieren wollten, erhielten zwar höhere Chancen bei der Verlosung, waren bei der Vergabe von Studienplätzen aber natürlich immer noch stark dem Zufall ausgeliefert. Inzwischen hat man – sehr behutsam – ein Auswahlverfahren für Numerus-clausus-Fächer wie etwa Allgemein-, Zahn- und Veterinärmedizin eingeführt, bei dem die hellen Köpfe Vorrang erhalten.

In Deutschland werden Studiengebühren als ein sozialer Numerus clausus betrachtet und sind von daher tabu. Die Folge ist, daß deutsche Universitäten zu den überfülltesten in ganz Europa gehören. In den Niederlanden ist der Abstand zwischen Professoren und Studenten kleiner, vor allem auch deshalb, weil mehr Dozenten auf einen Studenten kommen (das Verhältnis liegt bei 1 zu 7). Dadurch ist der Kontakt untereinander enger, es können mehr Praktika angeboten werden, der Dozent kann stärker auf den einzelnen, vor allem schwächeren, Studenten eingehen, und das ganze System ist verschulter. Die Vorteile für den Durchschnittsstudenten liegen auf der Hand, doch es ist ein deutlicher Nachteil, daß man sich, verglichen mit Deutschland, weniger stark zu profilieren braucht. Weil in Deutschland 20 Studenten auf einen Dozenten kommen, die Studenten stärker um Aufmerksamkeit kämpfen müssen und das Universitätsstudium theoretischer ist und länger dauert, ist das akademische Profil der Hochschulabsolventen oft schärfer.

Deutscher Humor?

> Über Altkanzler Kohl erzählt man sich, daß er einmal von einer Journalistin des amerikanischen Wochenblatts »Newsweek« gefragt wurde, ob es stimme, daß die Deutschen ignorant, gleichgültig und humorlos seien. »Ach, ich weiß es nicht«, antwortete Kohl, »und es ist mir auch egal. Darüber kann ich nicht mal lachen.«

Menschen, die behaupten, andere hätten keinen Sinn für Humor, finden meist, daß sie selbst in besonders hohem Maße darüber verfügen. Für solche Zeitgenossen befinden die Deutschen sich alle auf dem Niveau des Ohnsorg-Theaters, des platten Witzes und des »Ein bißchen Spaß muß sein«. Die Probleme der Deutschen im Umgang mit Humor haben eine lange Tradition. Schon in Goethes »Wilhelm Meisters Lehrjahre« heißt es: »Es sitzt im Charakter der Deutschen, daß sie alles schwermütig stimmt und sie alles tragisch nehmen.« Norbert Elias sucht die Erklärung in der gewalttätigen Vergangenheit der deutschen Nation: »Die Deutschen haben so oft Prügel bekommen, daß sie zu Humor und Selbstspott einfach nicht in der Lage sind.« Der deutsche Humorist Loriot sieht es ähnlich: »Es ist sicherlich falsch zu behaupten, daß die Deutschen weniger Humor haben als andere. Wahrscheinlich ist es so, daß unser Selbstbewußtsein leichter zu erschüttern ist. Es macht uns verletzlich, wenn wir uns nicht ernstgenommen fühlen.«

Über die Humorlosigkeit der Deutschen wird vor allem von Leuten geklagt, die beruflich viel mit Deutschland zu tun haben. Wenn es um wichtige Dinge geht, dulden Deutsche keinen Smalltalk, kein »Geplauder«; sie finden das unpassend und unprofessionell. Es ärgert sie, wenn bei geschäftlichen oder sonstwie ernsthaften Gesprächen ironische Bemerkungen oder Scherze gemacht werden. »Dienst ist Dienst, und Schnaps ist Schnaps«, sagt man in Deutschland und meint damit, daß Ernst und Humor sich nicht vertragen. Humor könnte die Distanz in einer unangenehmen Situation überbrücken und eventuelle hierarchische Unterschiede relativieren, und ob das der Gesprächspartner will, ist oft die Frage. Die folgende Anekdote mag dies verdeutlichen:

> Ein Student aus Aachen ist mit seinem Auto unterwegs und sieht zufällig seine Freundin auf der Straße gehen. Er hupt, um sie auf sich aufmerksam zu machen. Das hört ein Polizist und fragt ihn, ob er nicht wisse, daß Hupen innerhalb geschlossener Ortschaften verboten sei. Der Student erklärt den Grund seines Hupens, doch es hilft nichts: er muß zehn Mark Bußgeld zahlen. Er holt einen 20-Mark-Schein hervor, doch der Polizist kann nicht wechseln. Daraufhin drückt der Student noch einmal auf die Hupe und sagt: »Stimmt so.« Dieser Scherz trägt ihm ein Gerichtsverfahren und 600 Mark Strafe wegen Beamtenbeleidigung ein!

Deutsche wirken durch ihr schwieriges Verhältnis zum Humor schwermütig und allzu ernst. Hinzu kommt, daß sie durch ihre Direktheit und ihr Bedürfnis, alles in Sprache zu fassen und zu verdeutlichen, weniger empfänglich für Mimik, Gebärdensprache, Understatement, doppelte Böden und Ironie sind. Wenn jedoch auch viele Deutsche selbst davon überzeugt sind, daß die »deutsche« Form des Humors eher zum Weinen ist, wie können dann Nichtdeutsche vom Gegenteil überzeugt werden? »Humor ist, wenn man trotzdem lacht«, sagt ein altes deutsches Sprichwort. »Deutscher Humor ist, wenn man trotzdem nicht lacht«, präzisierte der 1970 verstorbene deutsche Schriftsteller Sigismund von Radecki.

Aber die Deutschen sind natürlich keineswegs humorlos. Vielleicht läßt sich das allgemeine Vorurteil noch am ehesten bekämpfen, wenn man Gegenbeispiele liefert. Deutschland hat eine Reihe ausgezeichneter Satiriker, Dichter und Publizisten mit Sinn für Humor: Georg Christoph Lichtenberg, Heinrich Heine, Christian Morgenstern, Kurt Tucholsky, Karl Valentin, Erich Kästner, Wolfgang Neuss, Bernd Eilert, Robert Gernhardt oder F. W. Bernstein, um nur einige zu nennen. Und es gibt eine Vielzahl höchst geistreicher und witziger Zeichner und Cartoonisten: Wilhelm Busch, Loriot, Chlodwig Poth, Franziska Bekker, Marie Marcks, Gerhard Seyfried, Guido Sieber, Ralf König, Walter Moers, Eugen Egner, Bernd Pfarr, F.K. Waechter, Hans

Traxler oder Heiko Sakurai. Solange in Deutschland also Texte wie der folgende geschrieben werden, ist es um den Humor in Deutschland keineswegs schlecht bestellt. Nach der deutschen Niederlage gegen die niederländische Mannschaft bei der Fußballeuropameisterschaft im Jahre 1988 erschien aus der Feder von Peter Knorr der Beitrag »Hallo Holland!«, veröffentlicht in der Satirezeitschrift »Titanic«. In der Reihe: »Wir beleidigen kleine Nachbarvölker« schrieb er das folgende über die Niederländer:

»Kaum hatten sie sich mit ein paar aus versklavten Urwaldkolonien geraubten Fußballspielern die Europameisterschaft ergaunert, begannen die Holländer [...] die unterlegenen Kicker-Nationen auf das schäumendste zu verhöhnen und zu beleidigen. Vor allem und mit Inbrunst natürlich die Deutschen. Es handele sich hierbei um alte ›antideutsche Ressentiments‹, wurde später, gewissermaßen entschuldigend, erklärt. Dieser verheerende Mangel an Originalität – schließlich kann niemand auf der Welt, der seine sieben Zwetschgen beisammen hat, die Deutschen leiden, ja nicht einmal die Deutschen mögen die Deutschen – diese emotionsgeladene Großbanalität brachte immerhin ein Phänomen zutage:
Dem offenbar seltenen Zustand sieghaften Glückes [...] verleiht der Holländer gerne musikalischen Ausdruck in Form von Haß-Gesängen. Gefühlsdialektisch weniger kompliziert und gänzlich unmusikalisch verhielt sich dagegen nach dem Fußball-Sieg über Deutschland der holländische Spieler Ronald Koeman. Er tauschte sein Trikot mit Olaf Thon, rannte mit dem [...] Textil zur holländischen Fan-Kurve, wischte sich dort [...] mit dem Hemd den Hintern ab und sagte später stolz: ›Diese Geste war ausdrücklich für das deutsche Volk bestimmt.‹
Da wir mit dem Naardener Flügel der niederländischen Verständnissoziologie durchaus der zu erwartenden Meinung sind, daß es sich bei dieser Geste um einen begrüßenswerten, weil reinigenden Akt internationaler Volksseelen-Hygiene handelt, ist den niederländischen Eingeborenen-Stämmen natürlich zu wünschen, daß sie [...] noch ausreichend Gelegenheit erhalten, im koemännischen Stile auf sich aufmerksam zu machen. In Europa weiß man einfach zu wenig über sie.«

Schreckensjahre

Das »annus horribilis« 2002

Das Jahr 2002 wird heute – in Anlehnung an das Schreckensjahr 1672, als die Republik der Niederlande durch die Großmächte jener Zeit vom Land und vom Meer her angegriffen und belagert wurde und in dem es den letzten politischen Mord gab – auch das annus horribilis 2002 genannt. Eine Reihe schockierender Ereignisse hat die Niederländer zu diesem Begriff bewogen. Im März 2002 übernahm das Kabinett Kok durch seinen Rücktritt endlich die Verantwortung für die Tragödie von Srebrenica, wo 1995 im Beisein niederländischer Blauhelme Tausende männlicher bosnischer Moslems durch serbische Truppen verschleppt und anschließend ermordet wurden. Es war eine symbolische und auch etwas heuchlerische Geste, denn die vierjährige Amtszeit des Kabinetts hätte ohnehin zwei Wochen später geendet. Im Mai wurde der Rechtspopulist Pim Fortuyn ermordet, und es folgte eine große Zahl von Korruptionsaffären, die jeder Bananenrepublik zur Ehre gereicht hätte.

Was war geschehen? Im Herbst 2001 hatte sich der extrovertierte, reaktionäre Populist Pim Fortuyn aus dem Nichts mitten in die politische Arena hineinkatapultiert. Nachdem vorangegangene Versuche, bei größeren und kleineren politischen Parteien Fuß zu fassen, gescheitert waren, gründete er kurz vor den Mai-Wahlen im Eiltempo eine eigene Partei, die *Liste Pim Fortuyn* (LPF). In seinem politischen Programm versprach er – neben dem Bau von Autobahnen, um dem Verkehrschaos Herr zu werden –, für Ruhe und Ordnung zu sorgen. Unter dem Kampfruf: »Das Boot ist voll!« wollte er die Einwanderung von Flüchtlingen aus der Dritten Welt stoppen. Damit durchbrach er ein Tabu, das es verbot, die multikulturelle Gesellschaft in Frage zu stellen, die nach Ansicht der drei großen Parteien in den Niederlanden – der sozialdemokratischen PvdA, der rechstliberalen

VVD und der christdemokratischen CDA – eine historische Tatsache war. Eine ganze Reihe von Kabinetten – ob christlich-sozial, christlich-liberal oder, wie in der Phase des Poldermodells, sozialliberal – hatte jahrzehntelang Milliarden für die Ausländerpolitik ausgegeben, doch bei der Integration der Einwanderer war man nicht wirklich vorangekommen.

In den Wohnvierteln mit hohen Ausländeranteilen, wo man das Fiasko dieser Integrationspolitik besonders deutlich spüren konnte, wurde der Außenseiter Fortuyn mit seiner »Das Boot ist voll«-Parole auf Anhieb zum gefeierten Mann - »Pim sagt, was wir denken!« In den Niederlanden leben fast 20 Prozent Ausländer, in einigen Wohngegenden, vor allem in den großen Städten im Westen des Landes, liegt der Anteil sogar bei 50 oder gar 80 Prozent. Mit seinem Programm gelang es Fortuyn, vor allem ehemalige Nichtwähler (30 Prozent der LPF-Wähler) und Menschen aus den unteren sozialen Schichten an sich zu binden. Aber auch gut ausgebildete Fachkräfte aus den Neubauvierteln wußte er mit seinen Versprechungen zur Modernisierung der Verwaltung, zur Wiederherstellung basisdemokratischer Strukturen (z.B. die Direktwahl der Bürgermeister, der Kommissare der Königin und der Ministerpräsidenten), zur Reform des Gesundheits- und Bildungswesens sowie zur Verbesserung des Öffentlichen Personenverkehrs für sich zu gewinnen. Er suchte die Konfrontation mit den drei großen etablierten Parteien und versprach, der durch sie beförderten Vettern- und Günstlingswirtschaft ein Ende zu setzen. Außerdem sprach er sich für ein präsidiales Regierungssystem nach amerikanischem Vorbild aus.

Pim Fortuyn bekannte sich öffentlich zu seiner Homosexualität, ließ sich mit zwei Schoßhunden im Arm in einem Bentley mit Chauffeur herumfahren, hielt sich zu Hause einen Butler und lief in Maßanzügen herum, die vom selben Schneider gefertigt wurden, der auch die männlichen Mitglieder des Königshauses einkleidete. Bevor er in die Politik ging, verdiente er sich in den 90er Jahren sein Einkommen als Kolumnist des rechten Wochenmagazins »Elsevier« bzw. als Gastredner auf Konferenzen des Mittelstands. In Interviews kokettierte er mit seinen homophilen Neigungen und gab dabei gern Persönlich-Intimes preis. So enthüllte er etwa in einer TV-Show, daß Ejakulat nach Kräuterbranntwein schmecke. Und ihm zufolge bedeute seine »Das Boot ist voll«-Parole nicht, daß er antiislamisch oder ausländerfeindlich sei, denn schließlich ginge er ja selbst mit Moslems und Ausländern ins Bett.

Mit seiner LPF gelang es Fortuyn innerhalb kürzester Zeit, in den Wahlprognosen zur stärksten Partei aufzusteigen. Er erwies sich als politischer Marktschreier ersten Ranges, der die direkte Konfrontation suchte, die Sprache der Fußballstadien beherrschte, stets die Lacher auf seiner Seite hatte und nie um einen Spruch verlegen war. Die Wahlkampfdebatten im Fernsehen erzielten hohe Zuschauerquoten, und das Publikum genoß die gänzlich unniederländische Art, in der sich die politischen Gegner plötzlich gegenseitig attackiert – wobei Fortuyn fast stets den Sieg davontrug.

Es kam zu einer unvorstellbaren politischen Polarisierung, die am 6. Mai 2002 im Mord an Fortuyn gipfelte, verübt von einem Tierrechtsaktivisten. Die Anhänger des Rechtspopulisten sahen linke Politiker und Medien als die eigentlichen Anstifter des Mordes, mit der Folge, daß Minister, die bis dahin allein mit dem Fahrrad zur Arbeit gefahren waren, sich nun mit Bodyguards umgaben.

Die Wahlen am 15. Mai erwiesen sich als eine Art große Trauerbekundung. Anderthalb Millionen Niederländer gaben dem toten Spitzenkandidaten der LPF ihre Stimme und lösten damit einen politischen Erdrutsch aus: die LPF wurde mit 26 von insgesamt 150 Sitzen zur zweitstärksten Partei im Parlament. Die sozialdemokratische PvdA und die rechtsliberale VVD, die bis dahin die Regierung gestellt hatten, verloren fast die Hälfte ihrer Wähler, während die oppositionellen Christdemokraten von der CDA starke Stimmenzugewinne erzielten.

Im Ausland wurde Fortuyn mit Rechtsextremisten wie Haider, Le Pen und Dewinter vom belgischen *Vlaams Blok* (seit 2004 *Vlaams Belang*) verglichen. Auch in den Niederlanden galt die LPF als rechts, nicht aber als rechtsextremistisch. Um eine Radikalisierung zu vermeiden, griff man zu einem probaten Mittel und ließ die ohne Fortuyn führungslose LPF sich ihre Zähne an den Widrigkeiten des politischen Alltagsgeschäfts ausbeißen. Denn gegen Regeln anzugehen ist einfacher als sie aufzustellen und durchzusetzen. Die LPF wurde im neuen Mitte-Rechts-Kabinett des Christdemokraten Balkenende an der Macht beteiligt und zerbrach daran.

Pim Fortuyn hatte vor seinem Tod noch wissen lassen, daß er seine Kandidatenliste auf eine eigentlich unverantwortlich schnelle Weise zusammenstellen musste, um landesweit überhaupt an den Wahlen teilnehmen zu können. Viele der Leute auf seiner »Notliste« hielt er selbst für »Brennholz« bzw. für »faule Äpfel«, die er nach den Wahlen so rasch wie möglich wieder loswerden wollte. Bei den Abgeordneten der LPF handelte es sich oft um Seiteneinsteiger, von denen die meisten keinerlei politische Erfahrung hatten und einige sich sogar, wie sich später herausstellte, ihren Sitz gekauft hatten. So war es kein Wunder, daß die LPF-Fraktion einen zusammengewürfelten Haufen streitsüchtiger Glücksritter bildete, die überwiegend ihre persönlichen Interessen im Parlament vertraten. Die Streitereien in der Fraktion ergriffen auch die LPF-Mitglieder im Kabinett. Der Zustand wurde untragbar, und nach 87 Tagen zogen CDA und VVD die Notbremse. Das Kabinett, das nach seinem Premier auch der »Zirkus Balkenende« genannt wurde, fiel auseinander.

Bei den Neuwahlen im Januar 2003 verlor die LPF 18 ihrer 26 Sitze und schrumpfte damit auf das in den Niederlanden übliche Niveau einer Protestpartei; die drei großen Parteien erzielten wieder ihre normalen Wahlergebnisse. Die Wähler schienen die Nase voll zu haben von dem politischen Durcheinander. Sie wollten Ruhe im Karton, und wo ließ sich diese besser finden als in der vertrauten Dreistromlandschaft aus Christdemokraten, Sozialdemokraten und Liberalen.

Die Zeit der schillernden Experimente war vorbei, man sehnte sich wieder nach der trägen Heimeligkeit des niederländischen Poldermodells mit seinen übersichtlichen Koalitionen. Die Politik kehrte in ihr traditionelles Bett aus altmodischer Hinterzimmerpolitik und »offiziösen Beratungen« zurück: es kam zu einer Mitte-Rechts-Regierung. Das neue Kabinett Balkenende übernahm stillschweigend einen Großteil des Gedankenguts Pim Fortuyns. Die Asylpolitik wurde derart verschärft, daß die Niederlande von einem der offensten zu einem der restriktivsten Staaten in ganz Europa wurden.

Bis dahin hatte eine großzügige Asylpolitik, so wie in der Bundesrepublik Deutschland, für die moralische Lehre aus dem Zweiten Weltkrieg gestanden – das beschämende Verhalten der meisten Niederländer angesichts der Deportation von Juden durfte sich nicht wiederholen. Die Angehörigen der niederländischen Babyboomer-Generation hatten in ihrer Jugend die Geschichten über die Besatzungszeit gehört und wollten nicht der Diskriminierung bezichtigt werden. Mit ihrem übertrieben liberalen, politisch korrekten Multikulturalismus standen sie jedoch dem zum Teil haßerfüllten antiwestlichen Verhalten der jungen Ausländergeneration in den Niederlanden hilflos gegenüber.

Der Mord an Theo van Gogh

Der Mord an Pim Fortuyn war für die Niederländer ein unvorstellbares Ereignis: seit der Ermordung des Staatsgründers Willem van Oranje im Jahre 1584, vor mehr als vierhundert Jahren also, hatte es in dem Land keinen politisch motivierten Anschlag mit Todesfolge gegeben.

Doch nur zweieinhalb Jahre später, am 2. November 2004, wurde der bekannte Filmemacher Theo van Gogh, ein Urenkel des Bruders Vincent van Goghs, auf offener Straße ermordet. Als Bewunderer Pim Fortuyns setzte van Gogh bis ins Extreme hinein fort, was dieser gepredigt hatte – in Wort, Schrift und Bild. Theo van Gogh war Regisseur des Films »Submission 1«, einer Kritik des Islam, in dem es um die Mißhandlung muslimischer Frauen geht. Das Drehbuch zu dem Film schrieb die aus Somalia geflüchtete und in den Niederlanden eingebürgerte Politikerin, Frauenrechtlerin und Islamkritikerin Ayaan Hirsi Ali.

Van Gogh drehte jedoch nicht nur Filme und Fernsehserien und war als ausgezeichneter Talkshow-Moderator bekannt, sondern machte auch als Zeitungskolumnist und Weblogger mit stark islamfeindlichen und antisemitischen Aussprüchen von sich reden. Der Weblog-Journalismus lädt zu grenzenloser Übertreibung wie auch zu äußerster politischer Inkorrektheit ein, und Theo van Gogh war ein Meister darin. Er provozierte, verspottete und beleidigte, wen und wo er nur konnte, der respektvolle Umgang mit Andersdenkenden war seine Sache nicht. Über einen erkrankten politischen Gegner aus der niederländischen GroenLinks-Partei bemerkte er zum Beispiel: »Wenn jemand seinen Krebs verdient, dann ist es Paul Rosenmöller, Fähnleinführer der politisch korrekten Niederlande; mögen sich die Zellen in seinem Kopf zu einem triumphierenden Tumor entwickeln. [...] Laßt uns auf sein Grab pissen. Betrüger.« Er bezeichnete den Islam als den Glauben »des Ziegenfickers aus Mekka«, und die Ausländer in den Niederlanden als »fünfte Kolonne der Ziegenficker«. Den Holocaust beschrieb er als »kopulierende gelbe Sterne in einer Gaskammer«, und den »Geruch von Karamel« kommentierte er mit den Worten: »Heute verbrennen sie nur zuckerkranke Juden.« 1991 wurde er deswegen vom Hohen Rat, dem obersten Gericht der Niederlande, zur Zahlung eines Bußgelds verurteilt.

Der Kreis der von ihm beleidigten Personen wurde immer größer. Die einen betrachteten ihn als rachsüchtigen, rassistischen Verrückten, während andere in ihm den Verteidiger der freien Meinungsäußerung sahen. Der Schriftsteller Remco Campert schrieb zwei Tage nach der Ermordung van Goghs: »Über die Toten nur Gutes. Das ist ein Grundsatz, an den sich Theo van Gogh nie gehalten hat.« Er fand auch, daß jemand, der sich so wie van Gogh über Juden geäußert hatte, »nicht als ein Held der freien Meinungsäußerung in die Geschichte eingehen darf«.

Während der Vorbereitungen zu »Submission 1« hatte van Gogh noch zu Hirsi Ali gesagt, das Schlimmste, was ihnen mit dem Film passieren könne, sei, daß »kein Moslem Anstoß daran nimmt«. Man nahm Anstoß daran. Sein Mörder, Mohammed Bouyeri, war ein junger, gut ausgebildeter und frischbekehrter Moslemfundamentalist mit niederländischem und marokkanischem Paß. Als Reaktion auf die Tat wurde in den Wochen danach – sowohl von niederländischen wie von ausländischen Jugendlichen – eine Reihe von Brandanschlägen auf Moscheen und Kirchen verübt sowie eine islamische Schule in Brand gesteckt. Auf der ganzen Welt zeigte man sich geschockt. Auch die Deutschen reagierten zivilisiert und schickten, anders als seinerzeit die Niederländer bei den Anschlägen in Mölln und Solingen, keine Postkarten mit der Aufschrift »Ich bin wütend!« an die Regierung des Nachbarlandes. Die Brandstiftungen fanden nicht so sehr in den Großstädten, sondern vor allem in der Provinz statt, dort also, wo der Ausländeranteil verhältnismäßig gering ist. Darin unterscheiden sich die Niederlande nicht von Deutschland, wo die Ausländerfeindlichkeit ebenfalls vor allem in Provinzstädten mit relativ wenigen Ausländern gedeiht.

Als bekannt wurde, daß die Anschläge und Brandstiftungen vorwiegend von Jugendlichen verübt worden waren, wurde dies in den niederländischen Medien als eine Form des dörflichen Rassismus bei Halbstarken heruntergespielt. Dies steht übrigens im Einklang mit der mythischen Überzeugung vieler Niederländer, wonach sie gegen jeden ernsthaften Ausdruck des Rassismus genetisch immun seien. Ayaan Hirsi Ali sah sich nach mehreren Todesdrohungen schließlich gezwungen, das Land zu verlassen, und siedelte in die USA über, wo sie für einen neokonservativen *Think Tank* arbeitet. Ende 2007 kehrte sie in die Niederlande zurück, da die niederländische Regierung sich weigerte, ihren Personenschutz im Ausland noch länger zu finanzieren, und die Amerikaner ihrerseits nicht bereit waren, diese Ausgaben für Hirsi Ali zu übernehmen.

Das in verschiedene Bevölkerungsgruppen gespaltene Land ist weiterhin verzweifelt auf der Suche nach der eigenen Identität. Doch es gelingt nicht so recht, denn ein Volk, das, wie 2004 in einer Fernsehshow geschehen, Pim Fortuyn zum »größten Niederländer aller Zeiten« kürt – sozusagen als niederländische Antwort auf den größten Briten Winston Churchill und den größten Deutschen Konrad Adenauer – hat deutlich seine Orientierung verloren.

Der zunehmende Einfluß der Europäischen Union, die Individualisierung der Gesellschaft sowie der Aufstieg des Islams haben die Einstellung zu den ausländischen Mitbürgern verändert. Die Vorstellung, daß das multikulturelle Zusammenleben – Integration unter Wahrung der eigenen Identität – eine gesellschaftliche Bereicherung sein könne, hat ausgedient. Der vorher vehement vertretene Kulturrelativismus – wer sind wir, daß wir anderen unsere Werte und Normen aufzwingen wollen? – wurde von einem Tag auf den anderen als hoffnungslos weltfremdes und naives Gedankengut verteufelt und durch die, der deutschen CDU entlehnte, Idee einer niederländischen »Leitkultur« ersetzt, die Migranten dazu verpflichten will, sich dem niederländischen Wertesystem anzupassen.

Als der Fraktionsvorsitzende der CDU im Jahre 2000 den Begriff »Leitkultur« prägte, reagierte man in der deutschen Öffentlichkeit empört, doch der Mord an Theo van Gogh hat auch in Deutschland einen tiefen Eindruck gemacht und die Debatte von ihrer Unbestimmtheit befreit. Der Begriff ist als »freiheitlich-demokratische Leitkultur« in die Diskussion zurückgekehrt und steht für Demokratie, Rechtsstaat, Grundrechte, Integration und Toleranz. »Holland ist überall«, sagte der SPD-Parlamentarier Dieter Wiefelspütz am 18. November 2004 in der »Zeit« über die Unruhen in den Niederlanden nach der Ermordung Theo van Goghs und die möglichen Gefahren für Deutschland.

Die Niederlande waren das erste Land in Europa, das sich nicht länger mit einer Erklärung von Neubürgern begnügte, sich um Integration in die niederländische Gesellschaft bemühen zu wollen. Seit Anfang 2006 müssen Migranten einen Einbürgerungstest ablegen, der im Herkunftsland und auf Kosten des Antragstellers durchgeführt wird; wer bereits in den Niederlanden ist, muß diesen Test ebenfalls ablegen. Wer ihn nicht besteht, erhält keine vorläufige Aufenthaltserlaubnis, und damit bleibt ihm auch das Recht zur Familiengründung oder -zusammenführung verwehrt. Diese Politik hat zu einem starken Rückgang der Asylantenzahlen geführt und weitere Länder in der EU dazu animiert, sich am niederländischen Modell zu orientieren. Zusätzlich wollte man im Jahre 2004 jene 26000 Asylanten ausweisen, die alle Rechtsmittel gegen die Ablehnung ihres Asylantrags ausgeschöpft hatten, sich aber noch im Lande befanden. Der Ausweisungsbeschluß löste einen Sturm der Entrüstung aus und wurde inzwischen aufgegeben: aufgrund einer Generalamnestie dürfen diese Menschen nun doch in den Niederlanden bleiben.

Doch nicht nur die Ausländer, sondern die gesamte niederländische Bevölkerung ist von dieser neuen *No-Nonsense*-Politik betroffen. Die Zeit des *Gedogens,* d.h. des stillschweigenden Tolerierens, ist vorbei: Wer kein Licht am Fahrrad hat oder damit durch die Fußgängerzone oder bei Rot über die Ampel fährt, kann sicher sein, von der Polizei verwarnt zu werden, und seit dem 1. Januar 2005 gilt in den Niederlanden, ebenso wie in Belgien, Frankreich und Spanien, nicht nur die Ausweispflicht, sondern jeder Bürger muß seinen Identitätsnachweis auch mit sich führen. Für viele Niederländer – insbesondere der älteren Generation – ist dies eine schmerzhafte Verkehrung der Welt, die ihnen bisher vertraut war. Denn zwar müssen auch die Deutschen einen »Ausweis« besitzen (ein Wort, das durch die deutsche Besatzung des Landes in den niederländischen Wortschatz eingegangen ist), doch sie sind nicht verpflichtet, ihn ständig bei sich zu tragen; sie müssen ihn lediglich auf Verlangen einer Behörde vorlegen können.

Lebendiger Austausch

Trotz aller Gegensätze und Mißverständnisse zwischen Deutschland und den Niederlanden: sieht man sich die gegenseitigen Beziehungen auf politischer, wirtschaftlicher, kultureller oder auch auf privater Ebene an, muß man feststellen, daß das Verhältnis zwischen den beiden Nachbarn alles andere als schlecht ist.

Im Grenzgebiet hat die deutsch-niederländische Zusammenarbeit bereits seit vielen Jahren konkrete Gestalt angenommen. Dies ist vor allem das Verdienst der ab den 1970er Jahren entstandenen, mittlerweile fünf »Euregios«: der »euregio Maas-Rhein« mit Sitz in Aachen, Maastricht und Lüttich; der »euregio rhein-maas-nord« mit Sitz in Mönchengladbach; der »Euregio Rhein-Waal« mit Sitz in Kleve; der (ältesten) »EUREGIO« mit Sitz in Gronau und Enschede sowie der »Ems-Dollart-Regio« mit Sitz in Nieuweschans und Bunde. »Euregios« sind grenzüberschreitende Zusammenschlüsse von Gebietskörperschaften (Städte, Gemeinden und Kreise) sowie regional operierenden Organisationen wie z. B. den Wirtschaftskammern beiderseits der Grenze.

Konkret geht es in der Zusammenarbeit um die gemeinsame Infrastrukturentwicklung – insbesondere den Ausbau des grenzüberschreitenden öffentlichen Nahverkehrs, eines echten Sorgenkinds in der Grenzregion –, um grenzüberschreitende Arbeitsmobilität und die Zusammenarbeit im Bildungssektor, um Maßnahmen im Umweltschutz und um den Kulturaustausch in jedweder Gestalt. Gemäß der Philosophie, daß Europa zunächst einmal an seinen Grenzen zusammenwachsen muß, werden die deutsch-niederländischen Euregios – wie die übrigen Euregios in der EU auch – großzügig über das sogenannte Interreg-Programm der Europäischen Union gefördert. Trotz der hier und da immer noch existierenden Vorbehalte zwischen Niederländern und Deutschen – bzw. den Vertretern der Körperschaften und

Organisationen, die sich in den Euregios zusammengeschlossen haben – läßt sich ein zunehmendes Aufeinanderzugehen der beiden Seiten beobachten, das inzwischen zu einer Vielzahl von Aktivitäten und Kontakten geführt hat.

Das bilaterale Handelsvolumen Deutschlands und der Niederlande ist eines der größten der Welt. Wirtschaftlich betrachtet ist Deutschland mit einem Anteil von 24,9 Prozent am niederländischen Gesamtexport und 16,6 Prozent des Imports (Angaben von 2005) der mit Abstand wichtigste Handelspartner der Niederlande; die Orientierung auf das Bundesland Nordrhein-Westfalen ist dabei wohl am ausgeprägtesten. Als Exportpartner sind die Niederlande von Platz drei in den 90er Jahren inzwischen auf den fünften Platz in der deutschen Handelsbilanz abgerutscht, hinter Frankreich, den USA und Großbritannien, doch nahezu auf gleicher Höhe mit Italien (Stand: 2005). Deutschland importiert die meisten Waren aus Frankreich, doch die Niederlande folgen knapp dahinter auf Platz zwei. Deutsche denken bei niederländischen Produkten zunächst an Blumen und Käse – und das zu Recht: drei Viertel des gesamten deutschen Pflanzenimports und die Hälfte des eingeführten Käses kommen in der Tat aus den Niederlanden. Dennoch bilden Gartenbau- und Milchprodukte keineswegs den größten Anteil am niederländischen Export nach Deutschland; den nehmen nämlich Industrieprodukte ein, zu denen auch Erdgas (20 Prozent) gezählt wird.

Nach den USA zählen die Niederlande zu den größten Investoren in Deutschland, während die deutschen Investitionen in den Niederlanden – nach den USA, Großbritannien und Belgien – immerhin den vierten Platz einnehmen. Die engen Verflechtungen der beiden Volkswirtschaften zeigen sich unter anderem an der großen Zahl deutscher Unternehmen mit einer Tochter in den Niederlanden sowie niederländischer Unternehmen und Unternehmensbeteiligungen in Deutschland, und hier vor allem in Nordrhein-Westfalen.

»Made in Germany« steht nicht nur bei deutschen Autobesitzern für Qualität: auch Niederländer fahren vorzugsweise deutsche Autos. Die drei beliebtesten Automarken entstammen einem deutschem Fabrikat – Mercedes, Volkswagen und Opel. Diese Autos bestehen jedoch zu einem nicht unwesentlichen Teil aus niederländischen Fahrzeugteilen, da die Niederlande zu den wichtigsten Zuliefererländern deutscher Automobilproduzenten gehören. Kunststoffstoßdämpfer, Zubehörteile aus Polyester und Extras wie Schiebedächer werden oft in niederländischen Betrieben gefertigt.

Mit 8,7 Prozent im Januar 2008 lag die Arbeitslosenquote in Deutschland sehr viel höher als in den Niederlanden, wo im Jahre 2007 durchschnittlich nur 4,5 Prozent der Erwerbspersonen arbeitslos gemeldet waren. War es in den zurückliegenden Jahren und Jahrzehnten noch so, daß etwa zehnmal mehr niederländische Grenzpendler in Betrieben auf der deutschen Seite der Grenze arbeiteten als umgekehrt, hat sich dieses Verhältnis nach Aussagen von Arbeitsmarktexperten im Zuge des langanhaltenden niederländischen Wirtschaftsbooms und der gleichzeitigen Rezession in Deutschland inzwischen nahezu ausgeglichen. Durch die anhaltende Arbeitslosigkeit und den Ausschluß älterer Arbeitnehmer vom Arbeitsmarkt in Deutschland ist vor allem bei dieser Gruppe ein Mentalitätswandel zu beobachten. Wer in Deutschland über 50 und arbeitslos ist, hat – trotz der wirtschaftlichen Erholung der letzten Jahre – nahezu keine Chance mehr, eine neue Stelle zu finden, und ist daher eher bereit, seine Erwartungen und Forderungen zurückzuschrauben: lieber für ein paar Euro weniger in den Niederlanden arbeiten als ohne Beschäftigung zu Hause sitzen. Man sieht das »Abenteuer Holland« als eine Art letzte Chance. Dies gilt auch und gerade für die neuen Bundesländer, wo seit Jahren – auch ältere und vorzugsweise – Baufachkräfte für einen Job in den Niederlanden qualifiziert werden. Somit hat sich die grenzüberschreitende Arbeitsmobilität zwischen den beiden Ländern von einem Phänomen, das in der Vergangenheit nur die unmittelbare Grenzregion betraf, zu einer binationalen Größe entwickelt. Dennoch muß einschränkend hinzugefügt werden, daß der Pendlerstrom, gemessen an der Gesamterwerbsbevölkerung, immer noch nicht mehr als ein schmales arbeitsmarktpolitisches Rinnsal ist.

Derzeit leben in den Niederlanden etwas mehr als 16,4 Millionen Menschen – also ein Fünftel soviel wie in Deutschland –, davon etwa 700 000 Ausländer. In den offiziellen niederländischen Statistiken werden alle Ausländer als »Allochtone« bezeichnet, doch in der Praxis werden lediglich die 50 Prozent der in den Niederlanden lebenden Ausländer so genannt, die aus Dritte-Welt-Ländern stammen oder eine nichtweiße Hautfarbe haben. Auch dunkelfarbige surinamische Niederländer werden deshalb von vielen weißen Niederländern – völlig zu Unrecht – als »Allochtone« betrachtet. Wer aus einem westlichen Land oder aus Japan kommt, gilt im Volksmund nicht als »allochton«, sondern als *vreemdeling* (Fremder) oder »Ausländer«. Der einst als neutrale soziologische Bezeichnung eingeführte Begriff »allochton« hat inzwischen eine abwertende Bedeutung erhalten.

Deutschland hat 82,4 Millionen Einwohner, davon 7 Millionen Ausländer (8,5 Prozent). Etwa 60 Prozent von ihnen sind das, was Niederländer »Allochtone« nennen würden. Die größten Gruppen unter den Ausländern bilden die Türken mit fast zwei Millionen, Bürger aus dem ehemaligen Jugoslawien, Italiener, Griechen sowie Bevölkerungsgruppen aus den übrigen südeuropäischen Ländern, die in den 1960er Jahren mit der ersten Welle von Gastarbeitern nach Deutschland kamen. Niederländer belegen (Stand: 2002) mit insgesamt 111 000 Personen (davon allein 70 000 in Nordrhein-Westfalen!) erst den zwölften Platz, dicht hinter den US-Amerikanern und den Briten, aber noch vor den Franzosen.

Niederländer und Deutsche leben und wohnen nicht nur gern im Land des jeweils anderen – sie verbringen dort auch mit Vergnügen ihre Ferien. Zwar ist Frankreich für die Niederländer noch etwas populärer, doch Deutschland nimmt inzwischen einen guten zweiten Platz ein. Als Touristen suchen sie in Deutschland die Ruhe und Beschaulichkeit einer nicht allzu rauhen Natur, der Berge mit ihrem angenehmen, gerade noch bewanderbaren Format, und sie genießen die Kultur, die hübschen Städte und Dörfer, die ausgezeichnete Infrastruktur, die angenehmen Preise, das süffige Bier, den herrlichen Wein und das gute Essen, die relativ starke Ähnlichkeit mit dem eigenen Land und die zugleich großen Unterschiede zwischen Nord und Süd, West und Ost. Und jedesmal wieder spielt die Sprache eine Rolle bei der Entscheidung für Deutschland. Denn auch wer als Niederländer keine Fremdsprache spricht, findet sich in Deutschland immer noch gut zurecht. Dasselbe gilt auch für den deutschen Touristen in den Niederlanden. Man muß die Sprache nicht sprechen können, um zu erkennen, was die einzelnen Wörter bedeuten. Eine gute Voraussetzung für die anhaltende Nähe der Menschen beider Länder.

Anhang

Verwendete Literatur

Alberts, A., Op weg naar het zoveelste Reich, Amsterdam 1990.

Amicis, E. de, Nederland en zijn bewoners, Utrecht/Antwerpen 1990 (Orig.: Olanda, 1873).

Anderson, B., Imagined Comunities – Reflections on the Origin and Spread of Nationalism, London/New York 1991.

Baena, Hertog de, The Dutch Puzzle, Den Haag 1966.

Bausinger, H., Typisch Deutsch. Wie deutsch sind die Deutschen?, München 2000.

Beening, A., Tussen bewondering en verguizing. Duitsland in de Nederlandse schoolboeken, 1750–2000, Amsterdam 2001.

Beliën, H. u. a. (Hrsg.), Leven met Duitsland. Opstellen over geschiedenis en politiek, Amsterdam 1998.

Besch, W., Duzen, Siezen, titulieren. Zur Anrede im Deutschen heute und gestern, Bonn 1998.

Best, O. F., Volk ohne Witz, Frankfurt 1993.

Bilderdijk, W., Nederlandsche Spraakleer, 's Gravenhage 1826.

Blank, Th./Wiengarn R., Spiegelbild einer Grenzregion. Forschungsprojekt über die deutsch-niederländischen Beziehungen im Euregiogebiet, Münster/Enschede 1994.

Blankenburg, E./Bruinsma, F., Dutch Legal Culture, Deventer/Boston 1994.

Bläsing, J. u. a. (Hrsg.), Die Niederlande und Deutschland. Nachbarn in Europa, Hannover 1992.

Bläsing, J./Raven, S. (Hrsg.), Frau Antje & Co op de Duitse markt. Aspecten van beeldvorming en marketing in de Nederlands-Duitse economische relatie, Tilburg 1998.

Boef, A. H. den (Hrsg.), In de broek van de vijand. Waarom wij niet woedend zijn, Amsterdam 1994.

Boockmann,H./Schilling, H./Schulze, H./Stürmer, M., Deutsche Geschichte. Mitten in Europa, Berlin 1984.

Borg, M. ter, Publieke religie in Nederland, in: Annalen van het Thymgenootschap nr. 3, Baarn 1990.

Borselen, J. W. van, Blitzmeisje. Een kleine Duits-Nederlandse oorlogsgeschiedenis, Rotterdam 2002.

Boterman, F., Moderne geschiedenis van Duitsland 1800–1990, Amsterdam 1996.

Brachin, P., La Langue Néerlandaise, Brussel 1977.

Bril, M./Weelden, D. van, Terugwerkende kracht. Een leesgeschiedenis van de Tweede Wereldoorlog, Amsterdam 1991.
Buford, B., Krauts, in: Granta Nr. 42 , London 1992.
Buruma, I., The Wages of Guilt. Memories of War in Germany and Japan, New York 1995.
Busse, G./Frietman, J., Grenzüberschreitende Arbeitsmobilität in der Euregio Rhein-Waal und der euregio rhein-maas-nord, in: IMIS-Beiträge, Themenheft »Mobilität und Kooperation auf grenzüberschreitenden Arbeitsmärkten: Deutschland–Niederlande«. Heft 9, 1998.
Charles, J.B., Hoe bereidt men een ketter, Amsterdam 1976.
Chorus A., De Nederlander innerlijk en uiterlijk, Leiden 1964.
Combecher, H., Nederlands en Duits – feiten, verschillen en vooroordelen, in: Intermediair, 8 Jg., Nr. 44, November 1972.
Couwenberg, S. (Hrsg.), De Nederlandse natie, Utrecht 1981.
Craig, G., Germany 1866–1945, Oxford 1978.
Defoer, S. de, Onder Hollanders. Een Vlaming ontdekt Nederland, Amsterdam 2001.
Dekker, H./Aspeslagh, R./Winkel, B., Burenverdriet. Attituden ten aanzien van de lidstaten van de Europese Unie, Instituut voor Internationale Betrekkingen »Clingendael«, Den Haag 1998.
Deterink, A.A.M. u.a., Onderzoek naar de oorzaken van het faillissement van Fokker, Deventer 1997.
Dijk, G. van., Het geloof der vaderen. De denkwereld van de bevindelijk gereformeerden, Nijmegen 1996.
Donaldson, B., Dutch. A linguistic history of Holland and Belgium, Leiden 1983.
Doorn, J.A.A. van, Indische lessen. Nederland en de koloniale ervaring, Amsterdam 1995.
Ders. (Hrsg.), Meningen over ... Duitse eenheid. »Het derde Duitse wonder«, Amsterdam 1990.
Duitsland Instituut Amsterdam (Hrsg.), Wegwijzer Nederland – Duitsland, Den Haag 2001.
Dunk, H. von der, Twee buren – twee culturen. Opstellen over Nederland en Duitsland, Amsterdam 1994.
Elias, N., Studien über die Deutschen, Frankfurt 1990.
Enenkel, K. u.a. (Hrsg.), »Typisch Nederlands«. De Nederlandse identiteit in de letterkunde, Voorthuizen 1999.
Freud, S., Das Unbehagen in der Kultur, 1930, Gesammelte Werke, Bd. XIV, Frankfurt/M (1960–1987).
Frijhoff, W./Spies, M., 1650. Bevochten eendracht, Den Haag 1999.
Fruin, R., in: B. van Heerikhuizen, a.a.O.
Galjaard, H., Het leven van de Nederlander, Utrecht 1981.
Gelder, R. van, Het Oost-Indisch avontuur. Duitsers in dienst van de VOC, Nijmegen 1997.
Geyl, P., Geschiedenis van de Nederlandse stam, Amsterdam/Antwerpen 1961.
Gilissen, E.H.M., Niederländisch Slang – das andere Niederländisch, Bielefeld 2006.

Goossens, J., Was ist Deutsch – und wie verhält es sich zum Niederländischen, Bonn o. J.
Gottschalch, W., Die unheimlichen Deutschen, in: Freibeuter 55, Berlin 1993.
Goudsblom, J., Taal en sociale werkelijkheid, Amsterdam 1988.
Griffioen, P./Zeller, R., Achtste Jaarboek van het Rijksinstituut voor Oorlogsdocumentatie, Amsterdam 1997.
Grimm, J. und W., Deutsches Wörterbuch, München 1991.
Groenewold, P., »Land in Sicht«. Landeskunde als Dialog der Identitäten. Teil 2. Zerbrochene Spiegel – Gebroken spiegels. Rekonstruktion des deutsch-niederländischen Begegnungsdiskurses, Groningen 1997.
Groenveld, S., De Vrede van Münster: de afsluiting van de Tachtigjarige Oorlog, Den Haag 1997.
Hamans, C., Over taal, Amsterdam 1989.
Heerikhuizen, B. v., Sociologen in de jaren dertig en veertig over het Nederlandse volkskarakter, in: Amsterdams Sociologisch Tijdschrift 6–4, Februar 1980.
Heilbron, J. u. a. (Hrsg.), Waarin een klein land. Nederlandse cultuur in internationaal verband, Amsterdam 1995.
Hess, J./Schissler, H. (Hrsg.), Nachbarn zwischen Nähe und Distanz. Deutschland und die Niederlande, Frankfurt 1988.
Hess, J./Wielenga, F., Duitsland en de democratie 1871–1990, Amsterdam 1992.
Hilberg, R., The destruction of the European Jews, Chicago 1961.
Hintzen, P., Duitsland – bewogen hart van Europa. Een beknopte geschiedenis, Nijmegen 1996.
Hobsbawn, E., Nations and Nationalism since 1780 – Programme, Myth, Reality, Cambridge 1990/1992.
Hofstede, G., Culture's Consequences. International Differences in Work-Related Values, London 1980.
Horst, H. van der, Der Himmel so tief. Niederlande und Niederländer verstehen. Münster 2000.
Horst, J. van der/Marschall, F., Korte geschiedenis van de Nederlandse taal, Amsterdam 1989.
Huizinga, J., Nederland's beschaving in de zeventiende eeuw. Een schets, Haarlem 1941.
Ders., Nederland's geestesmerk, Leiden 1935.
Israel, J. I., Dutch primacy in world trade, 1585–1740, Oxford 1989.
Jansen, L., Bekannt und unbeliebt. Das Bild von Deutschland und den Deutschen unter niederländischen Jugendlichen von fünfzehn bis neunzehn Jahren, Nederlands Instituut voor Internationale Betrekkingen »Clingendael«, Den Haag 1993.
Jasper, K., Die Schuldfrage. Zur politischen Haftung Deutschlands, München 1946, Nachdruck 1987.
Jong, L. de, Het koninkrijk der Nederlanden in de Tweede Wereldoorlog, Amsterdam 1969–1988.
Kennedy, J., Een weloverwogen dood, Amsterdam 2002.
Kindlers Neues Literatur Lexikon, Hrsg. W. Jens, München 1970.

Kimpel, H., Die Sandburg – ein versandetes Freitzeitvergnügen, Marburg 1995.
Klein, N. (Hrsg.) Unbeschreiblich Niederländisch, Stuttgart 1989.
Klinkenberg, W., Prins Bernhard. Een politieke biografie, Haarlem 1986.
Knippenberg, H./Pater, B. de, De eenwording van Nederland. Schaalvergroting en integratie sinds 1800, Nijmegen 1988.
Koch, K./Scheffer, P. (Hrsg.), Het nut van Nederland. Opstellen over soevereiniteit en identiteit, Amsterdam 1996.
Koelewijn, J., Het koningsdrama van Fokker, Zutphen 1994.
König, W., dtv-Atlas zur deutschen Sprache, München 1996.
Kooi, A. van der/Sassen, D./Spicker-Wendt, A., Euregionale Schulbegegnungen. Vademekum für deutsch-niederländische Schulpartnerschaften, Alkmaar 2000.
Kossmann, E., Politieke theorie en geschiedenis. Verspreide opstellen en voordrachten, Amsterdam 1987.
Kousbroek, R., Nederland: een bewoond gordijn, Amsterdam 1987.
Krockow, Chr. von, Die Deutschen in ihrem Jahrhundert, 1890–1990. Hamburg 1990.
Ders., Die Deutschen vor ihrer Zukunft, Hamburg 1995.
Kuitenbrouwer, J., Turbotaal. Van socio-babbel tot yuppie-speak, Amsterdam 1987.
Lademacher, H., Zwei ungleiche Nachbarn. Wege und Wandlungen der deutsch-niederländischen Beziehungen im 19. und 20. Jahrhundert, Darmstadt 1989.
Ders., Die Niederlande. Politische Kultur zwischen Individualität und Anpassung, Berlin 1993.
Ders., Fehlergrammatik Niederländisch-Deutsch, Bussum 1993.
Lendering, J., Hollands Glorie. De wortels van onze overlegcultuur, Den Haag 1998.
Lennep, G.L., Verklarend oorlogswoordenboek, Amsterdam 1988.
Looijen, T., Ieder is hier vervuld van zijn eigen voordeel… Amsterdam in de ogen van buitenlanders, Amsterdam 1981.
Mappes-Niediek, N., Österreich für Deutsche. Einblicke in ein fremdes Land, Berlin 2001.
Martijn, C., Vleugellam, Bunnik 1996.
Meijsing, D., 100% chemie: een familieverhaal, Amsterdam 2002.
Meines, R., Duitsland Duitsland. Kracht en zwakte van een volk, Amsterdam 1992.
Metz, Th.M., Der holländische Kaufmann, in: Handelspartner, Den Haag 1963.
Metze, M., Let's talk dutch now. Harmonie in de polder: uitvinding of erfenis, Amsterdam 1999.
Meyer, H., Zarte Empirie. Studien zur Literaturgeschichte, Stuttgart 1963.
Middendorp, C., Ontzuiling, politisering en restauratie in Nederland, Amsterdam 1979.
Missinne, L./Busse, G. (Hrsg.), Het Bureau. Ein Abend mit J.J. Voskuil, Münster 2010.

Moor, W. de (Hrsg.), Duitsers!? Ervaringen en verwachtingen, Den Haag 1990.
Müller, B., Sporen naar Duitsland. Het Duitslandbeeld in Nederlandse romans 1945–1990, Aachen 1993.
Ders. (Hrsg.), Vorbild Niederlande? Tips und Informationen zu Alltagsleben, Politik und Wirtschaft. Mit Niederlande-Lexikon, Münster 1998.
Müller, B./Wielenga, F. (Hrsg.), Kannitverstan? Deutschlandbilder aus den Niederlanden, Münster 1995.
NIPO, Burengerucht, Amsterdam 1995.
Nirumand, B., Leben mit den Deutschen. Briefe an Leila, Hamburg 1989.
Nuß, B., Das Faust Syndrom, Bonn 1993.
Olde Dubbelink, T., Attitudes van jongeren in Nederland ten aanzien van Duitsland en Duitsers, Leiden 1995.
Ortigão, R. M., Holland 1883, Utrecht 1964. (im Orig.: A Holanda)
Oudesluijs, D. M., Holländer an der Havel, Berlin 1992.
Pekelder, J., Nederlandse percepties van »het andere Duitsland«, in: Wielenga, F. (Hrsg.), De Duitse buur (siehe dort).
Perrier, S., De mannen van Nederland. Het onverbiddelijke oordeel van buitenlandse vrouwen, Apeldoorn 2001.
Plessner, H., Die verspätete Nation. Über die politische Verführbarkeit bürgerlichen Geistes, Stuttgart 1959.
Pleij, H., Het Nederlandse onbehagen, Amsterdam 1992.
Ders., Tegen de barbarij. Tien stukken over de Nederlandse beschaving, Amsterdam 2000.
Poidevin, R./Schirmann, S., Geschiedenis van Duitsland, Utrecht 1996 (im Orig.: Histoire de l'Allemagne).
Prangel, M./Westheide, H. (Hrsg.), Duitsland in Nederland. Waar ligt de toekomst van de Nederlandse germanistiek?, Groningen 1988.
Presser, J, Ondergang. De vervolging en verdelging van het Nederlandse Jodendom 1940–1945, 's Gravenhage 1965.
Proper, R., Wel, en ook. Het Grote Jaap Knasterhuis Filmwoordenboek, Amsterdam 1989.
Renckstorf, K./Janssen, J., Erger dan Duitsers... Het beeld van Duitsers en Duitsland in de Nederlandse Media, Nijmegen 1989.
Rentes de Carvalho, J., Waar die andere God woont, Amsterdam 1982.
Roest, F./Scheren, J., Oorlog in de stad. Amsterdam 1939–1941, Amsterdam 1998.
Saña, H., Die verklemmte Nation. Zur Seelenlage der Deutschen, München 1989.
Schama, S., The Embarrassment of Riches, London 1987.
Schilder, A., Hulpeloos maar schuldig. Het verband tussen een gereformeerde paradox, Kampen 1987.
Schiweck, I. (Hrsg.), »Laß dich überraschen...« Niederländische Unterhaltungskünstler in Deutschland nach 1945, Münster 2005.
Schneider, P., Extreme Mittellage, Hamburg 1990.
Schöffler, H., Kleine Geographie des deutschen Witzes, Göttingen 1995.
Schrover, M., Een kolonie van Duitsers. Groepsvorming onder Duitse immigranten in Utrecht in de negentiende eeuw, Amsterdam 2002.

Schulze, H., Kleine deutsche Geschichte, München 1998.
Schürings, U., Zwischen Pommes und Praline. Mentalitätsunterschiede, Verhandlungs- und Gesprächskultur in den Niederlanden, Belgien, Luxemburg und Nordrhein-Westfalen, Münster 2003.
Shetter, W., The Netherlands in Perspective, Leiden 1987.
Sieber, G., Hassen leichtgemacht, Kiel 1994.
Sijs, N. van der, Leenwoordenboek: de invloed van andere talen op het Nederlands, Den Haag 1996.
Ders., Geleend en uitgeleend: Nederlandse woorden in andere talen & andersom, Amsterdam 1998.
Staël, Madame de, Über Deutschland, Frankfurt/M 1984 (im Orig.: De l'Allemagne).
Stilma, L. (Hrsg.), Omzien naar morgen. 125 citaten, gedichten en verhalen rondom 4 en 5 mei, Kampen 1993.
Theissen, S., Germanismen in het Nederlands, Hasselt 1978.
Thomas, A./Schlizio, B.U. (Hrsg.), Leben und arbeiten in den Niederlanden. Was Sie über Land und Leute wissen sollten, Göttingen 2007.
Trautmann, G. (Hrsg.), Die häßlichen Deutschen? Deutschland im Spiegel der westlichen und östlichen Nachbarn, Darmstadt 1991.
Uiterhoeve, W. (Hrsg.), De staat van Nederland. Nederland en zijn bewoners, Nijmegen 1990.
Velde, H. van der, Variatie en verandering in het gesproken Standaard-Nederlands 1935–1993, Nijmegen 1996.
Vieten, G., 30mal Holland, München 1983.
Vis, J./Moldenhauer, G. (Hrsg.), Die Niederlande und Deutschland. Einander kennen und verstehen, Münster 2001.
Voskuil, J. J., Het Bureau, Bd. 1-7, Amsterdam 1996–2000.
Vossestein, J., Dealing with the Dutch, Amsterdam 1997.
Vree, W. van, Meetings, Manners and Civilization: The Development of Modern Meeting Behaviour (Orig.: Nederland als vergaderland. Opkomst en verbreiding van een vergaderregime, Groningen 1994).
Vries, J. de/Willemyns, R./Burger, P., Het verhaal van een taal. Negen eeuwen Nederlands, Amsterdam 1994.
Vuijsje, H., Vermoorde onschuld. Etnisch verschil als Hollands taboe, Amsterdam 1986.
Ders., Correct. Weldenkend Nederland sinds de jaren zestig, Amsterdam 1997.
Ders., Typisch Nederlands. Vademecum van de Nederlandse identiteit, Amsterdam 1999.
Wagner, W., Kulturschock Deutschland. Der zweite Blick, Hamburg 1999.
Wallage, R., »Rotmoffen« zei m'n moeder, Kampen 1995.
Weemoed, L., Ken uw klassieken!, Amsterdam 1992.
Weringh, K. van, Ständig auf der Lauer. Deutschland im Spiegel der niederländischen politischen Karikatur 1871–2005, Heidelberg 2005.
Wielenga, F., Schaduwen van de Duitse geschiedenis. De omgang met het nazi – en DDR-verleden in de Bondsrepubliek Duitsland, Amsterdam 1993.

Ders. (Hrsg.), De Duitse buur. Visies uit Nederland, België en Denemarken 1945–1995, Den Haag 1996.
Ders., Van vijand tot bondgenoot. Nederland en Duitsland na 1945, Amsterdam 1999.
Ders., Die Niederlande. Politik und politische Kultur im 20. Jahrhundert, Münster 2008.
Wijnen, H., »Vorst Willem, het is alles uw schuld!« Oranje en de ondergang van de Republiek bij de omwentelingen 1787–1795, Amsterdam 1987.
Winner, D., Brilliant Orange: The Neurotic Genius of Dutch Football, Amsterdam 2001.
Winter, Th. de (Hrsg.), Nederland-Duitsland voetbalpoëzie, Amsterdam 1989.
Zahn, E., Das unbekannte Holland. Regenten, Rebellen und Reformatoren, Berlin 1984/München 1993.

Abbildungsnachweis

Archiv der Frankfurter Buchmesse (Bestand 1993): S. 172
Archiv des Verlages: S. 92
Ausstellungskatalog des Hauses der Geschichte der Bundesrepublik Deutschland und des Rijksmuseum Amsterdam: Zimmer frei. Nederland–Duitsland na 1945, Bonn/Amsterdam 2000: S. 125, 127 und vordere Umschlagklappe
Albert Hahn, 1907; entnommen aus: Linthout, Onbekende buren: S. 19
Kleine Geographie der Niederlande, Utrecht/Den Haag, o.J.: S. 2
Eberhard Klöppel, Berlin: S. 225 und Einbandrückseite
Harry Kuiper, Amsterdam: S. 207
NRC Handelsblad, 17.10.1995: S. 39
Heiko Sakurai, 1998; entnommen aus: Dik Linthout, Onbekende buren, Uitgeverij Atlas, Amsterdam/Antwerpen 2000: S. 10
Der Spiegel, 28.2.1994: S. 57
Jaap Stam, 1999; entnommen aus: Linthout, Onbekende buren: S. 203
Umschlagmotiv von: Linthout, Onbekende buren: S. 79

Kontaktadressen

Website des Autors: www.linthout.nl
Website des Übersetzers: www.het-bureau.eu

Allgemein

Auswärtiges Amt der Bundesregierung:
www.auswaertiges-amt.de/laenderinfos (»Niederlande« eingeben)
Niederländische Botschaft: www.niederlandeweb.de
www.amsterdam.nl

Grenzüberschreitende Kontakte

Ems-Dollart-Regio: www.edr.eu
EUREGIO: www.euregio.de
Euregio Maas-Rhein: www.euregio-mr.org
euregio rhein-maas-nord: www.euregio-rmn.de
Euregio Rhein-Waal: www.euregio.org

Kultur, Freizeit und Medien

Goethe-Institut Amsterdam/Duits Cultureel Centrum:
www.goethe.de/amsterdam
Goethe-Institut Rotterdam/Duits Cultureel Centrum:
www.goethe.de/rotterdam
Niederländische Kultur in Deutschland: www.niederlandeweb.de
Tweede Kamer der Staten-Generaal (niederländisches Parlament) Stafdienst Communicatie: www.parlement.nl
Rijksvoorlichtingsdienst (staatlicher niederländischer Informationsdienst): www.rvd.nl
Berlijnse Avonden (Niederländischsprachiger Kulturverein für Berlin und Umgebung): www.berlijnseavonden.de

Überregionale Tageszeitungen

Algemeen Dagblad: www.ad.nl
de Volkskrant: www.volkskrant.nl
Het Parool: www.parool.nl
NRC Handelsblad: www.nrc.nl
De Telegraaf: www.telegraaf.nl
Trouw: www.trouw.nl

Bildung und Wissenschaft

Stichting Duitsland Instituut bij de Universiteit van Amsterdam (DIA):
www.duitslandweb.nl
Koninklijke Bibliotheek: www.kb.nl
Internationaal Instituut voor Sociale Geschiedenis (Internationales Institut für Sozialgeschichte): www.iisg.nl

Nederlands Instituut voor Oorlogsdocumentie (Niederländisches Institut für Kriegsdokumentation, NIOD): www.niod.nl
Deutsche Internationale Schule Den Haag: www.disdh.nl
NUFFIC (Stichting Netherlands University Foundation for International Cooperation, niederländischer Akademischer Austauschdienst): www.nuffic.nl
Haus der Niederlande / Westfälische Wilhelmsuniversität Münster: www.niederlandenet.de
Kommunikationsplattform Deutscher in den Niederlanden: http://de.groups.yahoo.com/group/Niederlande

Wortschatz Niederländisch

Verbesserung des niederländischen Wortschatzes: www.niederlandistik.fu-berlin.de/woordvandedag
Niederländisch-Wörterbuch: www.uitmuntend.de

Weltanschauliche Organisationen

Deutsche Evangelische Kirchengemeinde Amsterdam: www.deg-amsterdam.nl

Wirtschaft und Arbeit

Niederländisches Wirtschaftsministerium, Dienststelle Außenhandel: www.hollandtrade.com
EURES-Seite der Europäischen Union: http://ec.europa.eu/eures
Jobsuche allgemein: http://vacature.overzicht.nl
Jobs für Akademiker: www.intermediair.nl
Krankenkasse und Pflegeversicherung: www.cvz.nl
Deutsch-Niederländische Handelskammer: www.dnhk.org

Öffentliche Verkehrsmittel

Nederlandse Spoorwegen (Niederländische Bahn): www.ns.nl
Openbaar Vervoer Reisinformatie (Reiseauskunft Öffentlicher Personentransport): www.9292ov.nl

Touristische Informationen

VVV (Vereniging voor Vreemdelingenverkeer; niederländischer Fremdenverkehrsverband): www.vvv.nl
NUB (Nederlands Uitburo; Kultur- und Freizeitkalender): www.uitburo.nl

Statistiken

Statitisches Amt der Niederlande: www.cbs.nl